스트롱맨의 시대

최소 4년, 최대 8년 트럼프 대통령이 그리는 세계 대변혁 시나리오

The
Age of
Strong
Men

스트롱맨의
시대

매일경제 국제부 지음

c
청림출판

한 그루의 나무가 모여 푸른 숲을 이루듯이
청림의 책들은 삶을 풍요롭게 합니다.

스트롱맨의 시대, 어떻게 살아남을 것인가!

2017년 1월 20일, 드디어 도널드 트럼프 미국 대통령 시대가 열렸다. 브렉시트(영국의 유럽연합 탈퇴)와 더불어 2016년 최고의 이변으로 여겨지는 도널드 트럼프의 미국 대통령 당선은 한마디로 전 지구촌에 '쇼크'였다. 이때부터 세계는 예상치 못한 방향으로 흘러가기 시작했다.

그러나 그게 전부가 아니다. 세계는 다가오는 더 큰 충격에 잔뜩 움츠리고 있다.

트럼프의 당선은 이변이었지만 취임 이후도 불확실성의 연속이다. '럭비공'으로 표현되는 좌충우돌식 백악관·정부 인선을 시작으로, 그가 미국을 어떤 나라로 만들어갈지는 예측불허의 상태다.

이는 대한민국과 같이 정치·경제적으로 미국과 밀접하게 얽혀 있는 나라에게는 치명적인 상황이다. 이 국제 정세에 뒤처진다면 우리는 120년 전 개항기와 유사한 상황에 맞닥뜨릴 수도 있기 때문이다. 모두 알다시피 당시 조선은 세계정세에 무지해 나라를 잃는 치욕을 겪었다.

《스트롱맨의 시대》는 120년 전 치욕적인 구한말 대한제국의 역사가 반복되지 않도록 차기 지구촌을 주도적으로 이끌 트럼프 대통령과 그 정부가 나아갈 방향에 대해 다각도로 심도 있게 분석한 책이다. 대선 과정에서 트럼프가 내건 공약에서 그가 추구해나갈 정책 방향을 탐구했으며, 그가 지명한 내각 인사들의 성향을 분석해 트럼프 정부의 속살을 들여다봤다.

'트럼프노믹스'로 불리는 트럼프의 경제 철학은 재정 정책과 보호무역으로 요약된다. 트럼프는 과감한 인프라 투자 등 재정 확장 정책으로 경제를 살리겠다는 의도다. 이를 둘러싸고 논란은 있지만 시장의 기대감은 큰 편이다. 트럼프 당선 이후 미국 다우 지수는 뚜렷한 상승 추세를 보였다. 또 트럼프는 미국 내 제조업 부활을 선언했다. 이는 트럼프 대통령이 대선 유세 과정에서 표를 끌어 모았던 보호무역주의 입장과 무관하지 않다. 트럼프는 미국 내 제조업 기반이 무너지는 이유를 세계화에서 찾았고, 그 해법으로 자유무역 축소라는 입장을 보이고 있다. 그러면서 미국 기업들에게 해외에 나가는 대신 미국 내에서 공장을 짓고 제품을 만들라고 권한다. 이에 과감한 혜택도 주겠다는 약속을 내세웠다. 하지만 트럼프의 이런 경제 정책은 중국 등의 강한 반발을 불러일으키고 있다.

외교·안보 정책에서도 트럼프는 세계 경찰로서 전 방위에 걸쳐 세계 곳곳에 개입했던 이전 정부들과는 달리 고립주의적 입장을 취할 것으로 보인다. 그럼에도 미국 국익과 관련된 사안에서는 결코 양보하지 않을 것이다. 때문에 트럼프의 외교적 입장을 두고 '제한적 개입주의'라는 평가도 있다. 2017년 벽두부터 남중국해 영유권을 공고화하려는 중국의 움직임에 항공모함을 동원해 맞대응을 한 것이 그 예다. 남중국해는 오바마 정부의 대표적인 외교 전략인 '아시아 중시'(피봇 투 아시아, Pivot to Asia) 정책이 적용되는 대표적인 지역으로, 항공모함 동원은 외교적 고립주의와는 다소 상충되는 모습이다.

특히 책에서는 한반도 문제와 관련된 트럼프 정부의 예상 행보를 하나의 장으로 묶어 좀 더 면밀히 분석하고자 했다. 트럼프 대통령이 미국 정보기관에 처음 요구한 정보가 '북핵'이었을 만큼, 한반도는 트럼프 정부에서 높은 비중을 가지고 다뤄질 것으로 보인다. 특히 한반도 문제는 트럼프 취임 초기에 핵심 쟁점이 될 가능성이 높다. 김정은 북한 노동당위원장이 미국 새 정부와의 대결에서 주도권을 잡고자 언제든 추가로 북핵 실험을 할 수 있다는 관측이 지배적이기 때문이다. 거기에 주한미군 분담금 문제, 전시작전권 전환 문제 등 휘발성 높은 쟁점이 미국과 우리 사이에 자리 잡고 있다. 우리 외교에 더욱 '선택'을 강요할 이런 쟁점들은 앞으로 우리나라와 트럼프 정부 간 치열한 줄다리기를 예고하고 있다.

또한 트럼프뿐만 아니라 그와 더불어 세계를 만들어나가는 리더들을 함께 만날 수 있다는 점도 이 책의 장점이다. 제목에서 알 수 있듯이 트럼프 당선 이후 시대적 흐름이 돼 가고 있는 국제 사회의 '강한 지도자들strongmen'도 함께 다루고 있다. 시진핑 중국 국가주석, 블라디미르 푸틴 대통령, 아베 신조 일본 총리, 로드리고 두테르테 필리핀 대통령 등 개성 강한 지도자들은 트럼프 시대를 맞아 그와 함께 세계를 이끌어갈 동반자들이다. 이들은 트럼프와 경쟁하고 견제하며 때로는 균형을 이뤄가면서 그들만의 세계를 만들어갈 것이다. 우리는 그 미래의 모습을 내다보고자 노력했다.

끝으로 올해 우리나라가 대선을 앞뒀다는 점을 감안해 트럼프 승리의 원인을 자세히 분석했다. 분명 국경을 넘어 시대를 관통하는 흐름이 있다고 봤기 때문이다. 트럼프가 당선할 수 있었던 가장 큰 원인은, 미국 내 기득권이 아닌 중산층 이하의 표심을 자극한 것이 적중했기 때문이다. 최순실 사태에서 폭발한 우리 민심도 사실 비슷하다. 기득권층에 대한 반발심리가 한몫했고 이는 우리나라 대선에도 분명 영향을 미칠 것이다.

한 사람의 리더가 세상을 어떻게 이끌어갈지 분석하는 가장 좋은 방법은 그 리더 자체를 분석하는 것이다. 트럼프 시대가 몰고 올 변화는 트럼프의 인생을 살펴보면 결국 보인다. 그렇기에 트럼프가 어떤 인물이며 어떤 삶을 살았는지는 중요한 부분이다. 책에서는 그의 자서전을 비롯해 트럼프가 펴낸 책들을 모두 분석해 그의 인생관을 담았다.

이 책에서 주목해야 할 부분은 또 있다. 바로 트럼프 시대의 '파워

엘리트'다. 아직 국내에 잘 알려지지 않은 트럼프 주변 핵심 인사와 그들의 네트워크를 살펴봤다. '인사가 만사'라고 하듯이 사람을 알 아야 조직 전체를 꿰뚫어볼 수 있다.

김선걸 국제부장을 비롯해 민석기·장용승·노현 차장, 문수인· 장원주·임영신·문재용·박대의·박의명·안정훈·김하경 기자, 황 보란·구지원 연구원 등이 요동치는 미국과 세계 정세를 분석했다. 해외에서는 이진명(워싱턴)·황인혁(뉴욕)·손재권(실리콘밸리)·황형 규(도쿄)·박만원(베이징) 특파원 등이 세계 각지의 혜안을 타전했다.

이 책은 미국의 미래는 물론이고 우리의 미래에도 많은 힌트를 준 다. 손자는 상대를 알고 나를 알면 백 번을 싸워도 위태롭지 않다고 했다. 아무쪼록 이 책이 트럼프와 스트롱맨, 그리고 그들의 동반자 가 열어나갈 시대를 제대로 이해하는 데 도움이 되기를, 대한민국 독자들과 우리의 미래에 나침반 역할을 해주기를 기대한다.

1장
트럼프노믹스의 정체가 밝혀진다

2장
트럼프, 세계 외교안보에
지각변동을 일으키다

3장
세계에 불어닥친 스트롱맨 바람

4장
트럼프는 우리에게
무엇을 요구하고 있는가

5장

트럼프를 알아야 협상이 가능하다
: 승부사 트럼프 이야기

6장

세계 대변혁 시나리오는 누가 쓰는가
: 트럼프의 파워엘리트들

스트롱맨 시대의
주요 등장인물 8인

01 시진핑

- 1953년 베이징 출생, 1979년 칭화 대학교 졸업
- 1985년 샤먼 시 부시장, 1990년 푸저우 시 서기
  1999년 푸젠 성 성장, 2002년 저장 성 서기
  2007년 상하이 시 서기, 2008년 국가부주석
  2012년 11월 공산당 총서기
- 2013년 3월 국가주석 선출

지난 2012년 11월, 중국 공산당 18차 당대회에서 시진핑習近平이 총서기로 선출되며 후진타오를 이어 '13억의 지도자'에 올랐다. 중국 내외의 분석가들은 그가 온화한 리더십을 발휘할 것으로 전망했다. 20대에 농촌 관료로 시작해 저장浙江 성과 상하이上海 시 서기 등을 거치며 그가 보여준 소탈한 면모와 친화력에 주목한 분석이었다.

그러나 이런 인식이 완전히 착각이었다는 것이 드러나기까지는 채 1년도 걸리지 않았다. 시진핑 국가주석은 전례 없는 반부패 개혁을 통해 장·차관급 수십 명을 낙마시켰다. 여기에는 '성역'과도 같은 전직 최고지도부인 저우융캉周永康 전 상무위원도 포함됐다. 군부 최고 실권자들도 시진핑이 휘두르는 칼날을 피해가지 못했으며 이 과정을 통해 시진핑은 전임자는 갖지 못했던 군권까지 단기간에 틀어

쥐었다. 8,000만 공산당원과 300만 인민해방군이 시진핑의 말 한마디에 일사불란하게 움직이는, 사실상 1인 지배체제가 완성된 셈이다.

2017년은 미중 간 패권 싸움이 어느 때보다 치열한 해로 기록될 전망이다. 미국 대통령에 취임한 도널드 트럼프가 외교, 국방, 통상 분야에 대중 강경파들을 기용해 시진핑과 강대강 대결을 예고한 것.

만약 중국 지도자가 시진핑이 아닌 다른 인물이었다면 환율, 무역, 대만 문제 등을 두고 트럼프와 적당한 선에서 타협을 시도했을지도 모른다. 잘 알려진 대로 중국 개혁개방의 설계자 덩샤오핑鄧小平은 후대 지도자들에게 "적어도 50년간은 미국에 맞서지 말라"는 유훈을 남겼다. 그러나 시진핑은 더 이상 칼날을 숨기지 않고 미국에 맞서겠다는 의도를 분명히 밝혔다. 남중국해에서 미국의 반대를 무릅쓰고 군사기지를 건설했으며, 미국의 금융 패권에 대항해 중국이 주도하는 최초의 국제금융기구인 아시아인프라투자은행AIIB을 창설했다. 또 미국에게 대놓고 신형 대국관계를 요구하고 있다. 미국이 주도하는 지금의 국제질서를 G2 체제로 전환하자는 의미다.

기존 정치 구도를 흔들고 지도자가 됐다는 공통점이 있지만, 두 사람의 리더십에는 큰 차이가 있다. 자본가 집안에서 태어나 대기업을 일군 트럼프가 미국의 이익을 중시하는 '계산적 강성'이라면, 공산당 원로의 아들인 시진핑은 공산당을 통한 중국 부흥을 확신하는 '이념적 강성'이다. 따라서 미중 갈등이 고조될 때 한발 물러서는 쪽은 시진핑이 아니라 트럼프가 될 가능성이 높다.

시진핑을 강성 공산주의 지도자로 키워낸 것은 청년 시절 보낸 하

방下放, 지식인과 간부의 관료화를 막기 위해 농촌 현장으로 보낸 정책 생활이다. 문화혁명을 통해

반대파를 제거하는 데 성공한 마오쩌둥毛澤東은 전위대 역할을 맡았던

10대 홍위병들을 처치하기 곤란하자 대거 지방에 내려 보냈다. 당

시 16세 시진핑도 산시陝西 성 황토고원으로 내몰렸다.

당시 시진핑이 배정된 현장은 옌안延安의 토굴마을이었다. 중학교

를 갓 졸업한 시진핑은 먹을 것이라고는 고구마와 옥수수밖에 없는

곳에서 삽을 들고 수로를 뚫거나 똥물을 뒤집어써가며 메탄가스 연

료를 활용하는 작업에 나서야 했다. 그는 1975년 칭화 대학교에 진

학하면서 비로소 이곳을 떠날 수 있었다. 7년간 옌안에서 보낸 하방

생활은 시진핑이 정치적 역경을 극복하고 13억의 지도자에 오르는

밑거름이 되었다. 훗날 시진핑은 그 시절을 이렇게 회고했다. "(하방

생활을 한) 옌안은 나의 생명의 근원이자 인생의 전환점이었다. 군중

과 함께하면서 실사구시를 배웠고 자신감을 키웠다."

스트롱맨
02 블라디미르 푸틴

- 1952년 레닌그라드(현 상트페테르부르크) 출생
- 1975년부터 1990년까지 국가보안위원회(구KGB) 요원으로 활약
- 1990년 상트레페르부르크 대표자회의 의장 보좌관
  1997년 대통령 행정실 제1부실 실장
  1998년 러시아 연방보안국(KGB) 국장
  1999년 러시아 총리와 대통령 권한대행
- 2000년 3대 대통령 취임

1989년 11월 9일, 독일 베를린 장벽이 무너졌다. 블라디미르 푸틴
Vladimir Putin 요원에게는 '세계'가 무너진 순간이기도 했다. 크렘린과
연락이 두절된 국가보안위원회KGB 동독 드레스덴 지국. 화난 군중이
KGB 건물로 진격하고 있었다. 푸틴은 즉각 독일 주둔 소련 탱크에
보호를 요청했지만 돌아온 답변은 이랬다.

"당국 지시 없이는 아무것도 할 수 없다. 크렘린은 답변이 없다."

이는 붕괴 2년을 앞둔 소련의 모습이었다. 푸틴은 "당시 누구도
우릴 도와주지 않았다"고 회상한다. 훗날 "소련 붕괴는 대재앙이었
다"고 심경을 밝히기도 했다. '세상'의 몰락을 목격한 푸틴은 이때부
터 러시아 재건을 꿈꿨다고 전해진다.

푸틴은 1990년 고국으로 돌아와 KGB에 사표를 제출했다. 푸틴

주변 사람들은 충격을 받았다. 17세 때 KGB 레닌그라드 지부를 직접 찾아가 요원이 되고 싶다고 자청했을 만큼 KGB는 푸틴의 전부였기 때문이다.

KGB를 나온 푸틴은 대학교 시절 스승이 상트페테르부르크 시장으로 당선되자 보좌관으로 들어간다. 이 사건은 푸틴이 대통령까지 올라가게 되는 계기가 된다. 보좌관을 거쳐 대통령 행정실 부실장까지 올라간 푸틴은 이때 보리스 옐친 대통령의 눈에 든다. 부정부패로 정치보복을 두려워하며 자신을 돌봐줄 후계자를 찾고 있던 옐친의 앞에 때마침 푸틴이 나타난 것이다. 당시 푸틴은 검찰 수사를 받아 해외로 피신한 자신의 스승에게 몰래 자금을 전달하며 뒤를 돌봐주고 있었다. 이런 푸틴의 모습에 옐친은 이 사람이라면 '내가 안전할 수 있겠다'고 판단했다.

1999년 8월, 러시아 국민들은 생소한 인사가 총리로 임명됐다는 소식을 듣는다. 그러나 곧 푸틴의 진가를 알아본다. 같은 해 발생한 2차 체첸 사태에서 대규모 공습을 강행하며 '강한 러시아'의 부활을 알렸기 때문이다. 이때 옐친이 건강 문제로 사임하면서, 푸틴은 이듬해 대선에서 71%의 지지율로 대통령에 당선된다. 중앙 정계에 진출한 지 불과 3년 만에 국가 정상 자리에 오른 것이다.

푸틴은 취임과 더불어 6%에 육박하는 경제성장을 달성하며 압도적인 지지를 받았다. 또한 국제무대에서 강한 리더십으로 미국 등 서방에 맞서 러시아인들의 자존심을 되살렸다는 찬사를 받았다. 소련 붕괴를 틈타 국고를 '훔쳐' 재산을 축적했던 '올리가르히(러시아

신흥 재벌을 뜻하는 별칭)'에 철퇴를 가하면서 국민적 지도자로 확실하게 자리매김했다. 당시 올리가르히 중 상당수는 해외로 망명하거나 재산을 모두 잃고 철창에 갇혔다.

2008년 열린 대선에서는 3선을 금지하는 헌법에 묶여 출마하지 못하고 총리직을 맡았다. 2인자였던 드미트리 메드베데프 당시 제1부총리에게 대통령직을 넘겨주고는 4년 뒤인 2012년에 헌법을 개정해 3선에 성공했다. 총리직을 맡은 동안에는 메드베데프 대통령 뒤에서 실권을 행사했다. 정부를 쥐락펴락하면서 '회색의 추기경(뒤에서 암중모색하는 사람이라는 뜻)'이라는 별칭을 얻기도 했다.

2014년에는 러시아의 자존심으로 여겨졌던 크림반도를 되찾으면서 90%의 지지율을 기록했다. 크림반도 병합 이후 서방의 제재로 잠시 고전하는 듯했지만, 2016년 시리아 알레포 내전에서 다시 주도권을 거머쥐며 러시아가 유라시아의 패권국임을 입증했다

푸틴의 평가는 러시아 안팎에서 엇갈린다. 서방에서는 민주주의를 후퇴시켰다는 비판이 쏟아지지만 러시아 국내에서 그의 정치적 입지와 영향력은 나날이 커지고 있다.

스트롱맨
03 아베 신조

- 1954년 도쿄 도 출생, 1977년 세이케이 대학교 졸업
- 1979년 고베제강 입사, 1982년 부친 비서관으로 정계 입문
  1993년 중의원 첫 당선, 2000년 관방부 부장관
  2003년 자민당 간사장, 2005년 관방부 장관
- 2006년 9월~2007년 9월 1차 내각 총리 취임
- 2012년 12월 2차 내각 총리 취임

아베 신조^{安倍晋三} 일본 총리는 도쿄에서 태어났지만 그의 본적지이자 정치적 고향은 야마구치다. 2016년 12월 푸틴 러시아 대통령을 초청해 정상회담을 열었던 온천도 야마구치에 있었다. 야마구치 현 나가토 시가 바로 그가 기반을 둔 중의원 지역구다.

야마구치 현은 일본 우익 세력의 본거지나 다름없다. 메이지유신의 이론적 토대를 마련한 요시다 쇼인이 바로 이 야마구치 현 하기 시에서 제자들을 길러냈다. 한국을 정벌하자는 '정한론^{征韓論}'의 발원지이기도 하다.

아베 총리는 정치 명문 집안 출신이다. 아버지 아베 신타로는 외무상을 지냈다. 작은할아버지 사토 에이사쿠는 총리를 역임했다. 외할아버지 또한 기시 노부스케 전 총리다. 노부스케 전 총리는 2차 세계대전 A급 전범이기도 하다. 아베 총리는 이 외할아버지를 정신적 지주라고 여길 만큼 정치철학에 큰 영향을 받았다. 아베의 보수우익 성향은 이런 배경에서 나온 것이다.

대학교를 졸업하고 고베제강에 잠시 근무하다 곧 아버지인 아베 신타로 전 외무상의 비서관으로 정치에 입문했다. 1993년 당시 유력 자민당 총재 후보였던 아버지가 세상을 뜨자 아버지의 지역구를 물려받아 국회의원에 처음 당선됐다.

아베 총리는 모리 내각 때 관방 부장관을 지냈고, 고이즈미 내각 때 관방장관(정부 대변인)을 맡으면서 두각을 나타냈다. 이때 일본인 납북 문제와 관련해 강경노선을 견지하며 대중적인 인기를 얻기 시작했다. 아베 총리가 납북자 문제를 외교 숙원 과제로 올려놓은 것은 바로 이런 이유에서다. 또한 아베 총리는 고이즈미 전 총리를 정치적 스승이라고 부른다.

2006년 9월, 전후 총리들 가운데 최연소 나이(52세)라는 기록을 세우며 총리직에 올랐지만 별다른 두각을 나타내지 못한 채 건강 문제까지 겹치면서 1년 만에 사임하고 말았다. 그러다 2012년 말, 3년간의 민주당 정권에 실망한 유권자들의 지지를 등에 업고 다시 총리직에 오른 아베 총리는 이전과는 달랐다. '아베노믹스'라는 간단명료한 경제정책을 들고 나온 그는 디플레이션 탈출을 내걸고 강력한 통화·재정정책을 펴나갔다. 2013년 여름 참의원 선거 직후에는 "중·참의원 양원 다수 의석을 활용해 아베노믹스를 가속화하겠다. 국민이 요구하는 것은 전국 방방곡곡에서 실감할 수 있는 강한 경제"라고 주장하기도 했다.

덕분에 높은 지지율을 얻은 아베 총리는 우익 성향의 정치·외교 정책을 하나 둘 실행에 옮기고 있다. 2차 집권 1년 후인 2013년 말에는 중국과 한국 등 주변국의 반발에도 야스쿠니 신사를 전격 참배해 동북아 긴장을 고조시키기도 했다. 1차 내각 당시 야스쿠니 신사를 참배하지 않은 것이 "통한의 극치"라고 얘기할 만큼 우익 본능을 감추지 않는다.

아베 총리는 중국 팽창에 맞서 미일 동맹 강화와 함께 이를 빌미로 안보 관련 법제를 개정해서 사실상 '전쟁이 가능한 나라'로 일본을 탈바꿈시켰다. 안보법 개정과 관련해 국민적 반발이 일고 있는 와중에 "깡패가 아소(재무상)를 때리면 내가 돕는 것"이라는 비유로 구설에 오르기도 했다.

아베 총리는 2018년 가을까지 임기가 보장된 상태다. 그러나 자민당이 총재 연임 제한 규정을 없앴기 때문에 지금과 같은 아베 1강 체제가 이어지면 2020년 도쿄올림픽을 넘어 2021년까지 집권할 것이라는 전망이 나오고 있다. 그렇게 되면 일본 최장수 총리 등극도 가능하다. 개헌을 필생의 과업이라 공언하고 있기 때문에 재임 기간 중 평화헌법 개정도 시간문제라는 관측이다. 아베 총리는 "현행 헌법은 점령군(미국)의 영향 아래 만들어진 것이다. 우리 자신의 손으로 헌법을 만드는 것은 새로운 시대를 열어가는 것"이라며 개헌 욕심을 감추지 않는다.

04 레제프 타이이프 에르도안

스트롱맨

- 1954년 이스탄불 출생, 1973년 말마라 대학교 입학
- 1983년 복지당 입당, 1994년 이스탄불 시장 당선
  2001년 정의개발당(AKP) 당수 취임, 2003년 총리 취임
- 2014년 대통령 취임

"노동자 출신으로 서민들을 이해해주는 대통령." 터키 국민들이 레제프 타이이프 에르도안 Recep Tayyip Erdogan 대통령에게 열광하는 이유다. 에르도안은 어려움을 극복하고 성공한 자수성가형 인물이다.

1954년 흑해 연안의 작은 도시인 리제 출신인 해안경비대 요원의 아들로 태어난 에르도안은 가난한 유년 시절을 보냈다. 책값조차 마련하기 쉽지 않았던 10대 시절에는 레모네이드와 참깨 빵을 팔아 용돈을 벌기도 했다. 이때부터 에르도안에게는 자신의 어려운 가정사를 근본적으로 해결하려면 본인 스스로 정치적인 힘을 가져야 한다는 믿음이 생겨났다.

대학교에 진학해 정치 활동을 시작한 에르도안은 1994년에 40세의 나이로 이스탄불 시장에 당선돼 시민 삶의 질을 개선하는 데 힘썼다. 뛰어난 행정가로 평가받으면서 2003년 마침내 총리로 취임했다. 총리 취임 후에는 터키 경제 재건에 힘쓰면서 10년 동안 높은 경제성장률을 유지했다.

이렇게 터키 내부에서는 '국민 친화적'인 '경제 대통령' 이미지를 구축하며 국민의 지지를 얻은 에르도안이지만 서방 국가들 사이에서는 정반대의 평가를 얻고 있다. 무엇보다 에르도안의 독재 행보를 우려하는 목소리가 크다.

그러나 터키 국민들은 에르도안의 강경한 입장이 거세질수록 더 큰 지지를 보내고 있다. 2016년 7월 발생했던 군부 쿠데타 당시 에르도안은 트위터에서 "군인들과 맞서라"고 호소했다. 그러자 그를 지지하는 사람들이 앞장서 군부를 제압했다. 덕분에 쿠데타는 6시간 만에 진압됐다.

터키 국민들은 오히려 에르도안을 비판하는 다른 나라에 대립각을 세우고 있다. 군부 쿠데타가 실패로 끝난 지 한 달 만에 열린 반쿠데타 집회에서 지지자들은 에르도안을 가리켜 '신의 선물'이라고 옹호하면서 "(에르도안이) 우리에게 죽음을 명하면 따르겠다"는 극단적인 현수막까지 내걸 정도였다.

스트롱맨
05 로드리고 두테르테

- 1945년 레이테 출생
- 1977년~1986년 다바오시 검찰 근무, 1986년~1987년 다바오 부시장 부임, 1988년~1998년 다바오 시장 3선, 1998년~2001년 연임제한으로 하원선거 출마 후 당선, 2001년~2010년 다바오 시장 3선, 2010년~2013년 연임제한으로 부시장선거 출마 후 당선, 2013년~2016년 6월 다바오 시장
- 2016년 7월 대통령 취임

성공한 시장 출신인 로드리고 두테르테^{Rodrigo Duterte} 필리핀 대통령은 거침이 없다. 자신의 대선 공약이었던 '범죄와의 전쟁'을 너무나도 충실히 수행하는 바람에 필리핀 안팎으로 역풍이 불고 있지만 전혀 아랑곳하지 않는다.

범죄와의 전쟁의 주요 골자는 마약사범 척결이다. 두테르테는 마약이 필리핀을 좀먹고 있다면서 이를 뿌리 뽑지 않고는 국가도 발전할 수 없다는 신념을 보인다. '징벌자'라는 별칭이 붙은 것도 이런 신념에 따른 강력한 추진력 때문이다.

필리핀 사정을 지켜보던 미국 오바마 전 대통령이 보다 못해 인권도 중요하다고 지적하자 두테르테 대통령은 미국과의 관계를 차라리 끊어버리겠는 말로 응수했다. "우리에겐 중국이 있다. 미국이 없어도 우리는 상관없다"는 말도 서슴지 않았다. 이에 화답하듯 중국 시진핑 국가주석은 100억 원이 넘는 무기를 공짜로 내주며 필리핀을 적극 껴안았다.

물론 두테르테 대통령이 범죄 척결에만 단호한 것은 아니다. 필리핀 전체 인구의 26.3%를 차지하는 빈곤층 문제 해결에도 적극 나서고 있다. 그가 마약 퇴치에 열중하는 것도 이 빈곤층 구제와 무관하지 않다. 필리핀인들이 마약에 빠져 있는 한 절대 가난의 굴레에서 벗어날 수 없다는 소신 때문인 것이다.

그러나 두테르테의 막말은 종종 곤란한 상황을 연출하기도 한다.

2016년 대선 기간 중 필리핀에서 집단 성폭행을 당하고 살해된 호주 여성 선교사를 가리켜 "(나중에 보니) 예뻤나. 내가 먼저 해야 했는데……"라는 막말을 하는가 하면, 인권 문제로 자신을 비판하는 오바마 전 대통령을 향해 "개××"라고 대놓고 욕설까지 퍼부었다. 두테르테 대통령에게 이 "개××" 발언을 들은 이들은 많다. 심지어 교황도 그 안에 포함돼 있다.

그럼에도 필리핀에서 두테르테 대통령의 인기는 높다. 국민들은 두테르테 대통령이 22년 동안 시장직을 역임하면서 다바오 시를 확 바꿔놨듯이, 필리핀도 과거와는 다른 새로운 국가의 모습으로 바꿔주기를 바라고 있다.

2016년 9월 25일부터 10월 1일까지 현지 여론조사 업체인 펄스아시아의 조사에 따르면 두테르테 대통령은 86%의 지지율을 기록했다. 그의 '마이 웨이'가 가져온 결과다.

스트롱맨
06 앙겔라 메르켈

- 1954년 함부르크 출생, 1978년 라이프치히 대학교 석사 취득
- 1978년~1989년 동베를린 물리화학연구소 연구원, 1990년 동독 정부 대변인, 1991년~199년 독일 여성청소년부 장관 1994년~1998년 독일 환경·자연보호·핵안전부 장관, 1998 년~2000년 독일 기독교민주연합 사무총장, 2000년~2005년 독일 기독교민주연합 대표
- 2005년 독일 총리 취임

앙겔라 메르켈^{Angela Merkel} 독일 총리는 원칙과 뚝심의 정치인으로 통한다. 옛 동독 출신 첫 총리이자 최초의 여성 총리라는 영예는 거저 따라온 것이 아니다.

브렉시트, 트럼프 대통령 당선, 유럽 극우 포퓰리즘 정당 약진 등 고립주의와 보호주의가 횡행하고 있지만 메르켈은 개방과 자유무역 유지를 끊임없이 호소하고 있다. 총리 4선 연임을 선언한 직후인 2016년 11월 메르켈은 연방하원 연설에서 "우리는 다른 이들과 세계화를 만들어가는 데 다자주의를 함께 수호해야 할 필요가 있다"며 "개방이 고립보다 더 안전하다"고 강조했다.

미국 일간지 〈뉴욕타임스〉는 메르켈을 가리켜 "서구식 자유민주주의 최후의 보루"라고 표현했다. 세계의 이목이 자신에게 집중되자 메르켈은 "세계가 나를 보루로 여기는 것은 이해할 수 있지만, 민주주의를 지키는 역할을 내게만 강요하는 것은 거절하고 싶다"고 부담감을 토로하기도 했다. 그럼에도 "내 임무는 시민들의 말을 듣고 우리 공동체의 이익에 따라 정책을 시행하는 것"이라며 주어진 소임을 다하겠다는 의지를 피력했다.

지난 1990년 베를린 장벽이 무너지며 독일이 통일될 때 메르켈의 나이는 36세였다. 인생에서 제법 긴 시간을 냉혹한 공산주의 체제의 동독 정권에서 폭압적 통치를 체험하며 보냈다는 뜻이다. 이런 인생 역정이 서구 자본주의가 추구하는 자유와 개방을 평생의 정치 좌표로 삼은 계기가 됐다는 평이다.

2017년 10월 총선에서 4선 연임에 도전하는 메르켈에게 최대 난관은 이민자 문제다. 난민 문제로 촉발된 유럽의 포퓰리즘에 맞서 고군분투하는 메르켈을 사람들은 '난민의 어머니'라고 부른다. 덕분에 독일은 유럽에서 난민에게 가장 포용적인 국가가 됐다. 유럽연합 통계청에 따르면 2016년 11월 기준 독일 난민 신청자 수는 67만 1,420명으로 2012년의 7만 7,485명에 비해 아홉 배가량 폭증했다. 메르켈은 2016년 9월 자신의 지역구인 메클렌부르크포어포메른 주 의회 선거에서 참패한 뒤 책임을 인정하면서도 "난민들에게 독일의 문을 개방했던 정책의 기본 방향은 틀리지 않았다"며 주변의 비판에 물러서지 않겠다는 입장을 분명히 했다.

다만 2016년 12월 19일 발생한 베를린 트럭 테러 이후 그의 난민 정책에 비판의 목소리가 커지고 있다. 난민 정책이 총선의 쟁점이 되면서 메르켈의 4선 재임이 실패할 가능성까지 거론되고 있다. 메르켈은 트럭 테러 이후 열린 기자회견에서 "독일에서 보호와 난민 지위를 신청했던 사람이 이 범죄를 저지른 것으로 확인된다면 이 사실을 받아들이기 정말 힘들 것"이라면서도 "자유와 개방, 함께 살기를 바라온 삶. 이 모두를 유지할 힘을 찾을 것"이라고 테러에 굴복하지 않겠다는 의지를 밝혔다.

- 1968년 파리 출생, 1991년 파리2대학교 졸업
- 1986년 국민전선(FN) 당원 가입, 1992년 파리협회 변호사
  2000년 국민전선 집행위원회 위원, 2003년 국민전선 부대표
  2011년 국민전선 대표 취임
- 2015년 2월 프랑스 지방선거에서 국민전선 약진
  2017년 프랑스 대선 국민전선 후보

아버지가 세운 정당에서 자신의 아버지를 몰아내고 중심에 선 여성 정치인, 바로 마린 르 펜Marine Le Pen 프랑스 국민전선 대표다. 18세 때 처음 국민전선 당원이 됐다. 정치인인 아버지 장마리 르 펜의 어깨 너머로 정치를 익히고 대학교에서 법을 공부하며 그녀는 자신의 미래를 그려나갔다.

　정치인으로서 르 펜은 프랑스 국민들이 눈살을 찌푸릴 정도로 과격한 발언과 정책을 일삼는 아버지와는 다른 길을 가기로 결심했다. 2000년에 나치 옹호와 극심한 인종차별 기조로 대표되던 정당 국민전선의 '탈 악마화Le-demonizing' 작업에 착수한 것이다. 아버지와 자신이 다르다는 것을 입증하려는 시도였다. 온화한 미소를 머금고 아버지의 언행을 오히려 '비판'하는 모습으로 화제의 중심이 됐다.

르 펜은 2011년 마침내 국민전선 당수가 됐다. 국민전선을 이끌면서 그녀가 세간의 주목을 일제히 받은 것은 국민전선 창립자인 아버지를 당에서 축출하면서다. 2015년 8월 장마리 르 펜은 "홀로코스트 가스실은 역사 속 소소한 일 가운데 하나"라는 발언으로 국민들로부터 엄청난 질타 세례를 받았다. 이에 르 펜은 과감히 아버지를 국민전선 밖으로 몰아냈다.

2015년 11월 최악의 테러로 꼽히는 '파리 테러'가 터지자 르 펜은 "나는 예전부터 무슬림 근본주의에 대해 경고했다"며 자신만만한 모습을 보였다. 프랑스인들의 반反이민 정서에 편승한 것이다.

2017년 프랑스 대선에서 르 펜은 존재감이 큰 대선 후보다. "낡은 좌파와 우파를 모두 뛰어넘자"고 외치며 프랑스의 유럽연합 탈퇴를 주장하는 르 펜에게 프랑스 안팎에서 관심이 쏠리고 있다.

스트롱맨
08 베페 그릴로

- 1948년 제노바 출생
- 1977년 코미디언 데뷔, 1986년 자신의 이름 내건 〈그릴로 메트로〉 쇼 진행, 1987년 당시 총리 비판 혐의로 공영방송에서 퇴출, 2007년 정부 정책 투명성 요구하는 V-데이 축제 주최 2008년 세계에서 영향력 있는 블로거 9위 선정
- 2009년 오성운동 창당, 2013년 이탈리아 총선에서 원내 제3당 등극, 2016년 지방선거에서 로마, 토리노 시장 배출, 2016년 이탈리아 국민투표 부결 주도

곱슬머리에 동그랗게 뜬 눈, 혀를 내밀고 우스꽝스럽게 짓는 표정. 누가 봐도 정치인이라기보다는 코미디언 같다. 하지만 베페 그릴로 Beppe Grillo 오성五星운동 대표는 이탈리아 포퓰리즘 역풍의 중심에 서 있는 정치인이다. "이탈리아는 진흙탕에 빠졌다"고 외치는 그릴로를 이탈리아 개헌 국민투표를 부결로 이끌고 마테오 렌치 총리를 총리직에서 끌어내린 주역이다.

그릴로는 대학교를 과감히 중퇴하고 코미디언의 길로 들어선 뒤 화려한 몸짓과 거침없는 언사로 기성 정치를 공격해 '이탈리아의 트럼프'로도 불린다.

코미디언으로 활동하면서 당시 이탈리아 총리를 비판해 공영방송 출연이 힘들어지자 그는 발 빠르게 대처했다. 대중과 빠르고 효율적으로 소통할 수 있는 SNS를 이용해 정치 · 경제 · 사회 전반에 걸쳐 속 시원한 비판을 이어갔다. 'SNS를 통한 최초의 이탈리아 대중운동'으로 불리는 V-데이^{Vaffanculo Day, 엿 먹이는 날} 축제를 열어 정부 정책의 투명성을 강력하게 요구하기도 했다. 2009년에는 '오성운동' 창당을 통해 이탈리아 정치지형에 돌풍을 일으켰다. 경제난으로 피폐해진 이탈리아 국민들은 "정치인은 국민의 피고용자"이며 "이탈리아를 처음부터 다시 고쳐야 한다"고 외치는 그에게 점점 마음을 열기 시작했다. 비웃음을 당하며 시작했던 그릴로의 오성운동이 지금 세계의 주목을 모으고 있는 것이다.

1장

트럼프노믹스의
정체가 밝혀진다

The
Age of
Strong
Men

INTRO

"일단 내가 살고 봐야해"

세계경제 쥐락펴락하려는 트럼프 vs. 환율·통상에서 안간힘 쓰는 시진핑과 아베

2017년 1월 20일. 도널드 트럼프 미국 대통령 취임식에 참석한 시진핑 중국 국가주석과 아베 신조 일본 총리가 취임식이 끝난 뒤 트럼프와 만나 담소를 나누고 있다.

아베   트럼프 축하해. 그런데 너 꼭 그렇게까지 했어야만 했냐?

트럼프   뭔 소리야? 트위터 올리느라 바빠 죽겠구만.

아베   TPP(환태평양경제동반자협정) 말야, TPP! 내가 그렇게 간곡하게 얘기했는데 탈퇴하겠다고 하다니.

트럼프   내가 TPP 반대한 게 어제오늘 일도 아닌데 뭘.

아베　내가 TPP 분위기 좀 좋게 만들어보려고 대선 때 거짓말 밥 먹듯
　　　 이 한 너를 '믿을 만한 사람'이라고 치켜세우고 명품 골프채도 선
　　　 물해줬는데 이렇게 뒤통수를 쳐?

아베는 2016년 11월 17일, '당선자와의 회담은 현직 대통령에 대한 결례'라는 비판에도 아랑곳
하지 않고 미국 뉴욕에서 당선자 신분인 트럼프와 첫 정상회담을 했다. 트럼프의 대선 공약이었
던 TPP 폐기에 대해 일본 입장을 설명하고 설득하기 위해서였다. 하지만 트럼프는 아베와 정상
회담을 하고 며칠 뒤 "취임 첫날 TPP를 탈퇴할 것"이라는 동영상 메시지를 내놓는다.

트럼프　뒤통수는 네가 쳤지! 그거 중국 제품이라며!

아베　무슨 소리야. 그거 혼마 제품이라고. 회사가 중국에 팔리기는 했
　　　 지만……

시진핑　중국 제품이 뭐가 어때서! 트럼프, 아베가 괜히 그걸 선물로 줬겠
　　　 냐. 저출산 고령화 때문에 일본에서 판매가 줄어 어려워지니 중
　　　 국에서 팔아보겠다고 해서 중국 자본이 들어가 도와준 거 아냐.
　　　 이거야말로 누이 좋고 매부 좋고. 글로벌 시대에 담 쌓고 살지 말
　　　 고 이렇게 서로 왔다 갔다 하며 윈윈 하면 얼마나 좋아. 아베도
　　　 그런 얘기를 하고 싶었던 게 아닐까 싶네.

아베　트럼프, 시진핑이 저리 나대는 거 보고만 있을 거야? 두테르테부
　　　 터 해서 동남아시아 정상들이 다 중국 쪽에 붙으려고 난리인데,
　　　 견제를 해야 할 거 아냐. 다 먹고살아보자고 중국 곁을 기웃거리
　　　 는 건데, 너희가 나서서 동남아 걔네들 동네 물건 좀 사주고 해야
　　　 지. 그렇게 하면 걔들이 굳이 중국 편에 서겠냐?

트럼프 트럼프 타워에서 얘기했잖아. 내가 가장 중요하게 생각하는 건 미국 내 일자리라고. 내가 힐러리를 어떻게 이겼는지 다 잊었어? 아베 네가 미시간, 위스콘신, 펜실베이니아, 오하이오 이런 러스트벨트 지역을 가봤는지 모르겠는데, 거기 가면 문 닫은 공장이 얼마나 많은지 모르지? 거기엔 집에서 대낮부터 하릴없이 맥주나 들이켜고 있는 백인 아저씨들이 넘쳐난다, 넘쳐나! 그 사람들이 왜 일자리를 잃었냐? 일본 차, 중국 철강 이런 것들 때문 아냐? 재작년에 우리가 시진핑네 나라에 본 무역적자만 3,657억 달러(약 438조 원)라고!

시진핑 우리 덕분에 생필품 싸게 써놓고는 무슨……. 그나마 우리가 있었느니 너희 나라 서민들이 먹고살 만했던 거지, 얘가 고마운 줄 모르고. 그리고 뭐? 우리가 환율조작국이라고? 그래서 우리 제품에 45% 관세를 물리겠다고? 그럼 우리는 뭐 가만있을 줄 아냐? 우리가 너희 나라 기업 제품 불매운동만 좀 벌여봐라. 난리가 나지, 난리가 나. 중국은 애플 없어도 스마트폰 만들 수 있지만, 애플은 중국 없으면 스마트폰 못 만들걸!

트럼프 자유무역이 그렇게 좋으면 너희끼리 잘 해봐. 나는 누가 뭐래도 '아메리카 퍼스트'야. 나는 TPP부터 탈퇴하고 NAFTA(북미자유무역협정)도 손볼 거야. 한국과 체결한 FTA(자유무역협정)도 한번 들여다볼 거고. 왜냐고? FTA는 '일자리 킬러'니까.

트럼프는 대선 기간 중 "한미FTA 때문에 미국 일자리 10만 개가 날아갔다"고 주장했다. NAFTA는 "사상 최악의 무역협정"이라며 "오하이오 주 콜럼버스는 NAFTA 발표 이후 제조업 일자리 3개 중 1개가 없어졌다"고 말하기도 했다.

시진핑   아베, 트럼프에 대한 미련은 그만 버리고 나한테 와라. RCEP(역내포괄적경제동반자협정)랑 FTAAP(아시아태평양자유무역지대)라고 좋은 게 있다. 호주, 페루, 인도네시아, 말레이시아 다 우리 쪽에 붙기로 했다. 푸틴한테도 FTAAP 얘기할 거고.

아베   됐다 됐어. 그나저나 트럼프! 보호무역 한다고 일자리가 늘어난다는 보장이 없잖아? 부품이나 중간재까지 관세 매기면 그걸 이용해 제품 만드는 미국 기업 경쟁력이 떨어질 거고, 그러면 결국 수출이 줄어들고, 그러면 또 나자빠지는 기업이 나올 거고. 어차피 그게 그거일 거 같은데!

트럼프   보호무역 말고도 할 건 많지. 일자리 만드는 데 최고는 건설 경기 부양 아니겠냐. 1조 달러 인프라 투자! 멋지지? 세금 줄여줘서 소비랑 투자 촉진하고 기업들이 하고 싶은 거 맘껏 하도록 규제 대폭 풀어주고. 그러니 주가가 오를 수밖에. 그리고 너희 냉난방 시스템업체 캐리어라고 들어봤지? 멕시코로 공장 옮기려는 걸 내가 눌러앉혔잖아. 그렇게 지켜낸 일자리가 1,100개야. 앞으로도 캐리어처럼 외국 이전하겠다는 기업 나오면 주저 없이 전화기를 집어들 거야. 그리고 참, 시진핑, 아까 뭐랬지? 중국 없으면 아이폰 못 만든다고? 이를 어쩌나. 아이폰 조립하는 폭스콘이 미국 투자를 검토 중이라는데. 그나저나 친구들 미안. 와이프가 찾아서 난 이제 그만 가봐야겠어.

아베   그래, 잘 가. 뭐, 1조 달러 인프라 투자 얘긴 나름 멋졌어. 덕분에 내 골치를 썩이던 엔고가 싹 사라졌어. 그건 고맙네.

트럼프 당선 이후 시장이 대규모 인프라 투자와 감세, 규제 철폐 등 경제활성화 정책에 주목하면서 달러가 강세를 보였다. 이에 따라 선거 직후 달러당 101.19엔까지 급등했던 엔화 가치는 선거 후 한 달여가 지난 2016년 12월 15일 달러당 118.22엔까지 하락했다. 엔화가 약세로 돌아서면서 수출 기업들의 실적이 개선될 것이라는 기대가 형성됐고, 이에 힘입어 일본 증시도 급등했다. 미국 대선 직후 1만 6251.54포인트였던 니케이225지수는 40여 일 뒤인 2016년 12월 20일 1만 9494.53으로 20%나 올랐다.

시진핑   트럼프가 없어서 말이지만, 달러 강세는 좋다 이거야. 문제는 속도야 속도. 위안화 가치가 너무 빨리 떨어지잖아. 외국 자본 빠져 나가는 거 메우는 것 때문에 외환보유고도 팍팍 줄어들고. 이거 대국 체면이 말이 아니네.

달러 대비 위안화 가치는 2015년 4.5% 떨어진 데 이어 2016년에는 7% 넘게 하락했다. 이런 위안화 약세는 위안화 국제화에도 악영향을 미칠뿐더러 외화부채가 많은 중국 기업들을 부실화시킬 수 있다. 통화 가치 추가 하락을 우려한 투자자들이 대거 돈을 빼려고 할 때 급격한 자본유출이 일어나고, 심하면 외환위기가 발생할 수 있다. 중국 정부는 급격한 위안화 절하를 막고자 외환보유고를 헐고 있는데, 그 규모가 2015년 8월부터 2016년 11월까지 무려 1조 1,000억 달러에 이른다. 하지만 위안화 절하 속도는 갈수록 빨라지고 있다.

아베   그런데 정말 괜찮을까. 내가 이런 말 할 자격이 있는지는 모르겠지만, 세금은 줄이는데 인프라 투자를 늘리겠다는 게, 결국 빚을 더 내겠다는 거 아냐? 안 그래도 빚이 많은데.

시진핑 시중에 돈 풀리면 물가도 꽉꽉 올라갈 거고, 그러면 연방준비제도Fed, 연준가 기준금리를 급하게 올릴 수도 있을 텐데 그 뒷감당을 어떻게 할지. 지금 미국이 불경기도 아니잖아. 실업률이 9년 이래 최저 수준일 정도로 일손이 딸리는데, 인프라 투자 늘려봐야 인건비랑 물가만 올라가는 거 아냐?

아베 단기적으로야 좋겠지만 장기적으로는 결국 물가가 문제지. 우리야 물가가 너무 안 올라서 문제지만 트럼프네 나라는 상황이 전혀 다르니. 경제가 물가상승을 감당할 수 있을 정도로 성장을 이어갈 수 있을지……. 누구는 스태그플레이션(경기침체 속 물가상승) 얘기도 하던데. 스태그플레이션이라, 이름만 들어도 끔찍하네. 트럼프뿐만 아니라 우리 모두 다 힘들어질 텐데. 그런 일은 없어야 할 텐데.

트럼프가 경제공약을 그대로 실천한다면 물가상승은 확실해 보이지만 경제성장이 가능할지는 불확실하다. 골드만삭스는 미국 국가부채가 너무 많고, 보호무역과 이민규제로 수출경쟁력이 약화되면서 장기적으로 실물경제가 타격을 입어 물가상승을 만회할 경제성장이 힘들다고 진단했다. 스태그플레이션에 대한 경고인 셈이다.

시진핑 그러게(한숨)…….

01
재정정책의 핵심,
감세·인프라투자로 경기 살리기

20세기 초중반 인프라 싹 바꾸겠다

"지금 미국의 다리들은 무너져가고, 공항청사는 제3세계 국가 수준 으로 후퇴했다. 낙후된 인프라를 고쳐서 미국을 다시 위대하게 만들 겠다."

2016년 미국 대선 유세에서 트럼프가 자주 꺼냈던 얘기다. 지금 우리가 알고 있는 '1조 달러 인프라 투자' 공약은 여기서 시작됐다. 트럼프는 선거 과정에서 지속적으로 인프라 투자를 강조했다. 그 대 표적인 사례가 '고속도로의 아버지' 드와이트 아이젠하워 대통령의 정신을 계승하겠다고 밝히며 대형 인프라 프로젝트를 예고한 것이 다. 공화당 소속 아이젠하워 대통령은 1950년대 250억 달러의 재 정을 투입해 고속도로로 미국 전역을 거미줄처럼 연결했다.

사실 1조 달러 인프라 투자 공약은 과장된 것이다. 출발부터가 '뻥튀기'였다. 민주당 대선 후보로 나섰던 힐러리 클린턴이 2016년 8월 "5년에 걸쳐 국내총생산GDP의 0.25%에 해당하는 2,750억 달러의 인프라 투자를 하겠다"고 밝히자, "나는 무조건 힐러리보다 두배를 하겠다"며 5,000억 달러 인프라 투자 공약을 내놓았던 것이다.

트럼프는 이 정도로는 성에 안 찼는지, 두 달 뒤인 10월에 한 번 더 '뻥튀기'를 했다. 자신이 연임을 하면 임기 한 번마다 5,000억 달러씩, 총 1조 달러를 인프라에 투자하겠다고 공언한 것이다.

미국 국가 채무 규모는 무려 20조 달러. 2016년 미국 재정적자 규모도 6,000억 달러에 육박한다. 당연히 재원 마련에 대한 의구심이 제기될 수밖에 없다. 트럼프 행정부의 초대 상무부 장관으로 지명된 윌버 로스Wilbur Ross는 2016년 10월 말, 이 문제에 답을 내놓는다. "연방세 공제 1,670억 달러로 1조 달러 규모의 인프라 건설비를 충당한다"고 설명했다. 민간 건설업체 자금을 인프라 투자 재원으로 활용하겠다는 계획이었다.

설명하자면 이렇다. 먼저 연방정부가 대규모 인프라 건설에 자금을 대는 민간투자자들의 세금을 공제해준다. 투자자들은 공사비 일부를 초기 계약금 형태로 지불한다. 나머지 비용은 사모 채권시장에서 차입한다. 이렇게 만든 돈으로 고속도로나 다리, 수도관을 고친 민간 투자자들은 이들 시설을 이용하는 미국인들에게 통행료나 수도세를 받아 투자금을 회수하고 수익을 낸다. 대규모 투자를 성장의 발판으로 삼고, 이 과정을 통해 유권자들에게 약속했던 일자리를 만들 수 있으며, 대규모 세금공제 혜택으로 발생하는 재정 부담은 건설사가 얻는 수익에서 법인세를 거둬 상쇄시키겠다는 생각이다.

많은 전문가들이 현실성에 의문을 제기한 공약이지만, 트럼프는 당선수락 연설에서 다시 한 번 인프라 투자를 강조하면서 이를 기정사실화했다.

"이제 함께 힘을 모아서 도심을 재건하고 도시를 활성화하고 교량과 터널과 학교와 병원과 공항을 다시 지을 것입니다. 미국의 인프라를 재건할 것입니다. 이렇게 재건한 인프라야말로 전 세계 그 어느 나라보다 앞서는 자랑스러운 인프라가 될 것입니다. 그리고 수백만 명 이상에게 일자리를 되찾아주는 그러한 인프라 건설 프로젝트가 될 것입니다."

트럼프의 공약에 반신반의하던 시장은 이 수락 연설에 민감하게 반응했다. 트럼프노믹스에 대한 기대감에 힘입어 수락 연설 당일 미국을 비롯한 세계 증시가 급등했다. 반면 인프라 투자 재원을 마련하기 위해서는 결국 재정 지출을 늘릴 수밖에 없다고 예상한 투자자들이 향후 가격 하락이 예상되는 채권을 손해를 무릅쓰고 팔기 시작하면서 채권 금리가 급등(채권 가격 하락)했다.

트럼프의 인프라 투자 공약이 유독 눈길을 끈 것은 미국의 인프라 노후 문제가 그만큼 심각하기 때문이다. 미국은 20세기 초중반 건설된 인프라를 여전히 그대로 사용하고 있다. 맥킨지글로벌연구소MGI에 따르면, 미국은 노후 인프라의 성능 개선이 시급한데도 2008년 금융위기 이후 위축된 투자가 좀처럼 회복되지 않는 상황이다.

미국 토목학회^{ASCE}가 4년마다 실시하는 인프라 시설 평가(2013년)에서 미국 전체 인프라 등급은 A~F 중 D+를 기록했다. 이는 성능이 '나쁨: 위험함'을 뜻한다. 각종 사고도 빈발하고 있다. 2016년 9월과 10월에는 뉴저지와 뉴욕 주에서 잇따라 열차 탈선 사고가 났다. 2014년에는 미시간 주 플린트 시에서 납 수돗물 사태가 벌어졌다. 뉴욕 주(1987년), 미네소타 주(2007년)에서도 30년이 넘은 노후 교량 붕괴 사고가 발생했다. ASCE는 미국 수도水道 관련 인프라 상당 부분이 수명을 거의 다했다고 경고하기도 했다.

트럼프의 인프라 투자 공약은 단순히 경기부양이라는 기대를 넘어 트럼프 당선에 큰 역할을 했다. 낡아서 툭하면 고장인 기차로 출퇴근을 하고, 자녀들에게 납이 섞인 수돗물을 먹이고, 지나갈 때마다 삐걱거리는 다리를 운전해서 건너다니는 미국인들, 특히 미국 중산층들에게 인프라에 대규모 투자를 하는 동시에 일자리까지 늘리겠다는 공약은 단순한 구호가 아니라 실생활 차원에서 아주 매력적인 공약이었다.

부동산 개발에 평생을 몸담아온 트럼프가 염두에 두고 있는 인프라 분야는 도시재생 사업이다. 고속도로 신설과 보수, 노화된 교량 보수와 신규 교량 건설, 공항과 항만 인프라 확충도 공약했다. 기후변화 대책을 폐기하고 전통적인 화석연료를 이용한 에너지 개발에 역점을 두기로 한 만큼, 송유관 건설에도 상당한 자금이 투입될 전망이다.

이런 인프라 투자 계획으로 시멘트, 철강, 중장비 등의 업종이 주목을 받고 있다. 대규모 건축·토목 사업에 반드시 투입되는 업종이기 때문이다. 철도, 통신 인프라, 운송, 건설기자재 분야 수요도 급증할 것으로 예상된다. 이들 업종의 수요 증가는 우리 기업에게 새로운 기회가 될 수 있다. 트럼프 당선 이후 국내 증시에서 포스코, 두산밥캣 등의 주가가 급등한 것도 미국 인프라 투자에 따른 수요 확대에 대한 기대감 때문이다.

현대경제연구원이 트럼프 대선 승리 이후 발간한 〈트럼프 당선이 한국 경제에 미치는 영향〉 보고서에 따르면, 대규모 인프라 투자가 미국의 소비재와 자본재 수요를 증가시켜 한국 수출에 긍정적인 영향을 줄 수 있을 것으로 전망된다. 대규모 공공지출을 통해 소비지출이 늘어나면 자동차, 가전, IT 등 일반 소비재 수요도 증가해 관련 제품 수출에 호재가 될 수 있다. 아스팔트 수요 증가에 따라 정유 업계와 건설기계 업종의 수혜도 기대해볼 수 있다는 분석도 나온다.

반면 미국의 인프라 투자로 생겨나는 기회는 경기 호전에 따른 간접적 수혜에 그칠 것이라는 전망도 있다. 한국 업체가 직접 미국에 진출해 호재를 누릴 가능성이 적기 때문이다. 철강만 보더라도 미국산 제품 이용을 의무화하는 '바이 아메리칸Buy American' 규정을 강화해 미국 기업에만 특혜를 줄 가능성이 있다.

트럼프식 화끈한 감세 정책

트럼프가 미국 경제를 되살리겠다며 공언한 또 다른 방법은 대대적인 감세다. 감세를 통해 중산층을 복원하고 기업하기 좋은 환경을 만들어 "미국을 다시 성장시키겠다^{Make America Grow Again}"고 주장했다. 이를 위해 트럼프는 부부 합산 연소득 5만 달러 이하인 가구는 세금을 면제해주고, 법인세 최고세율을 38%에서 15%로 내리는 등 '화끈한' 감세안을 제시했다.

미국의 현행 개인소득세제는 소득 규모에 따라 7구간으로 나누는데, 수입이 많을수록 높은 세율을 적용한다. 연소득 기준으로 가장 낮은 구간인 '9,275달러 이하' 가구는 10%(927달러)의 소득세를 내지만, 가장 높은 소득 구간인 '41만 5,050달러 이상'에는 39.6%의 세율이 적용된다. 일반적으로 기업(법인)은 연수익이 5만 달러 이상이면 대체로 35%를 법인세로 낸다. 하지만 다양한 소득공제(소득 가운데 일부를 과세 대상에서 제외)와 세액공제(소득공제 이후 산출된 세금액 가운데 일부를 면세) 혜택이 존재하기 때문에 실제로 적용되는 세율(실효세율)은 법정세율보다 훨씬 낮은 26~27% 정도다.

트럼프는 대선 기간에 현재 7단계인 법정소득세율을 12%와 25%, 33%의 3단계로 간소화하겠다는 구상을 밝혔다. 이에 따르면 소득 기준으로 최저 구간인 연소득 2만 9,000달러 이하 가구(1인 가구 기준)는 소득세를 한 푼도 낼 필요가 없다. 중산층으로 분류되는 연소득 5만 4,000달러 가구는 12%만 납부하면 된다. 아무리 돈을 벌어도 소득세율은 33%를 넘지 않는다. 연간 1,000만 달러를 버는 가구라면 소득세가 현재 396만 달러에서 330만 달러로 줄어든다.

트럼프는 더불어 상속세 폐지도 공약했다. 상속세 폐지와 관련, 트럼프는 "미국 노동자들은 평생 세금을 내왔으니, 사망한 뒤에 다시 과세해서는 안 된다"고 말했다. 현행 연방법은 개인 545만 달러, 부부 1,090만 달러 이하는 세금 없이 상속할 수 있지만 그 이상이 되면 40%의 상속세를 내도록 하고 있다. 트럼프는 이 상속세를 폐지하고 보유 중인 자산 가격이 오르면서 생긴 자본이익에 대한 세금을 사망 시 납부하도록 하는 내용의 세제개혁을 추진하겠다는 방침이다. 트럼프는 이밖에도 부동산세를 폐지하고 육아와 관련한 모든 비용을 소득공제 대상에 넣겠다고 밝히기도 했다.

기업에 대한 감세는 더욱 적극적이다. 우선 법인세 인하폭은 개인 소득세율 인하폭보다 훨씬 크다. 이밖에 해외에서 발생한 기업들의 수익에는 법인세율 15%보다 낮은 10%의 세율을 일률적으로 부과할 방침이다. 이를 통해 미국 기업들이 외국에 옮겨놓은 현금을 미국으로 다시 들여오게 하고, 이렇게 들어온 돈은 미국 북동·중서부의 쇠락한 산업지대인 러스트벨트 같은 지역에 재투자할 예정이다. 트럼프는 "감세로 기업 투자를 늘리고, 해외 이전 기업을 되돌아오게 해서 세입을 확대하겠다"고 말했다. 세금을 파격적으로 낮추면 기업과 개인의 투자가 활발해지면서 소득이 증가하므로, 결과적으로 세수는 오히려 늘어난다는 게 트럼프의 주장이다.

비영리 연구단체인 세금정책연구소TPC 등의 분석에 따르면, 트럼프가 공약에서 밝힌 세금 감면 규모는 향후 10년간 총 9조 5,000억 달러에서 12조 달러에 이른다. 이는 미국 국내총생산GDP 대비 4%에 해당하는 규모로, 역대 대통령의 재임 중 감세 기록(GDP 대비 1.4~2.1%)을 압도한다.

대규모 인프라 투자와 감세 공약에는 비판도 많다. 공통된 문제점은 국가재정 악화다. 인프라 투자는 정부 지출을 늘리고 감세는 정부 수입을 줄여 국가재정을 악화시킬 우려가 있다. 비영리 단체인 세금재단**Tax Foundation**은 트럼프의 감세 정책을 분석한 보고서에서 "대기업들은 물론이고, 모든 소규모 상점에 대한 법인세율을 15%로 내리면 앞으로 10년간 미국 정부는 5조 9,000억 달러의 손실을 입을 것"이라고 전망했다.

　인프라 투자는 '조삼모사' 식의 속임수 공약이라는 비판도 있다. 인프라 건설은 거액의 자금이 들어가는 프로젝트라 자금 차입이 불가피할 때가 많은데, 민간 기업은 정부보다 차입 비용이 높기 때문에 비용 충당을 위해 통행료와 사용료를 높게 책정할 공산이 크고, 이에 따라 국민이 지불해야 하는 금액이 정부가 세금으로 부과하는 금액보다 커질 것이라는 지적이다. 감세 정책과 관련해서 부자 특혜 논란도 제기된다. 미국 경제전문지 〈CNN머니〉는 세금재단 보고서를 인용해 트럼프의 감세 공약이 실현되면 상위 1%는 적어도 12만 2,400달러에 이르는 세금 감면 혜택을 누리겠지만 중산층이 얻는 혜택은 약 500달러에 불과할 것이라고 전했다.

02
규제 '1-2원칙',
하나를 만들면 두 개를 없앤다

트럼프식 '규제 1-2 원칙'

"모든 신규 규제 하나에 대해 두 개의 기존 규제가 철폐되는 규칙을 마련하겠다."

도널드 트럼프가 당선 이후 '100일 구상'을 내놓으면서 한 말이다. 편의점에서 물건 하나를 사면 하나 더 주는 것을 '1+1'이라 한다. 이처럼 규제에 대해 '1-2 원칙'을 표명한 셈이다.

기업인 출신답게, 취임 후 첫 100일 동안의 목표로 규제 철폐를 내걸었다. 규제에 대한 트럼프의 입장은 명확하다. '규제는 기업의 성장을 막는다'는 게 그의 지론이다. 대선 기간 내내 "대통령이 되면 연방 정부 규제의 70%를 폐기하겠다"고 호언장담했다. 가는 곳마다 "일자리를 죽이는 불필요한 규제를 모두 제거하겠다"고 강조했다. 구체적으로 어떤 규제를 어떻게 줄일 것인지는 언급하지 않았기 때문에 사람들은 그의 발언을 허풍으로 여겼다.

하지만 트럼프는 그런 세간의 의심을 비웃기라도 하듯 신속하게 움직였다. 당선수락 연설을 한 다음 날인 2016년 11월 10일, 금융규제의 상징인 '도드-프랭크법Dodd-Frank Act'을 폐기하고 새로운 법률로 대체할 예정이라고 밝히며 불과 당선 이틀 만에 규제 개혁에 시동을 건 것이다.

도드-프랭크법은 오바마 정부가 2008년 글로벌 금융위기의 원인으로 월가의 방만한 경영을 지목하고 추진한 대표적인 금융개혁법이다. 총 3,500쪽에 달하는 방대한 내용의 이 법안은 금융위기 때 나타난 문제점을 해소하고 재발을 방지하기 위한 강도 높은 금융규제를 담고 있다. 월가의 대형 투자은행을 비롯한 여러 금융회사에 대해 규제와 감독을 한층 강화하고 금융감독기구를 개편해 금융 소비자를 보호하자는 게 핵심이다. 파생금융상품의 거래 투명성을 높여 위험 수준을 낮추고 대형 은행들의 자본 확충을 요구하고 있다. 중요 금융회사 정리 절차 개선, 금융지주회사·지급결제시스템 감독 강화 등도 담겨 있다.

문제는 은행들이 각국 중앙은행들의 완화적 통화정책 여파로 유래 없는 초저금리 환경에 있었다는 점이다. 상업은행의 전통적인 수익원인 예대마진(대출금리와 예금금리의 차이)이 쪼그라드는 것은 물론이고 자산운용사, 사모펀드PEF, 헤지펀드들의 이익률도 처참히 떨어졌다. 이 와중에 문을 닫거나 기존 인력을 대거 방출하는 금융기관들이 속출했다. 애초 도드-프랭크법 지지자들은 이 법이 또 다른 금융위기를 막고 경기를 회복시키는 데 도움이 된다고 믿었지만, 오히려 실업자만 대거 양산한 꼴이 되었다. 앨런 그린스펀 전 연방준비제도이사회 의장은 언론 인터뷰에서 도드-프랭크법이 "재앙적 수준의 실수였다"고 지적하기도 했다.

트럼프는 도드-프랭크법 폐지 방침을 발표하면서 이 법이 미국 경제활성화에 결코 도움이 되지 않는다고 지적했다. 동시에 트럼프 정권인수팀은 "미국 경제성장률은 장기 평균선인 2% 아래에 머물러 있으며, 미국의 지역 금융기관은 하루에 한 개꼴로 사라지고 있다"고 지적했다.

〈월스트리트저널〉 등 외신에 따르면, 트럼프와 공화당은 도드-프랭크법을 대체할 법안으로 '금융선택법Financial Choice Act'을 유력하게 검토하고 있다. 이는 하원 금융서비스위원장인 젭 헨설링 의원이 2016년 9월 발의한 법안이다.

금융선택법의 취지는 상업은행의 대출 기능을 회복시키는 데 있다. 경제가 활성화되려면 시중에 돈이 활발하게 돌아야 한다. 그런데 도드-프랭크법 등을 비롯해 2008년 글로벌 금융위기 이후 강화된 각종 규제로 은행이 적극 대출에 나서지 못하고 있다는 것이다. 중앙은행이 양적완화로 시중 금융기관에 아무리 유동성을 공급해도 기업과 가계로 돈이 흘러들지 않는다는 것이 공화당의 시각이다. 실제로 미국에서 돈이 도는 속도(화폐유통속도)는 금융위기 이전의 절반 수준에 머물러 있다.

금융선택법은 재무구조가 건전한 은행들, 특히 자산의 10% 이상 자기자본을 확보하고 있는 은행들에게 스트레스 테스트(환율, 성장률, 금리 같은 변수를 최악의 상황까지 가정해 은행건전성을 진단하는 방법) 등 다양한 규제를 면제하는 것이 핵심이다. 대출 여력이 있는 은행들이 더 적극적으로 대출해줄 수 있게 불필요한 규제를 풀어주자는 취지다.

이런 조치는 재무구조가 건전한 지방 소규모 은행들에게 특히 도움이 될 것으로 예상된다. 공화당은 도드-프랭크법이 지방 은행 등 소규모 금융회사들에게까지 가혹한 잣대를 들이대는 바람에 대형은행 쏠림현상이 심화되었으며, 그 바람에 농민이나 중소기업들이 필요한 대출을 받지 못하는 현상이 빚어졌다고 보고 있다.

트럼프의 공언대로 도드-프랭크법이 완전 철폐될지 현재로서는 장담할 수 없다. 민주당이 법 폐지에 반발하고 있기 때문이다. 미국 최대 은행 웰스파고가 고객의 동의 없이 몰래 1,500만 개의 계좌를 개설해 부당하게 수수료를 챙긴 '유령계좌 스캔들' 등 은행들의 도덕적 해이로 각종 금융사고가 잇따르고 있는 것도 법 개정에 부담으로 작용한다. 다만 상·하원을 공화당이 장악하는 등 어느 때보다 의회 여건이 좋은 만큼 트럼프 인수위 팀이 언급대로 좀 더 시장친화적인 대체 법안을 마련한다면, 트럼프가 의도한 금융규제 완화는 어느 정도 달성할 수 있다는 전망이 많다.

도드-프랭크법을 폐기하겠다는 방침에 시장은 열광했다. 발표 당일 뉴욕증시에서 금융업종이 4%대 급등하는 등 트럼프 당선 전에는 1만 8,000대를 뚫지 못하던 다우지수가 한 달 만에 2만 선에 육박했다. 세계 최대 사모펀드 블랙스톤을 이끌고 있는 스티브 슈워츠먼 회장은 "금융업의 르네상스가 다시 찾아올 것"이라고 말했다.

금융규제를 혁파하려는 트럼프의 움직임은 앞으로도 한층 강화될 것이다. 글로벌 금융위기 이후 금융규제 선봉에 섰던 메리 조 화이트 미국 증권거래위원회SEC 위원장이 버락 오바마 대통령의 임기 만료에 맞춰 사임했기 때문이다. SEC는 도드-프랭크법 시행 이후 금융시장 규제를 강화했고, 2013년 4월 임기를 시작한 화이트 위원장은 그 작업을 진두지휘했다.

트럼프가 밀어붙이는 규제 철폐의 다음 목표는 에너지산업이 될 것으로 예상된다. 대선 기간 내내 "기후변화는 사기"라고 주장해왔던 트럼프는 "50조 달러에 달하는 가치를 지닌 셰일가스, 석유, 석탄, 천연가스 등 미국의 에너지 자원과 관련한 (채굴 관련 등) 모든 규제를 없애고 일자리를 창출하겠다"고 강조한다. 한마디로 화석연료에 집중하겠다는 뜻이다.

기후변화 반대론자 환경부 장관에

트럼프는 환경보호청EPA 수장으로 대표적인 기후변화 반대론자인 스콧 프루이트Scott Pruitt 오클라호마 주 법무부 장관을 임명했다. 오바마 정부의 환경보호정책을 무산시키고 석유산업을 활성화하겠다는 의사를 강력하게 드러낸 것이다. 2011년 원유 생산지인 오클라호마 주 법무부 장관이 된 프루이트는 공장에서 배출되는 스모그와 독성물질을 줄이자는 오마바 정부의 규제에 다수의 소송을 제기한 인물이다.

전문가들은 트럼프가 취임 이후 우선 오바마 정권이 추진했던 신재생에너지 중심의 청정전력계획Clean Power Plan을 폐지하고 석유산업 중심의 에너지정책을 펼칠 것으로 보고 있다. 트럼프는 연방 국유지와 해안 셰일가스, 석유, 석탄 등의 채굴 및 개발을 적극 장려해 경제성장과 일자리를 창출한다는 계획을 갖고 있다. 화석에너지 개발 확대로 석유가스 시추 및 굴착 장비, 발전 장비, 에너지 운송 저장과 관련된 산업 역시 각광받을 것으로 예상된다.

대형 송유관 건설도 재개될 전망이다. 미국 언론들은 "오바마 정권 당시 키스톤XL 사업 철회로 일부 지역은 값싼 연료를 이용할 수 없고 고임금 일자리도 얻을 수 없다"고 보도했다. 캐나다 서부 앨버타 주에서 미국 텍사스 주 멕시코 만까지 송유관을 연결하는 이 사업은 80억 달러 투자로 4만 2,000개의 일자리를 창출할 것으로 기대가 컸지만, 오바마 정부는 환경오염을 이유로 사업을 중단했다.

멕시코 만 중심의 셰일가스 시추 사업도 활성화될 전망이다. 멕시코는 미국 애리조나 주와 헤르모실로Hermossilo를 연결하는 339km의 가스관을 통해 셰일가스를 수입하고 있다. 트럼프는 화석에너지 산업 활성화로 앞으로 30년간 연간 7,000억 달러의 경제성장 효과와 40년간 6조 달러의 누적 세수증대 효과를 기대한다고 밝혔다. 하지만 화석연료에 대한 규제 완화가 그의 의도대로 효과를 거둘지 의구심을 제기하는 쪽도 있다. 석탄산업이 그 대표적인 사례다. 셰일가스 혁명으로 가스가 석탄보다 싸지면서 발전업체 상당수가 이미 석탄 발전 설비를 폐쇄하고 가스 설비로 대체했다. 따라서 규제를 푼다 한들 석탄산업이 되살아나지는 않을 것이라고 지적한다.

화석에너지 우호정책으로 환경산업은 후퇴

트럼프의 친화석에너지 정책은 태양광·풍력과 같은 신재생에너지 산업은 물론이고 자동차 시장의 미래로 꼽히는 친환경차 시장에도 부정적 영향을 미칠 전망이다. 이들 분야에 속한 국내 기업들도 후폭풍을 피할 수 없을 것이다. 2016년 말 석유수출국기구OPEC와 세계 3위 산유국인 러시아를 포함한 비非 OPEC 11개 산유국이 감산에 합의하는 등 국제사회의 노력에도, 미국이 셰일가스와 천연가스 생산을 늘린다면 국제유가가 반등에 실패할 수 있다. 이는 중동과 신흥국의 경기 회복을 지연시키고, 한국 기업의 수출에도 부정적 영향을 끼친다. 석유 개발에 집중하는 건설사들의 해외 수주도 타격을 입을 가능성이 있다.

트럼프 초기 내각 구성원들의 면면을 살펴보면 규제 완화 움직임이 금융과 에너지산업을 넘어 사회 전 분야로 확산될 것이다. 전문가들은 은행 대출 규제와 환경 규제부터 시간외 근무 규성에 이르기까지 미국 사회 전반에 걸친 크고 작은 규제들이 트럼프의 백악관 입성을 계기로 대폭 완화될 것으로 보고 있다.

실제로 노동부 장관에 발탁된 패스트푸드 업체 CKE 레스토랑 홀딩스의 앤드루 푸즈더Andrew Puzder 회장은 최저임금 인상과 초과 근무수당 적용 대상 확대에 반대해온 대표적 인물이다. CNN은 푸즈더를 "최저임금 인상의 적"으로 지칭했고, 〈뉴욕타임스〉는 "오바마 대통령이 법제화한 근로자 보호장치를 노골적으로 비판하는 인물"이라고 지적했다. 톰 프라이스^{Tom Price} 보건복지부 장관과 윌버 로스 상무부 장관, 벤 카슨^{Ben Carson} 주택도시개발부 장관 역시 해당 분야에서 현행 규제에 우호적이지 않은 인물로 평가받고 있다.

이런 트럼프의 움직임에 기업 경영자들은 반색하고 있다. 규제 완화로 수익성과 고용이 향상될 것이라는 기대 때문이다. 아울러 중장기 기업 성장 역시 개선될 것으로 예상하고 있다. 아이오와 주의 건설·농기계 업체인 버미어 코프의 제이슨 안드리냐 대표는 "지난 8년간 정부 규제가 제조업계에 가장 커다란 난관이었다"며 "규제가 기업 수익성을 압박하는 동시에 노동자 임금 상승을 가로막았다"고 주장했다.

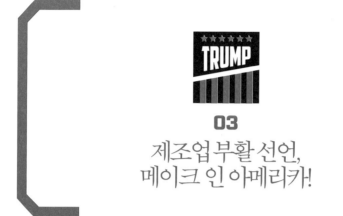

03
제조업 부활 선언,
메이크 인 아메리카!

일자리 늘리는 '메이크 인 아메리카'

트럼프노믹스의 핵심은 '일자리 만들기'다. 실제로 도널드 트럼프 미국 대통령이 선거 과정에서 내세웠던 감세, 규제 완화, 인프라 투자, 화석에너지 개발 적극 추진 등의 공약들은 모두 일자리와 연관돼 있다. 가계 세금을 낮추면 민간 소비가 늘어나고, 기업 세금을 낮추면 기업들이 투자를 늘린다. 이에 따라 경제가 활성화되고 궁극적으로 일자리가 늘어난다. 규제 완화는 기업의 생산성을 높이고 이는 경제성장을 촉진시켜 일자리를 늘린다. 대규모 인프라 투자는 경제를 활성화시킬 뿐 아니라 그 자체로도 대규모 일자리를 만들어낸다.

　트럼프가 미국 내 일자리를 늘리고자 추진하고 있는 또 하나의 강력한 정책이 바로 '메이크 인 아메리카Make in America' 정책이다. '제조업의 부활'을 강조하는 트럼프는 서비스업과 IT업 등에 치중된 경제의 중심축을 자동차, 철강, 화학 등 전통적 제조업으로 옮기겠다는 생각이다. 주요 제조업체들의 생산 공장 해외 이전을 막고 이미 해외에 나가 있는 미국 기업 공장들도 미국으로 다시 불러들인다는 계산이다.

트럼프는 이를 위해 미국 제조업의 고비용 구조를 뜯어고치는 데 노력을 기울이고 있다. 예를 들어 노동부 장관에 최저임금 인상을 반대하는 앤드루 푸즈더를 임명한 것은 인건비 감축 시도의 일환으로 볼 수 있다.

오바마 전 미국 대통령은 중산층 확대와 임금격차 축소를 위해 최저임금 인상 정책을 지속적으로 펼쳐왔다. 임기 초 추진한 최저임금 인상 법안이 공화당의 반대로 무산되자 2014년 1월 연방정부와 계약하는 모든 기업 근로자의 최저임금을 10.1달러로 인상하는 행정명령을 발동하기도 했다. 지난 대선에서 민주당 후보로 나섰던 힐러리 클린턴도 최저임금을 15달러로 인상하겠다는 공약을 제시했다. 푸즈더는 이에 강력히 반대하며, 시간당 최저임금을 9달러 이하로 묶어야 한다고 주장했다.

신재생에너지 중심의 청정전력계획에서 벗어나 석유·셰일가스 산업을 강화하는 것도 미국 제조업의 고비용 구조 완화와 관련이 있다. 전력 생산단가를 낮추면 기업의 전기요금 부담도 줄어들기 때문이다.

폭스콘 압박해 투자검토 이끌어내

하지만 미국 제조업의 고비용 구조를 고치는 것은 시간이 많이 걸릴 뿐더러 성공 여부도 불확실하다. 때문에 트럼프는 자신의 장기이자 당장 효과를 기대할 수 있는 '압박 전술'을 병행하고 있다. 일부 성과도 냈다. 아이폰을 위탁 생산하는 업체 폭스콘에는 트럼프의 압박이 먹혔다.

폭스콘의 핵심 사업은 애플의 아이폰 생산 대행으로 생산기지는 중국에 있다. 애플은 대만의 폭스콘과 페가트론에 위탁하는 방식으로 중국 6곳, 브라질 1곳 등 해외 공장 7개에서 아이폰을 비롯한 주력 제품을 생산하고 있다. 오바마 대통령은 애플 창업자인 스티브 잡스에게 미국 생산을 제안했지만, 잡스는 "중국이 인건비가 싸면서도 숙련된 노동자가 많고, 운송비와 생산량 조절이 훨씬 유연하다"며 거부했다. 애플은 해외 공장을 미국으로 옮길 시 생산원가가 상승해 아이폰 가격이 대당 평균 50달러 이상 올라갈 것이라고 보고 있다.

그런데 트럼프 당선 이후 폭스콘은 누구도 예상하지 못했던 발표를 내놓는다. 2016년 12월 7일 성명을 내고 "미국 내 사업 확장을 염두에 두고 잠재적인 투자를 논의하고 있다"고 밝힌 것이다. 외신들은 이런 폭스콘의 발표에 트럼프의 압박이 일부 영향이 있었을 것으로 보고 있다. 트럼프 대통령은 선거 기간 중 애플 제품 대부분이 중국산이라며 공개적으로 불매운동을 진행해야 한다고 촉구하는 등 아이폰 생산기지를 미국으로 가져올 것을 강력하게 주장했었다. 다만 폭스콘이 취급하는 제품이 워낙 다양하기 때문에, 이번 미국 투자 결정이 아이폰 생산을 위한 것인지는 확실하지 않다.

트럼프는 자국 내 기업들이 생산 설비를 해외로 이전하는 것도 막고 있다. 에어컨 제조 및 냉난방 시스템업체 캐리어만 봐도 그렇다. 캐리어는 2016년 11월 30일 멕시코로 공장을 이전하려던 계획을 수정, 일자리 1,100개를 미국 내에 유지하겠다고 발표했다. 캐리어는 2,000여 명이 근무하는 미국 인디애나 공장을 2019년까지 멕시코 몬테레이로 이전할 계획이었다. 그러나 당시 대통령 당선자 신분이었던 트럼프의 요청으로 인력의 절반을 미국에 잔류하도록 결정한 것이다.

트럼프는 미국 내 공장을 해외로 이전해 일자리를 가져가는 기업에는 높은 세금을 매겨 일자리를 지켜내겠다고 공약했다. 2016년 6월 멕시코에 새 공장을 짓겠다는 포드의 계획에 반대하며 멕시코에서 생산한 자동차를 다시 미국 내로 들여오면 35%의 관세를 물리겠다고 엄포를 놓은 것이 대표적이다.

당근과 채찍으로 캐리어 공장잔류

〈월스트리트저널〉 등 외신들에 따르면 트럼프는 일대일 협상을 통해 캐리어에 채찍과 당근을 제시한 것으로 알려졌다. 미국 내 일자리를 유지하는 조건으로 700만 달러 규모의 세금 감면 혜택을 주기로 한 것이다. 당시 트럼프는 "기업들은 한 주에서 다른 주로 떠날 수 있고 또 다른 주들과 계약 조건을 협상할 수도 있지만, 이 나라를 떠나는 일은 아주 어려워질 것"이라는 말도 덧붙였다.

하지만 캐리어에 세금 혜택을 주기로 한 것을 두고 미국에서 여러 논란이 일었다. 당장 민주당이 "근로자들이 낸 세금을 기업에 퍼줬다"며 발끈했다. 민주당 대선 경선 후보였던 버니 샌더스 상원의원은 "트럼프가 기업친화적인 세금 혜택, 인센티브와 맞바꾸는 조건으로 해외 일자리를 협박 수단으로 이용할 수 있다는 신호를 미국 내 모든 기업에 보냈다"고 비판하기도 했다. 〈뉴욕타임스〉는 "기업들이 해외 이전 계획을 내세워 세금 감면 혜택을 받을 수 있다면 다른 기업들도 그렇게 할 것"이라며 "도덕적 해이가 초래될 수 있다"고 지적했다.

비판은 보수 진영에서도 제기되고 있다. 대통령이 개별 기업의 의사결정에 이래라 저래라 하는 것은 전례가 없을뿐더러 경영권 침해의 우려가 있으며, 민간 분야에 정부 개입을 최소화해야 한다는 공화당 철학과도 배치된다는 지적이다. 이와 관련, 공화당 싱크탱크인 미국기업연구소[AEI] 제임스 페토코우키스 연구원은 "기업이 소비자와 주주가 아닌 정치인을 기쁘게 하려고 의사결정을 하는 것은 국가 경제의 활력을 해치는 끔찍한 일"이라고 말했다.

하지만 트럼프는 이런 비판에도 아랑곳하지 않는다. "일사리 지키기야말로 대통령다운 일"이라며 "대통령답지 않다고 해도 상관없다. 나는 그런 일 하는 것을 좋아한다. 앞으로 이 나라를 떠나겠다는 기업들이 있으면 전화를 해서 못 떠나게 하겠다"고 말했다.

트럼프 방식의 일자리 지키기가 실효성이 떨어진다는 비판도 제기된다. 당장 캐리어만 해도 헌팅턴에 있는 다른 공장의 일자리 700개를 포함해 1,300개 일자리를 여전히 멕시코로 이전할 계획이다. 엄청난 혜택을 주고도 일자리를 완전히 지켜내지는 못한 셈이다. 〈로이터〉는 "인디애나 주는 글로벌 금융위기 이전인 2007년에 비해 전체 일자리는 3% 늘었지만 제조업 일자리는 7.4% 감소했다"며 "제조업 일자리 감소는 피할 수 없는 추세"라고 지적했다.

트럼프의 계속된 압박에 결국 기업들이 움직이고 있다. 멕시코에 공장을 짓지 말고 미국에 지으라는 압박에 미국 기업 중에는 포드가 결국 그러기로 했고, 심지어는 이탈리아 기업인 피아트 크라이슬러와 일본 기업인 도요타마저도 미국에 공장을 짓겠다고 선언했다.

04
자유무역은 없다,
아메리카 퍼스트!

멕시코 금리인상의 배경

2016년 12월 15일. 멕시코는 기준금리를 5.25%에서 5.75%로 0.5%
포인트 인상했다. 전날 미국 중앙은행인 연방준비제도가 기준금리를
0.25%포인트 올리자 미국보다 더 큰 폭으로 금리를 올린 셈이다.

　일반적으로 미국이 기준금리를 올리면 신흥국들도 금리를 따라
올리는 경우가 많다. 미국 금리가 올라가면 신흥국에서 돈을 빼 미
국에 투자하려는 투자자들이 생겨나고, 이들이 돈을 빼가려면 해당
국가 통화를 팔아 달러를 사야 하므로 해당 국가 통화 가치가 하락
한다. 통화 가치 하락은 수입 물가상승으로 이어져 물가 전반을 자
극하게 되고, 이는 경제 전체를 불안하게 만든다. 때문에 투자자들
이 자국에서 돈을 빼가지 않도록 신흥국들은 미국과 금리(수익률) 차

이를 유지하려고 한다. 멕시코가 기준금리를 올린 것은 이런 이유에서였다.

그런데 멕시코의 금리 수준이나 인상폭을 보면 뭔가 석연치 않다. 굳이 금리를 올리지 않아도 미국과 금리 차가 큰 데다(금리 인상 후 미국 기준금리는 0.5~0.75%), 인상폭도 2배(미국은 0.25%포인트 인상)나 되기 때문이다. 놀라운 것은 멕시코 중앙은행이 한 달 전인 11월에도 기준금리를 0.5%포인트 올렸으며 그로부터 두 달 전인 9월에도 같은 폭만큼 올렸다는 점이다. 대체 무슨 일이 있기에 멕시코는 겨우 넉 달 사이에 기준금리를 1.5%포인트나 올려야 했을까.

가계와 기업의 이자 부담이 급격히 늘어나는 부작용을 감수하면서까지 멕시코가 금리를 급하게 올린 배경에는 이 책의 주인공, 도널드 트럼프가 있다. 2016년 9월은 민주당 대선 후보였던 힐러리 클린턴의 건강이상설이 불거지며 트럼프가 지지율 격차를 크게 줄였을 때고, 11월은 트럼프가 대선에서 승리한 달이다. 12월의 과도해 보이는 인상폭은 트럼프 당선 이후 멕시코 경제가 휘청거리며 외부 충격에 취약해진 결과로 보인다. 트럼프가 미국 대통령으로 당선되자 멕시코 페소화의 가치는 단 사흘 만에 14% 가까이 급락했고 이후 크게 회복하지 못하고 있다.

대체 트럼프가 멕시코에 뭘 어쨌던 것일까?

트럼프가 멕시코에 한 일은 많다. 먼저 멕시코 불법 이민자를 막겠다며 미국과 멕시코 국경에 장벽을 설치하겠다고 공약했고, 장벽 건설비용을 멕시코가 부담해야 된다고 주장했다. 멕시코 불법 이민자를 '범죄자'나 '강간범'으로 부르기도 했다.

　최악은 보호무역 공약이었다. 우선 미국과 캐나다, 멕시코 세 나라가 1990년대 체결한 북미자유무역협정NAFTA·나프타을 폐지하거나 적어도 미국에 유리하게 재협상하겠다는 공약을 내세웠다. 대선을 앞두고 공화당 전당대회 후보 수락 연설에서 나프타를 "미국 역사상 최악의 무역협정"이라고 비판했던 그는 "나프타 체결 이후 이 지역 제조업 일자리 3개 중 1개가 없어졌다"고 주장하는 등 선거 기간 내내 나프타 비판에 열을 올렸다. 뿐만 아니라 멕시코산 제품에 35%의 관세를 물리겠다는 협박도 서슴지 않았다. 미국 내 일자리를 지킨다는 명목으로 멕시코의 저렴한 인건비를 활용하려는 미국 제조업체의 현지 진출을 막기 위한 조치였다.

　멕시코의 불행은 미국 경제에 의존도가 너무 높다는 데 있다. 멕시코는 전체 수출의 80%를 대미 수출이 차지할 만큼 미국 의존도가 절대적이다. 국제통화기금IMF에 따르면 2015년 멕시코 국내총생산GDP은 1조 1,615억 달러다. 미국과 멕시코의 교역 규모는 5,310억 달러로 GDP 대비 절반에 육박했으며, 멕시코가 미국에서 거두는 무역 흑자는 610억 달러에 달했다. 루이스 아르센탈 모건스탠리 라틴아메리카 담당 수석 경제 전문가는 〈월스트리트저널〉과 나눈 인터뷰에서 "국가 성장 전략으로 나프타 협상에 모든 것을 건 멕시코에게 '플랜B'가 없다는 게 문제"라고 지적했다.

　멕시코 경제가 감내해야 할 시련은 이것만이 아니다. 트럼프는 멕시코 이민자들이 모국 가족들에게 보내는 외환 송금을 중단시키겠다는 공약도 내걸었는데, 이것이 현실화되면 멕시코 내수도 직격탄을 맞는다. 미국 이민자들의 본국 송금은 멕시코 주요 외화 수입원 중 하나이기 때문이다.

투자와 기업활동도 위축될 수밖에 없어 보인다. 주요 투자은행과 신용평가사들은 2.5% 안팎이었던 멕시코의 2017년 경제성장률 전망치를 1.7~1.9%로 낮췄다. BMW를 비롯한 외국 기업들은 멕시코 투자 계획을 재검토 중이다.

멕시코의 위기, 남 일 아니다

문제는 멕시코 사정이 딱하다지만 한국이라고 딱히 더 나을 것이 없다는 점이다. 한미자유무역협정FTA 역시 트럼프의 주요 목표 중 하나이기 때문이다. 트럼프는 한미FTA 재협상의 필요성을 공식적으로는 제기하지 않았다. 다만 대선 기간 중 한미FTA를 '일자리 킬러'에 비유했다. "한미FTA로 미국의 일자리 10만 개가 날아갔다"는 주장도 내놨다. "내가 (한국에서) TV 수천 대를 사는데 (미국에서는 지금) 아무도 TV를 만들지 않는다"면서 "우리는 지금 TV를 만들지 않을뿐더러 다른 많은 것도 생산하지 않는다. 공장이 없어진 대신 많은 요양원을 갖고 있을 뿐"이라고도 했다.

한국 정부는 "미국에 투자한 상위 12개 한국 기업만으로도 2015년 한 해에만 3만 5,000개가 넘는 일자리가 창출됐고, 한국에서는 미국 자동차 판매가 두 배 이상 늘었다"며 한미FTA가 양국 모두에 이익이 됐다고 주장하지만 먹혀들지 않는다.

한미FTA는 지금껏 한국 경제에 상당한 도움이 됐다. 한국의 대미 수출은 매년 증가세다. 2010년 전체 수출에서 10.7%였던 대미 수출 비중은 2015년 13.3%까지 증가했다. 2010년 이후 미국 수입시장에서 일본과 대만의 점유율이 하락한 반면, 한국의 점유율은 2010년 2.55%에서 2015년 3.20%까지 상승했다. 2000년(3.31%) 이후 최고치다.

트럼프 행정부가 상계관세, 보복관세 등 무역구제 수단으로 압력을 높이면 우리의 대미 수출은 주저앉을 수밖에 없다. 한미FTA를 재협상하겠다고 나서면 상황은 더 심각해진다. 한국경제연구원에 따르면, 재협상으로 양허 정지가 이뤄지면 5년간(2017~2021년) 수출 손실이 269억 달러, 일자리 손실이 24만 개에 이를 것으로 추산된다. 수출 손실이 큰 산업은 자동차, 기계, 정보통신기술[ICT], 석유화학, 철강, 가전, 섬유 등 우리의 주력 종목이다.

일본 역시 트럼프의 등장으로 긴장하고 있다. TPP(환태평양경제동반자협정) 때문이다. TPP에는 미국과 일본을 포함해 캐나다, 호주, 뉴질랜드, 베트남, 말레이시아, 칠레, 페루 등 12개국이 참여하고 있으며, 이들 국가의 GDP 합계는 27조 4,000억 달러로 협정이 발효되면 세계 경제의 40%를 차지하는 최대 규모의 자유무역지대가 될 예정이었다. 이런 TPP를 아베노믹스의 세 번째 화살인 '성장 전략'의 핵심으로 내건 아베 일본 총리는 TPP가 발효되면 아시아·태평양 지역에서 관세가 철폐 또는 완화되면서 자동차 등 일본 주력 산업이 성장할 수 있다고 기대하고 있었다. 개별 국가들과 자유무역협정^{FTA}을 꾸준히 체결해온 한국과는 달리 일본은 TPP처럼 거대 경제권 협정으로 단번에 그 효과를 누리겠다는 정책을 펼쳐왔기 때문에, TPP 되살리기에 사활을 걸 수밖에 없다.

그러나 트럼프는 미국 우선주의에 따라 조건이 좋은 자유무역협정만 인정할 것이며, 만일 미국의 이익을 적절하게 보호하지 못하는 협정이라면 단호히 거부하겠다는 입장을 보였다. 일본으로서는 불행하게도, 트럼프가 본 TPP는 '미국의 이익을 적절하게 보호하지 못하는' 자유무역협정의 대명사였다. 트럼프는 TPP를 "잠재적 재앙"이라고 불렀고, 당선 전에 밝힌 '취임 100일 구상'에서는 아예 취임 첫날 TPP에서 탈퇴하겠다고 못 박기까지 했다.

아베 총리는 꺼져가는 TPP의 불씨를 되살리려고 최선을 다했다. 2016년 11월 17일, 미국 뉴욕으로 날아가 당선자 신분인 트럼프와 사실상 첫 정상회담을 한 것이다. 트럼프의 대선 공약이었던 TPP 폐기에 대해 일본의 입장을 설명하고 설득에 나서고자 "당선자와의 회담은 현직 대통령에 대한 결례"라는 비판을 무릅쓰고 강행했다. 골프광인 트럼프의 환심을 사기 위해 골프채까지 선물한 아베는 이날 회동이 끝난 직후 열린 기자회견에서 트럼프를 "신뢰할 수 있는 지도자"로 추켜세웠다. 19~20일 페루 리마에서 열린 아시아·태평양 경제협력체^{APEC} 정상회의에서는 TPP를 되살려야 한다고 목소리를 높였다. 하지만 트럼프는 APEC 정상회의가 끝나자마자 "대통령 취임 첫날부터 TPP 탈퇴 조치에 나서겠다"고 선언했다.

TPP는 오바마 전 대통령이 '아시아 중시 정책'의 일환으로 추진해온 것으로, 실질적인 목표는 중국 견제였다. 아시아 · 태평양 국가들의 중국 의존도를 줄여 미국 영향력을 키우겠다는 복안이 깔려 있었다. 중국은 이런 TPP의 좌초를 반기고 있다. 자국이 주도하고 있는 역내포괄적경제동반자협정^{RCEP}을 TPP의 대안으로 밀면서 미국 주도의 국제무역 질서에 도전장을 내밀고 있다.

RCEP는 중국이 미국 중심의 TPP에 맞서 추진한 자유무역협정으로, 한국, 일본, 아세안(동남아국가연합) 10개국 등 16개국이 참여하고 있다. RCEP 회원국 인구는 35억 명으로 세계 인구의 절반에 이르며, 역내 국내총생산 규모는 22조 4,000억 달러로 TPP가 폐기되면 세계 최대 경제 구역으로 부상한다.

TPP와는 달리 RCEP는 시장개방 수준과 범위에 대한 이견으로 그동안 협상이 지지부진했다. 따라서 호주처럼 RCEP와 TPP에 중복 참여한 7개국은 이미 타결된 TPP에 더 집중했으나 최근 이런 흐름이 다시 바뀌고 있다. 호주 · 페루 등 TPP 회원국들이 RCEP 합류를 적극 타진하고 있고 동남아시아 국가들도 TPP 대신 RCEP로 시선을 돌리고 있다. TPP 후발 가입을 저울질하다 RCEP에 집중해야 한다는 여론이 높아지고 있는 인도네시아가 대표적 국가다.

중국은 RCEP와 더불어 아직 초기 단계이긴 하지만 자국 중심의 또 다른 자유무역 체제인 아시아태평양자유무역지대^{FTAAP} 판촉에도 적극 나서고 있다. 시진핑 중국 국가주석은 2016년 11월 페루에서 열린 APEC 정상회의에서 보호무역주의에 대한 대항을 명분으로 FTAAP 구축 방안을 집중적으로 제기했다.

05
G2무역전쟁의
서막이 올랐다

'하나의 중국'을 내던지다

미국 대선 이후 국제사회의 최대 관심사 중 하나는 미국과 중국의 관계 변화다. 중국 시진핑 국가주석은 2016년 9월 중국 항저우에서 열린 주요 20개국G20 정상회의에서 미국 중심의 세계경제 질서를 개편해서 중국이 향후 세계 리더로서 미국과 대등한 역할을 하겠다는 의지를 대내외에 천명했다. 이런 상태에서 "중국을 환율 조작국으로 지정하고 중국산 제품에 45%의 높은 관세를 부과하겠다"며 대놓고 중국의 심기를 건드린 트럼프가 미국 대통령으로 당선됐다.

트럼프 당선 직후만 해도 과거 트럼프의 도발은 안으로 보호무역주의 정책을 내세워 표심을 얻고 밖으로 대국 행세에 나선 중국의 기세를 꺾어놓겠다는 의도였을 뿐, 실제 행동은 다를 것이라는 예측이 많았다. 평소에도 거침없는 언행으로 주위를 놀라게 한 그였지만, 미국 대통령이라는 자리가 요구하는 막중한 책임감이 있는 만큼 미중 관계의 근본을 뒤흔들지는 않을 것이라는 낙관론이었다.

하지만 역시 트럼프는 트럼프였다. 그의 행보는 모두의 예상을 가볍게 뛰어넘었다. 2016년 11월 3일, 트럼프가 차이잉원 대만 총통과 통화했다고 트윗을 올린 것이다. "대만 총통이 오늘 내게 '전화를 걸어(대문자로 강조)' 대통령 당선을 축하해줬다. 고맙다!"

아직 취임하지도 않은 미국 대통령이 37년 만에 처음 대만 정상과 통화했다는 사실에 중국은 물론이고 미국 내부도 충격에 빠졌다. 1979년 미국과 대만이 수교를 단절한 이후 양국 정상의 접촉은 사실상 금기시됐다. 미국이 '하나의 중국' 원칙을 고수하는 중국과 우호관계를 유지하기 위한 정치적 기초이자 핵심 조건이라고 판단했기 때문이다. 중국도 미국과의 관계가 아무리 불안해져도 이 '하나의 중국' 원칙만큼은 굳건할 것으로 여겨왔다. 이런 믿음을 바탕으로 양국 간 외교관계는 부침浮沈을 겪으면서도 파국으로 치닫지 않고 지금껏 유지됐던 것이다.

그러나 트럼프는 당선 직후 사태를 수습하기는커녕 상황을 거침없이 악화시켰다. 트럼프는 폭스뉴스와의 인터뷰에서 "왜 '하나의 중국' 정책에 얽매여야 하는지 모르겠다"는 언급까지 했다. 또 트위터를 통해 "중국이 위안화를 평가절하하거나 중국으로 들어가는 미국 제품에 과도한 세금을 부과했을 때, 남중국해 한복판에 군사 시설을 만들었을 때 '문제가 없겠냐'고 우리에게 먼저 물어봤는가? 나는 그렇게 생각하지 않는다"고 쏘아붙이기도 했다.

미중 간 무역전쟁 시작될까

중국을 향한 미국의 공격은 이후에도 계속됐다. 미국과 유럽연합, 일본 등 주요 국가들이 중국의 시장경제지위를 인정하지 않겠다고 밝힌 것이다. 중국은 2001년 세계무역기구^{WTO}에 가입하면서 15년 동안 비시장경제지위를 유지하겠다는 요구를 받아들였다. 이에 2016년 12월 11일이 되면 자동으로 시장경제지위가 부여될 것을 기대하고 있었다. 중국이 시장경제지위 획득에 이토록 신경을 쓰는 이유는 관세가 대폭 줄어들기 때문이다. WTO는 비시장경제지위국 상품을 수입하는 국가가 제3국의 가격을 참고해 덤핑인지 아닌지를 판단해 높은 관세를 매길 수 있도록 허용하고 있다. 반면 시장경제지위국이 되면 수출 국가에서 매긴 가격이 수입국에서 매긴 가격보다 부당하게 낮을 때만 반덤핑 관세를 부과할 수 있다.

미국, 유럽연합, 일본 등은 중국산 철강 제품의 중국 내 가격이 국제시장에서 유통되는 가격보다 현저히 저렴하다는 이유로 중국에 시장경제지위를 부여하는 것을 거부했다. 철강 제품 등 중국의 주요 수출품 가격을 조정하지 않고 그대로 시장경제지위를 부여하면 중국의 덤핑 수출이 가속화될 수 있다는 이유다.

시장경제지위를 인정받을 날만 기다려온 중국은 거부 국가들을 상대로 WTO에 제소했다. 물론 실력 행사도 했는데, 첫 보복 대상은 당연히 미국 기업이었다. 중국은 미국 제너럴모터스^{GM}가 중국 내 대리점에 강제로 고정된 가격에 판매하도록 지시해온 사실을 확인했다며, 이에 반독점 규정 위반 혐의로 벌금을 부과했다. 중국은 GM의 주력 시장으로, GM이 파는 차량의 3분의 1을 중국 소비자들이 구매한다. 2016년 1월부터 8월까지 GM은 중국에서 238만 대의 판매량을 기록한 데 반해, 같은 기간 GM의 미국 내 판매량은 196만 대에 그쳤다. 2015년 GM이 거둔 순이익 97억 달러 중 20%가 중국 사업에서 발생했다.

중국은 2015년에도 반독점 규정 위반 혐의로 퀄컴에 10억 달러 가까운 벌금을 부과한 적이 있다. 중국 입장에서 보면 미국 기업에 대한 압박은 가장 손쉽고도 직접적인 효과를 거둘 수 있는 수단이다. 미국이 '하나의 중국' 원칙을 미중관계의 근간으로 받아들인 덕분에 지난 수십 년간 중국과 거래하며 이익을 얻어왔던 미국 기업들은 앞으로 중국 정부의 보복이 현실화될까봐 벙어리 냉가슴을 앓고 있다.

전문가들은 중국 정부의 다음 목표로 보잉을 지목한다. 보잉은 향후 20년간 중국의 항공기 구매 규모가 6,800대, 금액으로는 1조 달러를 넘어설 것이라고 보고 중국에 보잉737 조립 공장을 짓고 있다. 중국에 있는 미국 기업은 제조업체만이 아니다. 중국에 들어가 영업 중인 유통업체도 타격을 입을 가능성이 있다. 월마트는 2016년 기준으로 중국에 432개 매장을 운영하고 있으며 스타벅스 매장도 2,500개나 된다. 하워드 슐츠 스타벅스 회장은 "조만간 중국 시장이 미국보다 더 커질 것"으로 보고 중국에 대대적인 투자를 진행 중이다.

〈뉴욕타임스〉 등 외신들은 미국 기업에 대한 탄압 이외에도 중국에 다양한 보복 수단이 있다고 전했다. 대표적인 것이 미국 국채 매각이다. 중국은 근래 미국 국채를 세계에서 가장 많이 보유하고 있는 국가였다. 위안화 가치가 급락하는 것을 막기 위해 외환보유고를 푸는 과정에서 보유량이 감소하는 바람에 세계 최대 보유국 지위를 일본에 넘겨주기는 했지만, 여전히 1조 달러어치가 넘는 규모의 미국 국채를 갖고 있다. 미국 재무부가 2016년 12월 내놓은 보고서에 따르면, 2016년 10월 기준 중국이 보유한 미국 국채는 1조 1,157억 달러에 이른다. 중국이 보복성 대량 매도에 나선다면 국채 금리가 급등(가격 하락)하고 이에 따라 달러 가치가 급락하는 등 시장에 충격을 줄 수 있다.

또 북한 지원을 통해 미국이 골머리를 앓게 할 가능성도 있다. 국제연합 안전보장이사회는 2016년 11월 북한의 석탄·광물 수출을 봉쇄한다는 내용의 대북 제재 결의안 2231호를 만장일치로 통과시켰다. 북한의 최대 석탄 수출국인 중국은 이에 동참, 2016년 12월 11일 북한산 석탄 수입을 연말까지 잠정 중단한다고 발표했다. 석탄 수출이 주된 외화 수입원인 북한 입장에서는 그야말로 뼈아픈 조치다. 이로 인한 북한의 수출 차질 금액만도 6억 달러에 달할 전망이다. 이런 상황에서 트럼프 정부가 중국에 압박을 가한다면, 북한 감싸기를 자제하던 중국이 북한을 대상으로 마셜 플랜(2차 세계대전 이후 이루어진 미국의 대유럽 경제원조)과 같은 경제 지원에 나설 수 있다. 북한과 공동 군사훈련을 실행할 가능성도 제기된다.

그밖에도 중국은 이란과 경제협력을 강화해 미국의 위상을 약화시킬 수도 있고 대만에 대대적인 무역 보복을 감행해 대만의 전략적 가치를 약화시킬 수도 있다.

미국은 이런 중국의 반격에도 아랑곳하지 않는 분위기다. 오히려 중국이 미국산 쌀과 옥수수, 밀 등의 수입량을 부당하게 제한해 국제협약을 위반했다고 WTO에 제소하면서 맞불을 놨다. 미국은 중국이 수입 장벽을 불투명하고 예측 불가능하게 운영한 탓에 미국 곡물업자들이 불이익을 당했다고 주장했다.

하지만 미중 양국이 실제로 전면적인 무역전쟁을 벌일 확률은 낮다는 지적이 많다. 미국이 중국을 상대로 무역전쟁을 개시하면 그야말로 '자살골'이 될 수 있기 때문이다. 중국은 캐나다와 멕시코에 이어 미국의 세 번째 수출 대상국이다. 2015년 기준으로 미중 간 교역 규모는 5,990억 달러에 달하며, 이중 미국 기업이 중국에 수출한 금액은 1,160억 달러 규모다. 일본의 미즈호증권에 따르면 중국에 각종 제품과 서비스를 수출하는 기업 일자리는 67만 8,000개이며, 중국 기업에 근무 중인 미국인 근로자를 더하면 중국과 관련한 일자리는 100만 개에 달한다. 하청업체들까지 고려하면 중국과 관련한 일자리 규모는 더 커진다. 미즈호증권은 미국이 중국과 무역전쟁을 벌여서 발생하는 최악의 사태로 100만 개가 넘는 일자리를 없애버리는 대가를 초래할 수 있다고 분석한다. 일자리를 만들겠다는 약속으로 대통령에 당선된 트럼프로서는 자가당착에 빠질 수밖에 없다.

이게 다가 아니다. 중국에서 물건을 싸게 조달하지 못하는 만큼 인플레이션의 고통이 뒤따른다. 그렇게 되면 기준금리 인상 속도가 더 빨라질 것이고, 이는 미국의 경제성장을 둔화시킬 수 있다.

나바로 지명, 전쟁의 신호탄

그럼에도 트럼프는 주변에서조차 설마 했던 대중 강경 공약을 차근차근 실행해나갈 태세다. 지난 2016년 12월 21일 백악관에 무역정책을 총괄할 '국가무역위원회'를 신설하고 위원장으로 강경한 반중反中 성향 인사를 내정하며 중국을 향해 전쟁의 신호탄을 쏘아 올렸다.

트럼프 정권인수위원회가 국가무역위원회NTC 위원장으로 지명한 인물은 피터 나바로Peter Navarro UC어바인 교수였다. NTC는 백악관에 처음 설치되는 조직으로, 안보를 다루는 국가안전보장위원회NSC와 경제정책 전반을 다루는 국가경제위원회NEC와 더불어 국정 운영의 한 축을 담당할 예정이다. 정권인수위원회는 "NTC가 대통령에게 무역협상 및 국방 산업 전반에 대한 전략을 조언하고, 미국 제조업과 노동자들에게 새로운 기회를 주는 데 도움이 되도록 각 기관 업무를 조율하는 역할을 맡는다"고 설명했다.

이에 따라 NTC는 불공정무역 조사와 관세 부과를 담당하는 상무부와 무역협정을 추진하는 USTR(무역대표부), 노동부 등의 사령탑 역할을 맡을 것으로 보인다. 특히 중국과 관련, 대표적인 강경파인 바로 교수를 NTC 수장으로 내정한 것으로 보아 향후 통상 정책의 초점은 중국을 상대로 한 불공정무역 개선에 맞춰질 것이다. 나바로 교수의 저서 《슈퍼파워 중국The Coming China Wars》,《웅크린 호랑이Crouching Tiger》,《중국이 세상을 지배하는 그날Death by China: confronting the dragon》은 중국의 부상이 미국 경제에 심각한 악영향을 준다는 내용이다. 나바로 교수는 대선 기간 중 언론 인터뷰에서 "중국에 45%의 높은 관세를 부과하겠다는 트럼프의 공약은 옳다"며 "중국은 세계 무역시장의 규칙을 따라야 한다"고 주장하기도 했다.

나바로 교수는 트럼프를 지지한 거의 유일한 미국 내 경제학자로 꼽힌다. 윌버 로스 상무부 장관 내정자와 함께 트럼프 경제정책 공약을 마련한 인물이다. 나바로 교수와 로스 내정자는 공동으로 인프라 투자와 관련한 논문을 집필하기도 했다. 정권인수위원회 관계자는 "나바로 교수는 미국의 무역 적자를 줄이고 해외로 빠져나가는 일자리를 지키는 역할을 할 것"이라고 했다. 나바로 선임은 트럼프가 기존 공약인 대중 강경 경제정책을 취임하고 나서도 그대로 밀고 나가겠다는 의지를 표명한 것으로 해석된다.

이런 G2 간의 무역 분쟁은 한국 경제에도 적잖은 영향을 줄 전망이다. 자칫하다가는 고래 싸움에 새우 등 터질 판국이다. 한국처럼 수출이 경제를 지탱하는 국가는 보호무역주의가 창궐해서 세계 무역이 위축되면 타격이 불가피하다.

이미 세계 무역 규모는 크게 줄어든 상태다. 세계무역기구는 2016년 3분기까지 전 세계 주요 71개국 사이에서 발생한 수출액과 수입액의 합이 23조 5,310억 달러로 1년 전보다 4.8% 줄어들었다고 발표했다. 특히 수출액 감소세는 2014년 4분기부터 8분기째 이어지면서 끝이 보이지 않는다. 리먼 쇼크로 글로벌 금융위기가 닥쳤을 때도 수출액은 2008년 4분기부터 2009년 3분기까지 감소하는 데 그쳤다. 주요 국가들을 살펴보면 미국의 수출액은 1년 사이에 5.0%, 중국은 8.2% 감소했다.

한국이 받은 영향은 더욱 심각하다. 수출액이 1년 사이에 8.5%나 줄어들면서 홍콩과 프랑스보다 뒤쳐져 8위로 내려앉았다. 이런 상황에서 주요 교역국인 미국과 중국이 무역 분쟁을 벌인다면 상황은 더 나빠질 수밖에 없다. 예를 들어 미국이 중국에 고율의 관세를 부과해 중국의 대미 수출이 급감할 경우, 중국에 소재와 부품 등 중간재를 수출하는 한국 기업들이 직격탄을 맞을 것이다.

06
글로벌 자산시장의 위기,
트럼플레이션

트럼프 덫에 걸린 채권 시장

"트럼프가 채권 시장을 날려버렸다."

미국 경제 전문 방송 CNBC가 트럼프 당선 이후 채권 금리가 급등한 것을 두고 한 말이다. 채권 시장이 어떻게 움직였기에 이런 말이 나왔을까? 2016년 11월 14일자 영국 일간지 〈파이낸셜타임스〉의 한 구절은 이 질문에 명쾌한 답을 제시한다. "지난 8일 미국 대선에서 트럼프가 당선된 이후 9일과 10일 이틀 동안 글로벌 채권 시장에서 1조 달러가 증발했다."

채권 금리 상승은 가격 하락을 뜻한다. 〈파이낸셜타임스〉의 기사대로라면 트럼프가 당선되자 투자자들이 앞 다퉈 채권을 팔아치웠고 이로 인해 채권 가격이 급락(금리 급등)하면서 단 이틀 만에 채권 시장 시가 총액이 1조 달러나 줄어든 셈이다. 한국의 2015년 국내 총생산이 1조 3,930억 달러였다는 점을 감안하면 실로 어마어마한 금액이다.

실제로 미국 대선 이후 채권 금리 급등세는 가팔랐다. 미국 국채 10년물 금리는 트럼프 당선과 동시에 2016년 1월 이후 처음으로 연 2%를 돌파하더니 그해 11월 14일 2.2%를 넘어섰다. 같은 날 미국 30년 만기 국채 금리는 장중 3%를 넘어섰다. 유럽 시장에서는 10년 만기 길트(영국 국채)가 브렉시트 이전 금리 수준을 회복했고, 30년물 분트(독일 국채)도 2016년 5월 초 이후 처음으로 1% 이상에서 거래됐다. 국채 시장의 바로미터 역할을 하는 미국 국채 10년물 금리는 이후로도 강세를 이어가, 2016년 12월 중순에는 2.6%선까지 뛰어 올랐다. 선거 전과 비교하면 채 40일도 되지 않아 가격이 30% 넘게 떨어진 것이다.

채권 시장은 왜 트럼프 당선과 동시에 시험대에 올랐을까. 바로 '트럼플레이션Trumpflation'에 대한 우려 때문이다. 트럼플레이션은 트럼프Trump와 물가상승Inflation을 합성해 만든 신조어로, 트럼프가 내세운 대규모 감세와 1조 달러 규모 인프라 투자 등이 현실화될 때, 시중에 돈이 풀리면서 물가가 빠르게 뛸 수 있다는 전망을 담고 있다. 기본적으로 채권이란 미래의 정해진 시점에 정해진 금액을 지급하기로 약속한 증권이다. 따라서 물가상승률이 높아질수록 미래에 받을 금액의 실질 가치가 낮아지기 때문에 투자 메리트가 떨어진다.

물론 시중에 돈이 풀린다고 꼭 물가가 뛰는 것은 아니다. 경기침체기에 돈이 풀리면 소비나 투자 수요가 늘어나 경기가 활성화된다. 하지만 물가가 오를 염려는 적다. 수요가 여전히 부족하고, 고용시장에는 유휴 노동력이 충분해 임금 상승 압력도 크지 않기 때문이다. 하지만 지금 미국은 경기 회복에 따른 수요 증가로 물가상승 압력이 가시화되고 있는 상황이다. 실업률이 9년 이래 최저 수준일 정도로 유휴 노동력도 많지 않다. 이런 상황에서 정부가 대규모로 돈을 푼다면 물가를 자극할 가능성이 적지 않다. 실제로 신용평가기관 무디스는 재정정책을 앞세운 트럼프의 공약이 적극 이행됐을 때 미국 소비자물가 상승률이 2017년에는 3.9%, 2018년에는 5.4%로 치솟을 것으로 예상했다.

물가가 불안해지면 중앙은행은 물가를 안정시키기 위해 금리를 올려야 한다. 금리가 오르면 기업 투자와 가계 소비에 부정적인 영향이 미친다. 결국 돈을 풀어도 애초 의도했던 경기부양 효과는 누리지 못한 채 물가와 금리만 올라가는 것이다.

트럼플레이션과 세계 주요 화폐 가치

패닉을 맞은 채권 시장과 달리 주식 시장은 트럼프 당선 이후 활황을 맞고 있다. 채권 시장에서 빠져나온 돈이 증시로 몰리고, 여기에 도드-프랭크법 폐지 등 규제 완화와 대규모 인프라 투자, 법인세 인하 등 기업 이익 증가를 기대할 만한 트럼프 공약에 대해 재조명이 이루어지고 있기 때문이다.

대선 전 1만 8,000선을 밑돌던 다우존스산업평균지수는 2016

년 12월 20일 1만 9,974.62로 마감, 선거 후 40여 일 만에 2만 선에 육박했다. 다우지수는 대선 이후 6주 연속 '트럼프 랠리'를 이어가며 17번이나 최고치를 갈아치웠다. 다우지수와 함께 미국 3대 증시를 이루는 스탠더드앤드푸어스$^{S&P}$500지수, 나스닥지수도 최고치를 동반 경신했다. 대선 이후 이날까지 상승폭은 다우지수가 9%, S&P500지수는 6%, 나스닥지수는 5%에 이른다. 트럼프 경제 정책의 혜택을 직접 받을 것으로 예상되는 제조·건설·금융 분야가 특히 호조를 보이고 있다.

증시와 더불어 달러 가치도 강세를 이어가고 있다. 달러인덱스는 트럼프 당선의 여파로 2015년 12월 이후 처음으로 100을 넘어섰다. 달러인덱스는 유로^{EUR}, 일본 엔^{JPY}, 영국 파운드^{GBP}, 캐나다 달러^{CAD}, 스웨덴 크로네^{SEK}, 스위스 프랑^{CHF} 등 6개국 통화에 대한 달러 가치를 지수화한 것으로, 1973년 3월을 기준점(100)으로 미국연방준비제도위원회에서 발표한다. 달러인덱스는 2016년 10월 초만 해도 기준치 100을 밑도는 95.7에 머물렀으나 트럼프 당선 이후 급등해서 2016년 12월 103을 넘어섰다.

달러 강세의 배경에는 마찬가지로 물가상승에 대한 기대가 있다. 트럼프가 펼칠 경기부양책이 물가를 밀어 올리면, 이에 따라 미국의 중앙은행인 연방준비제도가 물가의 지나친 상승을 막기 위해 금리를 올린다. 투자자들은 미국 금리 상승에 발맞춰 미국에 투자를 늘리게 되고 이는 달러 수요를 늘려 달러 가치를 높이는 역할을 한다.

달러 강세는 연준의 기준금리 인상과 함께 가속화하는 추세다. 연준은 2016년 12월 열린 연방공개시장위원회FOMC 회의에서 2017년 3차례 기준금리 인상을 시사하며 시장의 예상(2회)보다 강한 매파(통화긴축 선호) 움직임을 보였다. 2016년 12월 15일 이런 연준의 발표가 나오자 달러인덱스는 103을 돌파하며 14년 11개월 만에 최고치를 기록했다. 반면 미국 국채 2년물 금리는 1.27%로 상승, 7년 이래 최고치를 기록했다.

문제는 실제 인상 속도가 이보다 더 가파를 수 있다는 점이다. 연준은 경제지표를 참고해 금리를 결정한다. 향후 정부가 어떤 정책을 펼칠지 선제적으로 감안해 금리를 결정하지는 않는다는 뜻이다. 다시 말해, 2017년 3차례의 금리인상을 예상한다는 것은 2016년 12월 현재 상황만 놓고 볼 때 그렇다는 얘기다. 트럼프 정부가 예상대로 인프라 투자 등 재정 확대를 통한 경기부양책을 적극 밀어붙인다면 금리 인상 속도는 더 빨라질 수 있다는 뜻이다.

한편 달러 강세는 주요국들의 희비를 엇갈리게 하고 있다. 일본은 달러 강세를 반기는 분위기다. 달러가 강세로 돌아서면서 아베 정권의 골칫거리였던 엔고 현상이 해소됐기 때문이다. 엔화 가치는 트럼프 당선 가능성이 높아지면서 달러당 101.19엔까지 급등했다. 예상치 못했던 결과로 세계경제에 불확실성이 고조되면서, 투자자들이 안전자산인 엔화를 앞 다퉈 사들였기 때문이다.

그러나 정작 트럼프 당선이 확정된 지 얼마 되지 않아 엔화는 다시 약세로 돌아섰다. 당선수락 연설에서 트럼프가 예상보다 온건한 발언을 내놓으면서 시장은 감세 · 규제 완화 · 인프라 투자 등 트럼프 공약의 긍정적인 면에 주목했고, 이에 따라 달러 가치가 급등했기 때문이다. 엔화 가치는 선거 후 한 달여가 지난 2016년 12월 15일 기준 달러당 118.22엔까지 하락했다. 엔화가 약세로 돌아서면서 수출 기업들의 실적이 개선되리라는 기대감이 형성됐고, 이에 힘입어 일본 증시도 급등했다. 미국 대선 직후 1만 6,251.54포인트였던 니케이225지수는 40여 일 뒤인 2016년 12월 20일에는 1만 9,494.53으로 20%나 올랐다.

반면 중국은 위안화 가치 하락으로 골머리를 앓고 있다. 위안화 가치가 하락하면 중국 제품 수출은 늘어날 수 있으나 중국 정부는 그보다 부정적 영향이 더 크다고 판단한다. 위안화 약세는 위안화의 국제화에도 악영향을 미칠 뿐만 아니라, 외화 부채가 많은 중국 기업들을 부실화시킬 수 있다. 급격한 자본 유출이 일어날 수 있고, 심하면 외환위기까지 발생할 가능성이 있다. 통화 가치가 하락하는 통화를 갖고 있으면 손해가 나기 때문에 아무도 그 통화를 가지려 들지 않을 것이기 때문이다.

위안화 가치는 2015년 달러 대비 4.5% 떨어진 데 이어 2016년에는 7% 넘게 떨어졌다. 중국 정부는 급격한 위안화 절하를 막기 위해 외환보유고를 헐고 있다. 골드만삭스에 따르면 그 규모가 2015년 8월부터 2016년 11월까지 무려 1조 1,000억 달러에 이른다. 그럼에도 위안화 절하 속도는 갈수록 빨라지고 있다.

달러 강세는 한국 경제에 대체로 긍정적 영향을 미칠 것으로 보인다. 원화 가치가 하락하면서 자동차·IT·석유화학 등 주력 수출 산업 기업들이 가격경쟁력을 회복, 수출을 늘릴 수 있기 때문이다. 한국은 GDP에서 수출이 차지하는 비중이 2015년 기준 60.8%에 이를 정도로 수출의존도가 높은 나라다. 다만 트럼프 정부의 보호무역 정책을 감안하면 원화 가치 하락으로 인한 긍정적 효과는 다소 제한될 수 있다.

달러 강세에 긍정적인 면만 있는 것은 아니다. 예를 들어 외국인 투자 자금이 원화 약세로 인한 투자 손실을 피하기 위해 자금을 일시에 빼내면 국내 주식·채권 시장이 충격을 받을 수 있다. 급격한 해외 자본 유출을 막기 위해 기준금리 인상을 단행하면, 가계부채 문제가 악화돼 경제 전반에 불확실성이 확대될 수 있다. 한국은행은 2016년 7월 이후 기준금리를 연 1.25%로 동결하고 있지만 달러 강세에 미국 금리 인상까지 더해지면서 기준금리를 현재 수준으로 유지하는 데 어려움이 가중되고 있다.

스태그플레이션 현실화 우려

한편 금융권을 비롯한 각계 전문가들은 트럼플레이션이 불황 속 물가상승을 뜻하는 스태그플레이션으로 이어질 것을 우려하고 있다. 2016년 말 미국 인터넷 매체 비즈니스인사이더가 보도한 BoA메릴린치 펀드 매니저 대상 설문조사 결과에 따르면, 응답자의 23%가 스태그플레이션을 미국 경제의 가장 큰 '꼬리위험'으로 지목했다. '꼬리위험tail risk'이란 발생할 가능성은 극히 낮지만, 일단 현실화하면 엄청난 충격을 가져오는 위험을 가리키는 용어다.

전문가들이 스태그플레이션을 우려하고 있는 까닭은 재정 지출 확대와 보호무역·이민규제 정책이 맞물릴 경우 부작용이 예상되기 때문이다. 일단 물가가 상승할 가능성은 매우 높다. 재정 지출 확대는 물론이고 수입품에 관세를 부과해 가격 상승을 이끄는 보호무역과 인건비 상승을 유발하는 이민규제 모두 물가를 자극할 수 있다. 문제는 경제성장이다. 이민규제는 안 그래도 공급이 넉넉하지 않은 미국 노동시장 상황을 더 압박할 가능성이 높다. 이런 상황에서 재정 지출을 늘리면 경제가 성장하기 이전에 물가와 금리만 높아질 가능성이 있는 것이다. 여기에 보호무역 정책까지 곁들이면 상황은 더 심각해진다. 보호무역 정책은 상대 국가의 보복을 불러오고, 이는 미국의 수출을 감소시킬 수 있다. 결국 수출이 줄어들면 경제가 성장은커녕 퇴보할 수도 있다.

이와 관련해 〈월스트리트저널〉은 "투자자들은 감세와 규제 완화 등 트럼프 경제정책이 자신들이 원하는 형태로 실현되길 바라며 배팅하는 한편, 무역과 이민을 둘러싼 강경 조치 등이 경제성장을 억제할 가능성을 거의 의식하지 않고 있다"고 꼬집었다. 물론 트럼프가 당초 약속한 만큼 부양책이 강력하지 않다면 급격한 인플레이션은 나타나지 않을지도 모른다. 관건은 전통적으로 대규모 재정 지출과 재정 적자 확대에 반대를 표명해왔던 공화당이 트럼프 취임 이후에도 기존 입장을 유지해 나가느냐이다.

2장

트럼프,
세계 외교안보에
지각변동을 일으키다

The
Age of
Strong
Men

"너희 살 길은 너희가 알아서 해"

세계경찰국가 안 맡겠다는 트럼프 vs. 중동에서 득세하는 푸틴과 에르도안

2017년 1월 19일, 도널드 트럼프 미국 대통령 취임식 전날. 버락 오바마 전 대통령과 블라디미르 푸틴 러시아 대통령, 시진핑 중국 국가주석, 레제 프 타이이프 에르도안 터키 대통령, 앙겔라 메르켈 독일 총리가 팽팽한 긴 장 속에 모여 차를 마시고 있다.

푸틴 오, 브라더, 축하해! 드디어 내일이면 명실상부한 백악관 주인이 되겠네.

트럼프 오, 푸틴! 고마워. 넌 역시 다르구나. 남들은 내가 네 덕분에 백악 관을 차지했다고 비판하지만 웃기는 소리 하지 말라고 그래. 하하하.

메르켈 (웃기시네. 아주 둘이 죽이 척척 맞는구먼.) 트럼프, 축하해. 그런데 물어볼 게 있어. 궁금해서 그러는데 나토에 대한 네 입장은 정확히 뭐야?

트럼프 나토랑 유대관계를 유지하겠다고 몇 번이나 말했잖아. 사람 말을 너무 의심하면 못써.

메르켈 잊었나본데, 선거 때 네가 '안보 무임승차론' 운운하면서 나토를 공격했잖아. 당선된 뒤에도 나토를 두고 모호하게 말하니까 그렇지!

트럼프는 대선 기간 나토 회원국 대부분이 국민총생산의 2%를 내야 하는 방위비 분담금 규정을 지키지 않는다고 비판하며 나토 무용론을 주장해 회원국들을 긴장시켰다.

트럼프 내 대표 공약 몰라? '미국 우선주의'라고! 말이 나왔으니 나도 한마디 할게. 왜 미국이 유럽의 방어막이 돼야 하지?

메르켈 나토가 무너지면 승냥이 같은 러시아가 미국이라고 가만둘 것 같아?

푸틴 어허, 왜 가만있는 사람을 들먹이는데! 크림반도 합병 이후에 폴란드랑 루마니아에 미사일방어시스템^{MD} 설치하며 불안감 조성한 건 나토 아닌가.

오바마 워워! 그만들 해. 내일 좋은 날인데 덕담만 나누자. 트럼프, 나는 네가 세계질서 수호자로서 미국의 역할을 다시 상기해줬으면 좋겠어.

트럼프 오바마! 잊었나본데, 난 '스마트한 사람'이라 옆에서 하나하나 일깨워주고 일일이 보고하지 않아도 상황을 충분히 꿰뚫어보고 있어. 걱정하지 마.

푸틴 아무렴, 그렇고말고. 강인한 정신과 지도력을 갖춘 우리 같은 이들의 공통점이지.

메르켈 잘났어, 정말. 근데 말야, 트럼프. 기분 잡치게 하고 싶지 않지만 중동 분쟁과 테러 문제는 어떡할 거야? '세계 경찰'로 불리는 미국 국가원수에게 물어보자.

트럼프 그놈들 싹 쓸어버리고 잡힌 놈들은 물고문이라도 해야지. 마약범 때려잡는 두테르테 보니까 속이 다 후련하더라.

오바마 트럼프, 중동 문제에 절대 깊이 개입하면 안 돼. 지상군 투입도 안 되고. 아버지 부시 정권부터 발을 잘못 디뎌 수렁에 빠져버린 걸 너도 잘 알잖아.

메르켈 오바마, 난 너를 아끼는 친구지만 너도 중동 분쟁에 러시아와 터키를 끌어들인 것은 잘못된 선택이었어.

오바마 변명 같겠지만 그땐 나도 어쩔 수 없었어. 독일, 영국, 프랑스 등 연합군이 자국 사정을 핑계로 군사작전을 요리조리 빠져나갔으니까.

미국은 시리아 내전 등 중동 분쟁에서 주요 연합군 국가들과 IS 근거지 공습 등을 원활하게 진행하지 못하게 되자 터키 등을 끌어들였다. 바샤르 알 아사드가 이끄는 시리아 정부를 지원하기 위해 개입한 러시아 공습에도 반군을 지원했던 미국은 사실상 눈을 감았다.

푸틴 메르켈, 너 말 이상하게 한다? 잘 알겠지만 시리아에서 우리는 처음부터 바샤르 알 아사드 정권을 지원하면서 테러와의 전쟁에 앞장서 왔어.

메르켈 흥! 푸틴, 시리아 내전을 기회로 발칸반도를 넘어 지중해 제해권까지 넘보는 네 속셈을 우리가 모를 줄 아니?

에르도안 됐고 난 이번 논쟁에서 빼줘. 우리는 정말 IS를 비롯한 테러 세력 소탕이라는 순수한 목적으로 개입한 거야. 오바마, 그래서 미국이 우리에게 개입을 요청한 거 맞잖아?

메르켈 검은 속이 훤히 들여다보이는데 뭔 소리야. 테러와의 전쟁이 아니라 쿠르드족과의 전쟁이겠지.

에르도안 자꾸 건드릴래? 너희가 자꾸 이러니까 우리가 유럽연합에 가입을 안 하려는 거라고. 더 자극하면 나토도 탈퇴해버릴 거야. 우리가 빠지면 유럽 방위는 러시아에 무방비로 노출될걸?

오바마 진정해. 이렇게 싸우기만 해서는 테러와의 전쟁 못 끝내. 트럼프, 내가 진심으로 충고 하나만 할게. 분쟁 전선을 넓히면 '아시아 중시' 정책이 힘들어진단 걸 알아야 해.

시진핑 떠나는 사람은 훈수 두지 마시지. 트럼프는 이미 잠든 사자의 코털을 건드렸어. '하나의 중국'이라는 대원칙을 훼손했다고. 또 환율조작국이네 무역장벽이네 위협적인 발언으로 일관했지. 너도 알잖아!

트럼프는 2016년 12월 2일 차이잉원 대만 총통과 깜짝 통화로 미국과 중국 간 외교관계의 핵심인 '하나의 중국' 원칙을 훼손할 수 있다는 뜻을 내비쳤다. 이후 미국과 중국은 환율조작국 지정,

드론 납치로 촉발된 남중국해 갈등 등 첨예하게 대립 중이다.

트럼프   내가 그런 사람인 줄 몰랐어? 왜 내가 전임자들의 대중정책을 따라야 하지? 그동안 중국이 가져간 엄청난 무역흑자를 왜 견뎌야 하는데? 난 나의 길을 갈 뿐이야.

시진핑   오바마 때는 '항행의 자유'로 우리를 핍박하더니 이제는 무역과 외교정책 전반으로 공격하겠다 이거지. 그래, 우리도 어쩔 수 없겠네. 해볼 테면 한번 해보자.

트럼프   내가 겁먹을 것 같아? 내가 꾸린 내각 면면을 보라고. 군 장성 출신들이 수두룩하다 이거야.

오바마   트럼프, 제발 부탁할게. 충돌을 일으킬 수 있는 자극적인 발언이나 행동은 삼가줘.

에르도안   새 정권이 새 정책을 추진하겠다는데, 전임자가 왜 시어머니처럼 간섭이야? 그렇지, 트럼프? 트럼프, 너희 나라에 있는 쿠데타 배후 펫홀라흐 귈렌이나 빨리 추방시켜줘.

메르켈   내정간섭 같겠지만 절대 안 돼. 세계가 공포정치에 휩쓸리면 지구촌 곳곳에서 '외로운 늑대'들이 일으키는 테러가 횡행할 거야.

오바마   맞는 말이야. 트럼프 네가 당선되고 나서 IS가 신입 전투원 모집이 편해졌다고 비꼬았다는 만평을 너도 봤겠지.

푸틴   트럼프, 이런 얘기에 절대 신경 쓰지 마. 그런 놈들은 총칼을 앞세워 싹 쓸어버리면 그만이야. 우리가 작년(2016년) 말 원유 감산으로 너희 도와줬잖아. 또 분쟁이 있어야 군수산업도 발전하는 것 아니겠어?

트럼프　그땐 정말 고마웠어. 내가 인프라 투자의 한 축으로 셰일산업 활
　　　　　성화를 꼽았잖아. 때마침 우리 브라더를 포함해 산유국들이 원유
　　　　　감산에 합의해줘서 얼마나 든든했는지 몰라.

메르켈　원유 가격이 오른다고 셰일을 막 뽑아 쓰면 안 돼. 파리기후변화
　　　　　협약은 어떻게 할 건데?

오바마　그래. 그건 내 임기 마지막 작품이자 업적인데 체면 좀 살려줘.

트럼프 · 푸틴　역사의 뒤안길로 저무는 사람은 조용히 사라져주시길.

오바마 · 메르켈　(이놈들이 진짜······.)

01
트럼프, 전통적 우방 나토와의 결별도 불사한다

트럼프는 유럽 안보불안 요인

도널드 트럼프 미국 대통령 당선을 계기로 유럽 내 안보 불안감이 커지고 있다. '미국을 다시 위대하게'를 주장한 트럼프 대통령의 당선은 미국의 '고립주의'를 예고했기 때문이다. 트럼프는 대선 기간 북대서양조약기구^{NATO}·나토 동맹국의 '안보 무임승차론'을 제기하며 전통적 우방이었던 유럽과 균열이 생길 가능성을 시사했다. 특히 러시아가 지중해 진출을 가시화하며 나토를 압박하자 유럽 내에서는 긴장감이 높아지고 있다.

트럼프가 대선 과정에서 나토를 가리켜 "더 이상 쓸모가 없다"고 지적하며 크림반도에 대한 러시아 주권을 정식으로 인정할 수 있다고 시사한 데는 나토 회원국들이 충분한 방위분담금을 내지 않는다는 불만 때문이다. 자신들의 의무를 다하지 않은 채 우방국이라는 점을 내세워 안보를 미국에 의존한다는 것이다. 냉전 시기 공산권이 결성한 바르샤바조약기구에 대항하기 위해 만든 나토인 만큼, 냉전이 종식되고 30여 년이 훌쩍 지난 오늘날 미국 입장에서 막대한 자금을 쏟아부어야 할 필요는 없다는 인식에서 비롯된 것이다.

트럼프는 유럽에 기반을 두고 있지만, 전통적으로 미국이 주도해온 나토처럼 수십 년 묵은 안보 동반자 관계에서 미국은 얻는 것이 거의 없다며 나토를 "한물갔다"고 평가절하했다.

사실 나토 회원국 대부분은 국내총생산의 2%를 방위비로 지출하기로 한 목표치를 준수하지 않는다. 독일, 캐나다 같은 부자 나라들을 포함해 20여 개 회원국이 약속을 안 지키고 있다. 러시아와 국경을 맞대고 있는 라트비아와 리투아니아조차 목표치에 미달한다. 우크라이나와 접하고 있는 슬로바키아와 헝가리도 2% 권고를 따르지 않는다. 나토 회원국 가운데 2% 이상 방위비로 지출하는 나라는 그리스, 폴란드, 프랑스, 터키, 에스토니아 5개국뿐이다. 반면 미국은 이를 훨씬 뛰어넘는 3.6%를 지출한다.

나토 방위비 70% 미국 부담에 불만

나토 방위비의 70%를 미국이 떠안고 있으니 트럼프로서는 어쩌면 정당한 불만 제기일 수 있다. 대통령 당선 이후 트럼프는 대선 기간처럼 나토에 직접적인 대립각은 세우지 않았다. 동맹의 중요성을 강조하며 원론적인 발언을 내놓고 있으며 나토 역시 트럼프를 달래기 위해 노력을 기울이고 있다.

테리사 메이 영국 총리는 2016년 11월 말 트럼프와 통화를 한 뒤 "두 사람이 나토에 대해 논의했다. 동맹의 중요성을 언급했으며 회원국의 GDP 대비 2% 방위분담금 준수와 다양한 위협에 맞서기 위한 나토의 역할 등에 의견을 같이했다"고 전했다.(참고 : 영국은 2015년 기준 GDP 대비 방위비 분담금이 2%에 미치지 못했다.)

옌스 스톨텐베르그 나토 사무총장은 연신 미국과 유럽 간 '범대서양 동맹'을 유지하려면 유럽 국가들이 나토 방위분담금을 더 내야 한다고 주장해왔다. 스톨텐베르그 사무총장은 2016년 11월 트럼프와 통화에서 "우리 모두 나토 동맹 지속과 방위비 지출 증강이 중요하다는 점을 강조했다"라고 전했다. 그는 메이 총리와 회담에서 "방위분담금과 관련해 영국은 모범을 보이고 있고 다른 나토 동맹국들이 영국을 따라 방위비를 늘리기 시작했다"며 "유럽이 더 많은 방위비를 지출하는 것은 범대서양 동맹, 그리고 유럽-미국 간 공정한 방위분담금 부담에 중요하다"고 밝혔다.

그러나 유럽의 경제위기가 장기화하는 가운데 나토 회원국들이 2% 방위분담금 준수 규정을 따를지는 미지수다. 더욱이 브렉시트(영국의 유럽연합 탈퇴) 본격 협상이 시작되고 주요국의 정치 일정 등을 감안하면 2017년 안에 유럽 경제회복은 힘들 것이란 지적이 많다. 〈블룸버그〉는 2016년 말 "비관론자들은 트럼프가 미국의 나토 회원국 지위를 일시 정지시킬 수 있다고 예상한다"고 보도했다.

| 2-1 나토 개요&나토 연혁 |

정식명칭	북대서양조약기구(North Atlantic Treaty Organization)
설립일	1949년 4월 4일
설립목적	옛 소련 등 공산권이 결성한 군사기구인 '바르샤바조약기구' 대응
회원국 수	28개국

1949년	벨기에, 캐나다, 덴마크, 프랑스, 아이슬란드, 네덜란드, 이탈리아, 룩셈부르크, 노르웨이, 포르투갈, 영국, 미국 등 12개국으로 창설
1952년	그리스, 터키 가입
1955년	독일(당시의 서독) 가입
1966년	프랑스 나토 탈퇴
1974년	그리스 나토 탈퇴
1980년	그리스 나토 복귀
1982년	스페인 나토 가입
1990년	독일 통일로 동독 포함한 독일을 가입국으로 인정
1991년	바르샤바조약기구 및 소련 해체
1999년	체코, 헝가리, 폴란드 등 과거 바르샤바조약기구 회원국 3개 가입
2002년	나토-러시아이사회 설립으로 러시아 준가맹국으로 인정
2004년	불가리아, 에스토니아, 라트비아, 리투아니아, 루마니아, 슬로바키아, 슬로베니아 가입
2009년	나토 창설 50주년, 프랑스 나토 복귀, 알바니아, 크로아티아 가입
2016년 11월	도널드 트럼프 미국 대통령 당선. 트럼프 당선자의 나토 방위분담금에 문제를 제기하자 유럽안보 위기 고조

친러 성향 틸러슨 국무부 장관 지명에 유럽 긴장

트럼프 정부의 첫 국무부 장관으로 친러시아 성향의 석유 거물 렉스 틸러슨 엑손모빌 최고경영자가 지명된 것도 나토 회원국에 먹구름을 드리운다. 틸러슨은 미국과 적대적인 러시아와 오랫 동안 교분을 쌓아 왔기 때문이다. 엑손모빌은 러시아 국영 석유회사인 로스네프트를 포함해 러시아와 다양한 합작 사업을 진행했으며, 이 과정에서 틸러슨은 오바마 정부가 주도한 러시아 제재에 비판적 입장을 보여 왔다. 틸러슨은 2012년 러시아 정부훈장인 '우정훈장Order of Friends' 까지 받았다.

틸러슨은 푸틴 러시아 대통령과 17년간 각별한 친분을 이어왔다. 푸틴 대통령 말고도 틸러슨은 러시아에서 푸틴 다음으로 영향력이 있는 로스네프트의 이고르 세친 사장과도 친분이 있다. 세친은 푸틴 대통령이 1990년대 초 상트페테르부르크 부시장 재직 당시 그 밑에서 일하며 인연을 맺은 인물이다.

러시아 야당 정치인인 블라디미르 밀로프 전 에너지부 차관은 영국 일간지 〈가디언〉에 "틸러슨 지명은 푸틴 대통령에게 100% 좋은 소식"이라며 "이는 미국의 외교정책이 원칙과 가치 위주의 전략적 동반관계보다 실무 중심의 이해관계로 바뀐다는 분명한 신호"라고 말했다.

〈가디언〉 등은 틸러슨 지명 이후 우크라이나를 비롯해 러시아와 충돌이 있던 동유럽 국가들이 공포에 휩싸여 있으며, 유럽에 있는 나머지 미국 동맹국들도 우려를 나타내고 있다고 전했다. 이런 불안

2014년 3월	러시아, 크림반도 합병
2014년 4월	나토·러시아 교류 전면 폐쇄. 나토, 우크라이나 독립 지지 건설
2015년 3월	러시아, 시리아 내전에서 정부군 지원. 나토와의 긴장감 고조
2016년 11월	도널드 트럼프 미국 대통령 당선. 트럼프 당선자, 나토 무용론 제기해 나토와의 긴장감 고조
2016년 11월	러시아, 시리아 내전 명분으로 지중해 항모 파견. EU, 신속대응군 파견 등 독자 방위계획 합의
2016년 11월	러시아, 발트 해 지역 자국 영토 칼리닌그라드에 최첨단 대함미사일 배치

* 스웨덴·핀란드·벨라루스·우크라이나
·몰도바는 나토 비회원국

감으로 그동안 '군사 중립국'을 표방했던 스웨덴과 핀란드 내에서도 나토에 가입하자는 목소리가 커지고 있다.

러시아-나토 강대강 대치국면 치달아

이런 가운데 러시아의 '서진西進 정책'이 노골화함에 따라 러시아와 나토는 강대강 대치 국면으로 치닫고 있는 형국이다. 러시아는 2016년 11월 중순 발트 해 지역 영토인 칼리닌그라드에 핵탄두 탑재 가능 대함미사일을 배치했다. 지난 2014년 러시아의 크림반도 합병 이후 촉발된 양쪽 간 갈등이 일촉즉발 상황까지 다다랐다는 분석이다.

　나토는 즉각 성명을 통해 러시아의 최첨단 대함미사일 '바스티온' 배치는 '공격적인 군사 태세'라고 비난했다. "러시아가 나토 회원국 국경 인근에 미사일을 배치한 것은 긴장을 누그러뜨리거나 러시아-나토 관계의 예측 가능성을 회복하는 데 도움이 안 된다"고 비판했다.

이에 크렘린궁은 나토가 먼저 국경 근처 군사력 증강에 나선 것에 대한 조치라고 즉각 반박했다. 드미트리 페스코프 러시아 대통령 공보수석은 "나토는 몹시 공격적인 집단이기 때문에 러시아는 해야 할 일을 했다"며 "러시아는 영토 내에서 필요한 조처를 할 모든 주권이 있다"고 강조했다. 러시아 고위 정치인은 대함미사일 말고도 칼리닌그라드에 전술 탄도미사일 '이스칸데르'와 방공미사일 S-400 시스템도 배치할 계획이라고 내비쳤다.

양쪽이 칼리닌그라드 미사일 배치를 놓고 치열한 공방전을 벌이는 이유는 지정학적 위치 때문이다. 칼리닌그라드는 러시아가 독일과 치열한 교전 끝에 차지한 최서단 영토로 러시아 서쪽의 유일한 부동항으로서 발틱 함대가 주둔하고 있는 지역이다. 폴란드·리투아니아 국경과 접해 있기 때문에 나토와 분쟁이 일어나면 전진기지 역할을 한다. 더욱이 대함미사일 사정거리가 독일 베를린에 이르기 때문에 나토로서는 위협을 느낄 수밖에 없다.

러시아와 나토는 크림반도 분쟁 이후 갈등의 골이 고조되며 군사력 증강 경쟁을 벌이고 있다. 러시아는 크림반도 합병 이후 에스토니아, 라트비아, 리투아니아 등 발트3국에 대한 군사 영향력을 뻗치기 시작했다. 이에 맞대응해 나토는 2016년부터 순차적으로 발트

| 2-3 GDP 대비 NATO 방위분담금 비율 |

3%대 국가		2%대 국가		1%대 국가		0%대 국가	
미국	3.32%	그리스	2.64%	영국	1.96%	체코	0.97%
		폴란드	2.21%	포르투갈	1.87%	캐나다	0.97%
		프랑스	2.10%	크로아티아	1.56%	슬로베니아	0.96%
		터키	2.09%	노르웨이	1.50%	벨기에	0.91%
		에스토니아	2.04%	루마니아	1.42%	헝가리	0.85%
				불가리아	1.41%	룩셈부르크	0.54%
				이탈리아	1.31%	아이슬란드	0.02%
				덴마크	1.19%		
				독일	1.18%		
				네덜란드	1.16%		
				스페인	1.16%		
				알바니아	1.14%		
				리투아니아	1.13%		
				슬로바키아	1.13%		
				라트비아	1.03%		

3국과 폴란드에 4,000여 명의 병력을 배치할 계획이다. 이는 냉전 종식 이후 역대 최대 규모다. 또 초기 조치 이후 투입할 수 있는 상설 신속 대응군 규모를 4만 명으로 세 배 늘릴 예정이다. 러시아 침공을 저지하기 위해 최대 30만 명의 병력에 비상대기령을 내리는 것까지도 검토하고 있다. 루마니아 나토 미사일방어시스템MD 기지는 2016년 가동에 들어갔고 폴란드에도 2018년 목표로 기지 착공에 나섰다. 나토의 주요 화력인 영국은 최신예 군함을 발트 해에 배치하기로 했다. 나토는 이미 (2016년) 7월 미국이 유럽에 배치한 MD 시스템에 대한 지휘통제권을 넘겨받았다.

러시아도 맞불을 놓고 있다. 러시아는 우크라이나에 군사기지를 건설한 데 이어 국경을 맞대고 있는 벨로루시와 나토의 MD에 공동

대응하기로 합의하고 공군기지 건설을 추진하고 있다. 우크라이나 사태를 시작으로 시리아 대규모 공습에 이어 발트 해 지역까지 영향력을 확장하고 있는 형국이다. 아울러 시리아 내전을 명분으로 지중해에 항모 전단을 파견했고, 알레포 공습에 참가했다. 특히 최근 불가리아와 몰도바에서 친러 성향의 대통령이 당선됐고, 동유럽 국가 상당수가 옛 소련에 속해 있던 만큼 러시아계 주민들이 많은 것도 이 일대 지배력을 강화하려는 러시아가 자신감을 보이는 배경이다.

푸틴 대통령은 자국 언론과 한 인터뷰에서 "러시아가 위협을 받는다고 생각되면 나토군 기지를 공격 목표로 삼을 것"이라고 경고했다. 러시아가 서진정책을 밀어붙이는 데는 나토의 중심축인 미국의 개입이 느슨해질 것이라는 관측 때문이다.

난민 유입구 터키, 유럽연합 가입 놓고 신경전

1987년부터 유럽연합가입을 원했던 터키의 움직임도 나토를 더욱 위축시키고 있다. 터키는 1952년 나토에 가입했지만 EU 회원국은 되지 못했다. EU가 터키의 인권 탄압 문제를 들어 발목을 잡고 있기 때문이다. 러시아와의 유대 강화, 중동 문제 개입 등으로 터키는 EU 가입 문제를 원점에서 재검토키로 했다. 에르도안 터키 대통령은 "EU가 결단하지 않으면 EU 가입을 무산하는 국민투표를 시행하겠다"고 공언했다. 지중해와 중동에 맞닿아 있는 터키의 행보는 유럽을 더욱 곤혹스럽게 할 가능성이 크다.

이에 나토는 미국에만 기댈 수 없다는 인식 아래 독자 방위에 힘을 쏟기로 했다. EU 외무부 장관과 국방부 장관들은 트럼프 당선 직후 벨기에 브뤼셀에서 회의를 열고, EU-미국 간 미래가 더 명확해질 때까지 역외에서 EU의 역할을 강화하는 방위계획에 합의했다. 새로운 방위계획안에는 군사훈련 감독과 신속대응군 활용을 담당할 준비기구 창설뿐만 아니라 아프리카 국가 내 평화유지군 활동 강화, 이민자 유입을 낮추기 위한 해군 활동 증대 등이 포함됐다.

방위계획안 중 가장 눈에 띄는 사항은 EU의 신속대응군 파견 결정이다. EU는 2007년 1,500명 규모의 신속대응군을 해외 분쟁 지역에 파견 가능하도록 체제를 완비했지만 한 번도 실행에 옮긴 적이 없다. 하지만 이번 합의로 위기 발생 시 유엔평화유지군 파병에 앞서 EU의 신속대응군 파견이 가능해지면서 실제 작전 수행이 임박했다는 관측이다. 페데리카 모게리니 유럽연합 외교안보 고위대표는 회담 이후 "EU는 슈퍼파워"라며 "우리의 안보 능력을 강화할 필요가 있다"고 말했다. 장마르크 에로 프랑스 외무부 장관도 "유럽은 다른 이들의 결정을 기다려서는 안 되고 스스로 자신의 이익과 유럽인의 이익을 지켜야 한다"고 말하고는 "이와 동시에 세계적으로 전략적 역할을 재확인해야 한다"고 밝혔다.

하지만 일각에서는 EU의 '홀로 서기'가 나토와의 군비 경쟁이나 나토의 위상 약화로 이어질 수 있다는 우려도 제기된다. 유럽연합 EU 28개국 중 22개국이 나토에 가입된 상황에서 독자적인 군사협력보다는 나토에 무게를 실어야 한다는 지적이다. 이를 의식한 듯 모게리니 유럽연합 외교안보 고위대표는 "이번 방위계획안은 EU와

EU 시민들이 국내외에서 더 안전하다고 느낄 수 있게 하는 것이 목표"라며 "나토와 경쟁하거나 유럽 군대를 만든다는 의미는 아니다"라고 강조했다.

이런 자구책에도 불구하고 나토는 2017년 험난한 안보지형에 놓일 것으로 보인다. 나토의 주요 회원국인 영국이 브렉시트 국민투표 가결로 나토 탈퇴를 눈앞에 두고 있기 때문이다. 브렉시트로 리더십에 깊은 상처를 입은 EU가 나토가 아닌 독자적 방위방안을 실현시킬지 의문부호를 떼지 못하는 이유다. EU가 2016년 11월 중순 우크라이나 사태와 관련해 러시아에 부과해온 경제제재를 2017년 7월까지 연장하기로 결의한 점도 긴장 심화에 영향을 미칠 전망이다. 지난달 2016년 11월 19일 나토와 러시아가 브뤼셀에서 '나토-러시아위원회'를 열고 우크라이나 사태를 비롯한 현안을 논의했지만 별다른 성과 없이 끝난 점이 이를 방증한다.

트럼프의 미국이 주장하는 나토 무용론, 러시아와 터키의 서진정책으로 꽉 끼어버린 유럽은 내부 결속마저 어려운 상황이다.

02
중동 분쟁에서 존재감 드러내는 러시아와 터키의 힘

종이호랑이에서 외교대국이 된 러시아

'아랍의 봄' 이후 중동 각국에서 발생한 내전의 최종 승자로 국제사회는 주저없이 러시아와 터키를 꼽는다. 옛 소련 해체 이후 국제사회에서 '종이호랑이'로 전락했던 러시아는 최근 외교 무대에서 '귀한 몸' 대접 속에 화려하게 부활하고 있다. 터키도 '테러와의 전쟁'을 명분으로 시리아 내전에 깊숙이 개입해 중동 내 발언권 확보의 교두보를 마련했다. 양국 지도자들에게 호의적인 도널드 트럼프의 미국 대통령 당선은 이들의 비상에 더욱 힘을 더할 것이다.

　미국 경제지 〈포브스〉는 블라디미르 푸틴 러시아 대통령을 2016년 세계에서 가장 영향력 있는 강력한 인물 1위로 꼽았다. 푸틴은 4년째 1위를 차지했다. 지난 2014년 크림반도 합병 이후 국제적으로

2015년 10월	러시아, 시리아 바샤르 알 아사드 정권 지지 명분으로 공습 개시
2016년 8월	터키, '테러와의 전쟁' 명분으로 시리아와 이라크 국경 진입
2016년 10월	러시아 공습 지원하에 시리아 반군 거점 알레포 함락
2016년 12월	러시아와 터키, 이란 3차 회담에서 시리아 내전 평화적 해결과 IS 척결 합의

고립됐지만 '썩어도 준치'라는 말을 입증하듯, 그 영향력을 폭넓게 확대하고 있는 것이다.

시리아 내전 개입 1년 만에 최대 승자

푸틴의 행보에 러시아 옛 황제를 부르는 '차르(러시아 옛 황제의 명칭) 의 귀환'이라는 말이 나올 정도다. 이를 방증하듯 러시아는 시리아 내전 개입 1년여 만에 최대 격전지인 알레포에서 승리를 거뒀다. 중 동에서 러시아는 이미 핵심 국가가 됐다. 미국이 개입을 주저하는 사이 러시아는 이해관계가 맞아떨어진 바샤르 알 아사드 시리아 대 통령을 적극 지원해 전세를 바꿔놓았다. 〈월스트리트저널〉은 이를 두고 "러시아가 수십 년 만에 처음 중동의 전략적인 플레이어가 됐 다"고 평가했다.

러시아는 극단주의 무장세력 이슬람국가IS를 위시한 테러와의 전쟁을 명분으로 지난 2015년 10월 시리아 내전에 본격 개입했다. 알 아사드 정권을 비호하는 러시아는 미국을 포함한 서방의 압박에도 아랑곳없이 반군 장악 지역인 알레포를 끊임없이 포격했다. 러시아 참전으로 러시아가 물러서지 않은 한 시리아 내전 종식이 불가능해지자 서방으로서는 속수무책인 상황이 돼버렸다.

러시아, 중동 분쟁 패권 눈앞

러시아는 중동 내 복잡한 역학관계의 틈새를 파고들어 중동에 안착했다. 러시아의 시리아 내전 개입에 알 아사드 정권의 후견인 격인 이란은 쌍수를 들고 환영했다. 이란 외무부는 러시아 공습 개시 다음 날 바로 "러시아 공습은 테러리즘을 발본색원하는 국제협력의 연장선상에 있다"는 성명을 발표했다. 이란으로서는 핵협상을 앞두고 서방과 관계개선을 모색해야 하는 상황에서 시리아 문제에 발목이 잡혀 있었다. 알 아사드 정권을 지원하는 이란과 알 아사드 정권 축출을 지상 명제로 내민 서방과 접점을 찾을 수 없던 상황에서 러시아가 대신 나서자 이란은 갈등의 최전선에서 한 발짝 물러나 운신의 폭을 넓힐 수 있었다. 실제로 2016년 1월 이란은 러시아 덕분에 잠시 관계를 회복한 서방과 핵협상을 타결하는 성과를 거뒀다.

  IS의 준동으로 국가 전체가 위기에 빠졌던 이라크 역시 러시아가 도움이 됐다. IS 사태를 전적으로 미국에 의지하고 있는 이라크는 미국의 IS 격퇴 작전이 못마땅했다. 미군의 지상군 투입 등 결정적인 개입을 바랐지만 오바마 정부는 공습 등 측면 지원만 하고 있기 때문이다. 아울러 미국과 이라크 정부는 종종 IS를 소탕하지 못하는 책임을 상대방에게 떠넘기는 신경전도 벌였다. 따라서 러시아의 시리아 내전 개입은 언제든 이라크로 확대될 수 있다는 뜻이고, 이라크 정부로서는 IS 격퇴를 대의명분 삼아 미국과 러시아 사이에서 '줄타기 외교'로 최대한 이득을 챙길 수 있다.

중동서 발 빼려는 미국에선 입장 호재

그동안 시리아 반군을 지원해왔던 미국의 입장이 트럼프의 외교 태노와 관련한 첫 시험대가 될 것이라는 분석이 많다. 시리아 정부군이 알레포를 점령한 것은 사실상 러시아가 시리아를 장악한 것으로 봐야 한다. 그런데 트럼프가 외교 라인을 친러 성향의 인물들로 채운 것은 그동안 시리아에 대한 미국의 외교 태도와 상당히 상충되기 때문이다. 알레포 점령에 트럼프가 별다른 움직임을 보이지 않는 것은 사실상 러시아의 손을 들어준 것이라는 지적이다. 아직까지 트럼프가 시리아 문제에 대한 뚜렷한 정책 방향을 내세우지 않는 가운데, 트럼프가 채운 외교 라인 성향을 보면 러시아와 화해 분위기를 보일 것이라는 전망이 커지고 있다. 실제 트럼프는 당선 후 〈뉴욕타임스〉를 방문해서 "나는 시리아 내전에 대해 사람들과 다른 견해를 가지고 있다"며 러시아와 협력할 의사를 내비치기도 했다.

1990년대 초부터 늪에 빠진 듯 중동 문제에서 헤어 나오지 못하는 미국에게 러시아와 화해하고 협력하는 것은 새로운 외교정책 수립에 있어 전환점이 될 가능성이 있다. 미국이 지금까지 해온 시리아 반군 지원을 접고, 시리아 문제를 러시아 주도로 해결해나가는 노선을 보일 수도 있기 때문이다. 전임 오바마 정부가 추진했던 아시아 중시 정책의 계승 등 여러 선택지를 사용할 개연성도 높다.

러시아로서는 이보다 더 좋을 수 없는 시나리오다. 러시아가 시리아 내전에 깊이 관여하는 이유는 중동을 넘어 아프리카까지 넘보려는 의도 때문이라는 분석이 지배적이다. 시리아는 중동에서 아프리카로 넘어가는 전략적 요충지다. 2016년 11월 중순 러시아는 이집트와 함께 아프리카 대륙에서 처음 연합 군사 훈련을 시행하며 그 야욕을 숨기지 않았다. 러시아 국방부에 따르면 '친선 수호 2016' 연합 훈련에 군인 500명과 전투기 및 헬리콥터 15기가 동원됐다. 이집트와 러시아가 진행해온 군사시설 임대협상이 막바지에 접어든 가운데 이번 합동 훈련이 북아프리카 지역에 대한 러시아의 영향력이 확장될 것이라는 점에서 미국 등 서방의 불안감이 더욱 고조될 전망이다.

러시아, 국제유가 등 경제 영역에서도 존재감 뚜렷

러시아의 영향력 확대는 국제유가에서도 투영된다. 2016년 초 배럴당 30달러 선이 무너지며 바닥을 헤어 나오지 못했던 국제유가는 푸틴의 감산 언급 한마디가 나올 때마다 급등했다. 2016년 11월 21일 뉴욕상업거래소NYMEX에서 미국 서부텍사스산 원유WTI 12월 인도분은 전 거래일보다 1.80달러(3.9%) 상승한 배럴당 47.49달러에 거래를 마쳤다. 전날 푸틴 대통령이 페루 리마에서 열린 APEC 정상회의 참석 후 기자회견을 열고 "석유수출국기구^{OPEC}가 감산 합의에 도달할지 100% 확신을 갖고 말하진 못한다"면서도 "하지만 그럴 가능성은 매우 크다"고 발언한 것에 영향을 받은 것이다. OPEC이 실제로 감산에 합의한 이후 러시아도 감산 대열에 합류해 2017년 국제유가는 60달러 선을 돌파할 전망이다. 사우디아라비아 등 OPEC 회원국보다 러시아의 입김이 더 강해지는 상황인 것이다.

터키, 미국의 '테러와의 전쟁' 요청에 나서다

터키는 중동 분쟁에서 또 하나의 승자로 꼽는다. 미국은 서방 연합군이 이런저런 핑계를 대며 IS 공습에 미온적인 반응을 보이자 터키를 끌어들였다. 터키는 미국 요청을 쌍수 들고 환영했다. 불안한 시리아·이라크 문제는 터키의 뇌관인 쿠르드족 분리독립 운동을 격화시킬 가능성이 크기 때문이다. IS 퇴치를 명분으로 쿠르드계를 섬멸시켜 자국 내 분리독립 운동을 미연에 방지하기 위한 포석이다.

이로써 2016년 6월 터키 군부 쿠데타 배후로 지목된 재미 이슬람학자 펫홀라흐 귈렌 송환 문제를 두고 갈등을 겪은 터키와 미국 관계가 해빙 분위기로 접어들었다. 미국 정부는 터키의 시리아 공습과 지상군 파견을 "중요한 진전"이라 평가했다. 조시 어니스트 백악관 대변인은 "IS를 몰아내기 위해 시리아에 군사를 파견하는 것으로 나토 동맹국인 터키가 반^{反}IS 캠페인에 가치 있는 기여를 했다"며 "양국은 굳건한 사이를 유지하고 있다"고 말했다.

러시아		터키
1,709만 8,242km²(세계1위)	**면 적**	78만 3,562km²(세계37위)
약 1억 4,236만 명(세계 10위)	**인 구**	약 8,028만 명(시계20위)
1조 2,678억 달러(세계 12위)	**GDP**	7,357억 달러(세계 18위)
러시아인(79.8%), 타타르인(3.8%), 우크라이나인(2%), 기타(14.4%)	**종족 구성**	터키인(70~75%), 쿠르드인(18%), 기타(7~12%)
러시아정교(15~20%), 이슬람교(10~15%), 기타 기독교(2%)	**종 교**	수니파 이슬람교(92%), 기타(2%)

쿠르드족 박멸 위한 군사 작전 확대

터키는 2016년 하반기 동안 일련의 군사작전을 통해 시리아뿐만 아니라 이라크 북부 쿠르드 군기지를 무력화시켜 쿠르드계의 독립의지를 완전히 꺾고자 했다. 시리아 쿠르드족은 2016년 3월 북부 알레포 주 등 자치지역 3곳에 자치정부를 선포했다. 에르도안 터키 대통령은 자신들의 군사작전이 IS와 쿠르드계 모두를 겨냥한 것이라고 거듭 밝혔다. 이는 시리아 쿠르드족 민병대의 전진을 막아 자국 내 쿠르드족 반군과 연합하는 것을 막겠다는 의미였다.

국가 건설의 염원을 안고 IS 격퇴를 위해 미국을 비롯한 연합군에 동참했던 쿠르드족과 이를 절대 묵과할 수 없다는 터키. 나라가 없는 쿠르드족은 인구 3,000여 만 명에 달하는 세계 최대의 유랑민족이다. 이번 시리아 내전을 국가 건설의 호기로 인식하고 있지만 상황이 녹록치 않다.

터키와 쿠르드족 분쟁의 역사는 100여 년에 가깝다. 수백 년간 오스만제국의 일원이었던 쿠르드족은 위드로 윌슨 미국 대통령의 민족자결주의에 크게 고무되면서 자치와 독립의 꿈을 품었다. 특히 1920년 연합국과 터키 정부가 체결한 세브르조약은 '쿠르드족이 원한다면 조약 발효 1년 이내에 완전한 자치권을 부여한다'고 명시했다. 그러나 1923년 체결된 로잔조약에서는 인위적 영토 구획에 따라 쿠르디스탄(쿠르드인들의 땅)이 분할되면서 터키, 이란, 이라크, 시리아, 아르메니아 영토로 강제 귀속됐다. 유전을 보유한 강력한 쿠르디스탄이란 국가를 원치 않았던 서구와 자국 영토의 4분의 1이 잘려나가야 했던 터키의 강력한 반대로 쿠르드족 독립안이 무산된 것이다. 터키와 쿠르드족 간의 갈등은 이때 잉태된 것이다.

가장 많은 쿠르드인이 살고 있는 터키는 동화와 민족 통합정책을 채택했지만 쿠르드인들의 분리독립 운동은 계속되고 있다. 1923년 설립된 터키공화국은 기본적으로 쿠르드어 사용과 교육 자체를 엄격히 금지했을 뿐만 아니라, 헌법으로 터키 영토 내 어떤 소수민족도 존재할 수 없다는 내용을 명시하고 있다. 이에 따라 쿠르드인들은 '산악 터키인'이라는 이름으로 불리기도 했다. 터키 정부의 강제 동화 정책은 결국 1978년 쿠르드노동당[PKK]이라는 무장 테러 조직의 등장을 자극했다. PKK는 1984년부터 터키 군경에 무차별적인 공격을 개시한 이후 지금껏 5만 명 이상을 죽음으로 몰아넣으며 강력한 투쟁을 이어가고 있다.

터키는 완전 섬멸까지는 아니어도 쿠르드족 제재에 괄목할 만한 성과를 거두고 있다. 쿠르드족의 세력 확장을 저지하고 시리아 내 자신들의 세력을 구축하는 데 어느 정도 성공했기 때문이다. 쿠데타 음모 저지 이후 국내외에서 공세적 행보를 펼치고 있는 터키는 시리아 내전에 직접 개입한 이상, 미국과 러시아 등의 압박도 개의치 않고 있다. 또한 이라크 내전에도 뛰어들 태세다. 이미 이라크 국경을 넘었으니 적극적 개입은 시간문제다.

터키-미국 관계는 쿠데타 배후 귈렌 송환에 달려

에르도안 터키 대통령은 트럼프와 긴밀한 관계를 바라고 있다. 에르도안은 미국 대선 직후 트럼프에 반대하는 이들을 가리켜 민주주의를 존중하지 않거나 미국 선거 결과를 존중하지 않는 사람이라고 비판했다. 그는 터키 앙카라에서 열린 이슬람협력기구회의에서 "미국에서 사람들이 트럼프를 독재자라고 부르기 시작했고 유럽 여러 나라에서도 트럼프 반대자들이 거리로 나와 그를 독재자로 비난한다"며 "왜 미국의 선거 결과를 존중하지 않느냐"고 반문했다.

에르도안은 트럼프와 나눈 통화에서 당선 축하 인사를 전달하고 관계 개선에 기대감을 드러냈다. 그는 트럼프에게 "미국에서 새로운 시대가 시작됐다"며 "테러와의 전쟁을 포함해 양국 관계를 강화하고 지역 및 국제문제 협력을 지속하자"고 말했다. 에르도안은 조속한 시일 안에 귈렌의 송환 조치를 기대하고 있다. 누만 쿠르툴무시 터키 부총리는 "미국 차기 정부가 귈렌을 터키로 송환하거나 구

속해줄 것으로 믿는다"며 "미국은 테러 단체의 수장인 귈렌을 수용
하느니 터키 국민 8,000만 명과 관계 강화를 선택할 것"이라고 했
다.

03
미국과 중국, 남중국해에서
정면충돌할 것인가

남중국해 분쟁 예상외로 격화 조짐

혹시나 했더니 역시나였다. 도널드 트럼프 미국 대통령 당선으로 대표 분쟁지역인 남중국해 갈등이 완화될 것이라는 전망이 조심스럽게 제기됐지만 보기 좋게 빗나갔다. 전임 오바마 정부 때보다 분쟁이 더욱 격화할 조짐을 보이고 있다.

트럼프 당선 뒤 중국에서는 트럼프가 주창한 신고립주의 정책이 중국의 '남중국해 공략' 성공으로 이어질 것이란 낙관론이 제기됐다. 인쥐尹卓 중국 해군 소장은 트럼프 당선 직후 관영 CCTV와 나눈 인터뷰에서 "트럼프는 남중국해, 댜오위다오(일본명 센카쿠) 모두 미국의 핵심 이익과 상관없다는 걸 매우 명확히 알고 있다. 미국이 우선이고, 동맹의 이익을 위한 희생을 치를 리 없다"며 "그는 실사구

2016년 12월 2일	도널드 트럼프 미국 대통령 당선자, 차이잉원 대만 총통과 통화 (미-중 외교관계의 근간인 '하나의 중국' 원칙 훼손 가능성 시사)
2016년 12월 15일	중국, 남중국해 인공섬에 대공포와 미사일방어망 등 군사시설 설치 확인
2016년 12월 15일	중국 해군, 미국 해군 소속 수중드론 공해상에서 나포
2016년 12월 16일	트럼프, 트위터에 "중국이 드론을 훔쳐갔다. 반환할 필요 없다"며 격한 반응
2016년 12월 17일	미-중 국방부, 나포한 수중드론 반환 합의
2016년 12월 17~18일	중국 전략폭격기 훙-6K가 대만을 지나는 사진 잇달아 공개

시의 태도로 '대항하지 말고 협력하자'는 중국 제안을 받아들일 것"이라고 했다.

트럼프는 대선 기간 남중국해 문제에 명확한 입장을 밝히지 않아 중국의 기대를 키웠다. 다만 2016년 3월 미국 일간지 〈뉴욕타임스〉와의 인터뷰에서 미국 정부의 과다한 방위비 지출 문제를 지적하며 "우리(미국)는 사람들이 지불하는 것보다 훨씬 많은 돈을 쓰고 있다. 중국이 남중국해에서 하고 있는 걸 보라. 그들은 우리를 완전히 무시한다"고 말했다. 남중국해를 두고 미국 정부의 방위비 지출이 많지만, 대미 무역불균형으로 미국에서 돈을 벌어가는 중국이 되레 인공구조물 건설 등에 나서고 있다는 뜻이다. 이런 맥락에서 트럼프 정부가 '남중국해 불개입'으로 돌아설 때 생기는 '힘의 공백'은 미일 동맹을 통한 일본의 역할 증대로 메우자는 방안이 제기되기도 했다.

중국, 미국 빈자리 틈타 동남아국 포섭에 잰걸음

이런 흐름에 중국은 재빠르게 움직였다. 중국은 로드리고 두테르테 필리핀 대통령에 이어 나지브 라자크 말레이시아 총리도 초청하며 동남아국가연합(아세안)의 외교 중심축을 중국으로 기울게 만들었다. 그동안 아세안 10개 회원국 중 캄보디아와 라오스가 친중 국가로 분류됐으며, 나머지 회원국은 친미 또는 중립적 성향을 보여왔다.

필리핀은 대표적인 친미 국가였으나 두테르테 대통령 취임을 계기로 친중으로 돌아섰다. 두테르테 대통령은 방중 기간에 미국과 '경제·군사적 결별'을 선언했다. 필리핀이 국제중재를 제기한 남중국해 영유권 분쟁에서 중국을 이겼지만, 두테르테 대통령은 판결 이행을 압박하기보다 대화를 선택했다. 중국은 이에 대한 화답으로 두테르테 대통령의 요구를 받아들였다. 남중국해 영유권 분쟁지역인 스카보러 암초(중국명 황옌다오, 필리핀명 바조데마신록) 주변에서 필리핀 어선들이 조업할 수 있도록 4년 만에 허용하며 양국 간 화해 분위기를 한층 끌어올렸다.

말레이시아는 미국과 합동 군사훈련을 하는 등 군사적 연대를 맺고 있으면서도, 화교 자본이 경제를 쥐고 있는 현실을 고려해 중국과도 원만한 관계를 유지했다. 라자크 총리가 중국을 방문한 일주일은 예외적으로 길었으며, 양국이 국방 협력을 강화하고 340억 달러(39조 3,000억 원) 규모의 경제 협력에도 합의했다. 이는 라자크 총리

2016년 12월 20일 로드리고 두테르테 필리핀 대통령 시진핑 중국 국가주석과 정상회담	• 남중국해 영유권 관련 헤이그 상설중재재판소 판결 거론치 않고, 대화로 해결하기로 합의 • 중국, 필리핀에 135억 달러 규모 투자 약속 • 중국, 분쟁지역인 스카보러 암초 지역에서 필리핀 어선의 조업 허용
2016년 11월 4일 나지브 라자크 말레이시아 총리, 시진핑 주석과 회동	• 말레이시아(말련), 중국 해군 초계함 네 척 구매 합의 • 남중국해에서 군사 협력 강화하는 국방협력양해각서(MOU) 체결 • 중국-말레이시아, 340억 달러(39조 3,000억 원) 규모 투자협정 체결

가 원자재 가격 하락, 세계 경제 불확실성 등으로 타격이 우려되는 말레이시아 경기를 살리기 위해 중국 자본을 유치하고 이를 다시 횡령 등 부패 혐의로 유발된 정치 위기에서 탈출하려는 기회로 삼으려는 속내로 분석된다.

트럼프, 대만 총통과 통화로 분위기 뒤집어

이처럼 남중국해 문제에서 수세에 몰린 듯 보이던 미국은 트럼프가 차이잉원 대만 총통과 통화를 나누면서 단번에 전세를 뒤집었다. 트럼프는 2016년 12월 2일 미국 대통령 혹은 대통령 당선자 신분으로 37년 만에 처음 대만 총통과 통화를 나눴다. 트럼프와 대만 총통 간 통화는 '하나의 중국' 원칙을 부정하는 것으로 해석될 가능성이 있다는 분석이 나왔다. 미국 정부는 지난 37년간 '하나의 중국' 원칙을 고수했다. 미국과 중국은 1972년 '상하이공동성명'을 통해 대만은 중국의 일부이며 양안 문제는 외교 간섭 없이 해결해야 한다고 명시했다. 또한 이번 통화가 차이잉원 대만 총통이 '92공식'(하나의 중국을 인정하되 각자 하나의 명칭을 사용하기로 한 합의)을 인정하지 않고 있는 것에 중국이 강하게 반발하는 와중에 이뤄졌기에 그 파장은 더욱 컸다.

중국은 즉각 반발하고 나섰다. 겅솽耿爽 중국 외교부 대변인은 성명을 통해 "엄정하게 항의한다"며 "전 세계에는 단 하나의 중국만 존재하며 중국과 대만은 분할될 수 없는 하나의 영토"라고 강조했다. 왕이王毅 중국 외교부장도 "대만 쪽이 일으킨 작은 행동으로 국제사회에 이미 형성돼 있는 '하나의 중국' 틀을 근본적으로 바꾸는 것은 불가능하다"고 밝혔다. 또한 "미국 정부가 수십 년간 견지해온 '하나의 중국' 정책도 바뀌지 않으리라고 생각한다"면서 "'하나의 중국' 원칙은 미중 관계의 건강한 발전을 위한 초석으로 이런 정치적 기초가 어떤 간섭을 받거나 훼손되지 않기를 바란다"고 강조했다.

하지만 트럼프는 정면으로 맞받아쳤다. 트럼프는 중국 쪽 비판이 거세지자 트위터에서 "중국이 우리에게 (우리 기업들이 경쟁하기 어렵도록) 자신들의 통화를 평가절하해도 괜찮은지 물어본 적 있는가?"라고 지적했다. 이어 "중국으로 들어가는 우리 상품에 막대한 세금을 부과하거나 (우리는 그들 제품에 그렇게 하지 않는다) 남중국해 중심부에 거대한 군사기지를 세워도 괜찮냐고 우리에게 물어본 적 있는가?"

라며 "그렇지 않다"고 적었다.

　이에 중국은 실력 행사로 맞불을 놓았다. 영국 방송 BBC는 아시아·태평양 지역 해양 분쟁 동향을 소개하는 미국의 싱크탱크 '아시아 해양 투명성 이니셔티브ᴬᴹᵀᴵ'의 조사 결과를 인용, 중국이 남중국해에 건설 중인 인공섬 대부분에 대공포와 미사일 방어체계를 구축한 것이 위성사진으로 확인됐다고 보도했다. AMTI는 중국이 스프래틀리군도(중국명 난사군도, 베트남명 쯔엉사군도)에 짓고 있는 인공섬 4곳의 육각형 모양 빌딩을 위성사진으로 분석했다. AMTI는 해당 인공섬에 짓고 있는 모든 건물은 군사적 방어를 위한 건축물로, 대공포 포신은 물론이고 외부 공격에 대비한 미사일 방어망도 위성사진을 통해 확인할 수 있다고 전했다.

　겅솽 대변인은 "중국이 남중국해 암초섬에 무기 시스템을 배치했느냐"는 기자들의 질문에 "중국이 자신의 국토에 시설물을 건설하고 필요한 방어시설을 배치하는 것은 완전히 정상적인 행위"라고 답했다.

미국 수중드론 중국이 압수하며 대립 격화

고조된 양측 갈등은 중국이 남중국해에서 미군 소유 무인 수중드론을 압수하면서 더욱 격화했다. 오바마 정부가 중국이 독점적 영유권을 주장하는 남중국해에서 '항행의 자유' 원칙을 내세워 군사훈련을 하는 등 양국이 갈등을 빚어오고 있었기에, 중국이 차기 미국 행정부 출범을 앞두고 견제구를 날렸다는 해석이다.

2016년 12월 15일 남중국해 공해 지역에서 미국 해군함 USNS 바우디치가 해양 조사용 드론기를 회수하는 과정에서 중국 해군이 이를 압수했다. 당시 미국 해군은 무전 연락을 취해 수중드론이 미군 소유라고 밝히고 반환을 요구했지만, 중국은 아무런 반응을 보이지 않았다. 미국 국방부(펜타곤)는 즉각 공식적인 외교 절차를 통해 "우리 무인 수중드론UUV을 즉각 반환하고 국제법상 의무를 지킬 것을 중국에 요구했다"고 밝혔다.

어느 정도 트럼프를 압박하는 데 성공했다고 판단한 중국은 반환에 합의했다. 중국 관영 일간지 〈환구시보環球時報〉는 "이번 사건이 보도된 직후 많은 언론과 매체는 이로 인해 양국 간 긴장이 고조되고 2001년 미중 전투기 충돌 사건, 2009년 미중 선박 대치 사건 등과 같은 사태가 일어날 것으로 우려했지만 '연착륙' 해결이 이뤄졌다"고 전했다.

하지만 거침없는 트럼프의 언행은 긴장의 파고를 높였다. 트럼프는 중국이 나포한 미군의 수중드론을 반환하기로 발표한 것을 두고 트위터에 "훔쳐간 드론을 돌려받고 싶지 않다고 중국에 말해야 한다"며 "그들이 갖게 놔두라"고 글을 올렸다. 이에 앞서 "중국이 공해상에서 미국 해군의 연구 드론을 훔쳐갔다"며 "전례 없는 행동으로 드론을 물에서 낚아채 중국으로 가져갔다"고 맹비난했다. 중국이 반환을 약속하기는 했지만 트럼프가 '훔쳤다'는 표현을 되풀이하며 중국의 행위를 거듭 문제 삼고 있어서 꼬인 실타래를 풀기가 쉽지 않을 전망이다.

일단 양국은 상황 봉합에 무게중심을 두고 진화에 나서고 있다. 중국이 즉시 드론 반환에 합의한 것도 봉합이 이익이 된다는 판단 때문이라는 관측이다. 익명을 요구한 미국 국방부 한 관계자는 〈워싱턴포스트〉에서 "드론을 돌려받게 돼 오바마 정부는 다행으로 생각한다"며 "이 문제는 일단 묻어둘 것"이라고 말했다. 또한 "해상에서 개별적으로 벌어진 행동과 상관없이 중국 수뇌부가 드론을 돌려주기로 합의했다는 데 주목해야 한다"면서 합의 사실에 긍정적인 의미를 부여했다. 라인스 프리버스^{Reince Priebus} 백악관 비서실장 내정자는 폭스뉴스에 출연해 "우리는 하나의 중국 원칙을 당장 재논의하겠다는 뜻을 내비치는 것이 아니다"라고 했다. 또 "미국인의 80%는 중국의 드론 압수가 부적절하다고 생각할 것"이라며 "트럼프의 반응이 특별히 중국을 자극할 만한 것은 아니라고 생각한다"고 진화에 나섰다.

하지만 양측 간 갈등 재점화는 시간문제다. 중국이 남중국해 거의 전역에 대한 실효지배를 기정사실화할 목적으로 인공섬을 군사기지화하면서 더불어 대규모 어선 출항기지로 삼을 목적으로 대형 어항을 건설한 사실이 드러났다. 중국은 하이난다오 남단에 있는 싼야에서 서쪽 50km 떨어신 야저우완에 '야저우완 중앙어항'을 개장했다. 2015년 4월부터 증설한 중앙어항은 길이 1,063m로 어선 800척을 정박시킬 수 있는 부두 11개를 완비했다. 중국 당국은 2,000척까지 수용할 수 있도록 항을 증대하는 공사에 착수했으며, 싼야항을 근거지로 하는 어선에게 2016년 5월 야저우완 중앙어항으로

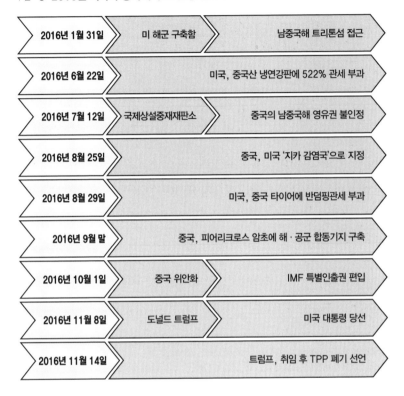

| 2-8 2016년 미국과 중국의 주요 분쟁 결과 |

2016년 1월 31일	미 해군 구축함	남중국해 트리톤섬 접근
2016년 6월 22일		미국, 중국산 냉연강판에 522% 관세 부과
2016년 7월 12일	국제상설중재재판소	중국의 남중국해 영유권 불인정
2016년 8월 25일		중국, 미국 '지카 감염국'으로 지정
2016년 8월 29일		미국, 중국 타이어에 반덤핑관세 부과
2016년 9월 말		중국, 피어리크로스 암초에 해·공군 합동기지 구축
2016년 10월 1일	중국 위안화	IMF 특별인출권 편입
2016년 11월 8일	도널드 트럼프	미국 대통령 당선
2016년 11월 14일		트럼프, 취임 후 TPP 폐기 선언

이전하라는 명령을 내렸다.

　중국의 실효적 지배가 기정사실화되면 일본과 베트남 등 분쟁 당사국들은 미국의 적극적 개입을 요구할 것이다. 미국으로서도 태평양 항행권과 제해권을 상실할 수 있기 때문에 이들 국가의 요청을 무시할 수만도 없을 것으로 보인다.

　한편 '협상의 달인'으로 불리는 트럼프가 중국을 자극하는 것이 일종의 '전략'이라는 분석도 나온다. 집권 초기 국제질서의 주도권 확보를 위해 트럼프가 일단 강경한 모습을 보일 것이라는 전망에서 나온 분석이다. '미국의소리^{VOA}' 방송은 전문가들을 인용해 "트럼프가 남중국해에서 몇 차례 강력한 군사행동으로 '초점'을 확실히 할 것"이라며 "그런 다음 군사행동은 중단하고 경제 문제에서 중국과 협력해나갈 것"이라고 예상했다. 남중국해는 전 세계 물동량의 4분의 1이 지나는 세계무역의 대동맥이자 점차 노골화되는 미중 대결의 최전선으로, 무조건적인 강대강 대결이 미국에 도움이 되지 않을 것이기 때문이다.

04
동남아와 아프리카로
확산되는 테러전선

'외로운 늑대'를 키우는 '훌륭한 자양분'

극단주의 무장단체 IS는 주요 근거지였던 시리아와 이라크에서 전략적 요충지를 잃었으나 여전히 건재한다. IS은 물론이고 탈레반 등 다른 극단주의 이슬람 조직들도 세력을 키워나가고 있다. 미국이 시작한 '테러와의 전쟁'이 끝나기는커녕 테러 전선은 더욱 확대될 조짐이다. 중동을 넘어 동남아시아와 아프리카까지 테러 세력이 세를 키우고 있기 때문이다.

트럼프가 당선되자 IS 등 극단주의 무장단체 지도자들은 그의 당선을 환영하는 이해할 수 없는 반응을 보였다. 트럼프는 대선 기간 내내 IS 등 테러리스트에 맞서기 위해 훨씬 더 강도 높은 고문이 필요하다고 주장했다. 경선 초반부터 대통령이 되면 테러리스트에 대한 물고문은 물론이고 더한 수사기법의 사용도 승인하겠다고 공언했다. 아울러 테러나 총기 사고가 있을 때마다 무슬림 입국을 금지하겠다거나 의심스러운 무슬림 정보를 모아 '블랙리스트'를 만들자고 줄기차게 주장했다. 이런 주장들을 자세히 들여다보면 IS 등이 트럼프 당선을 바란 이유를 이해할 수 있다. 트럼프가 키우는 증오는 IS가 키우는 증오와 대척점에 있는 동시에 공생하기 때문이다.

아프가니스탄 주재 IS 최고사령관인 아부 오마르 호라사니는 트럼프 당선 이후 트럼프를 가리켜 "완전한 미치광이"라고 부르며 "무슬림에 대한 그의 완전한 혐오는 우리 일을 더 수월하게 만들 것이다. 덕분에 우리는 수천 명을 모집할 수 있겠다"고 밝혔다. 이어 "우리 지도자들은 미국 대선 과정을 면밀히 주시해왔다"며 "미국인 스스로 무덤을 팔 것이라고 예상하지 못했는데 그들은 그렇게 했다"고 강조했다. IS의 간부 압둘라 알무하스니도 트위터에 "트럼프의 승리는 수니파가 승리로 가는 중요한 단계"라며 "트럼프의 승리는 혈전과 대혼란의 기틀을 마련할 것"이라고 적었다.

IS와 연계된 온라인 선전 매체 '알민바르 지하디 미디어 네트워크'는 "알라의 지지를 다 같이 기뻐하자. 우리는 곧 미국이 트럼프 손에서 멸망할 것이라는 기쁜 소식을 접할 것"이라고 전했다.

IS 추종자들과 또 다른 극단주의 단체인 탈레반도 "트럼프가 선거 기간에 했던 허언장담이 대원 모집에 도움이 될 것"이라고 말했다. 탈레반의 한 간부는 "만약 트럼프가 유세 때 했던 발언들을 실행에 옮긴다면 이는 전 세계 무슬림 공동체에 영향을 미칠 것이고 지하디

1월 21일	소말리아 모가디슈 해변 식당 폭탄 테러로 총 20명 사망
3월 13일	코트디부아르 휴양지 그랑바상 해변 폭탄 테러로 최소 19명 사망
3월 27일	파키스탄 펀자브 어린이공원 테러로 최고 72명 사망
7월 1일	방글라데시 다카식당 테러로 최소 20명 사망
9월 2일	필리핀 다바오 야시장 폭탄 테러로 최소 14명 사망
10월 25일	케냐 만데라 호텔 습격으로 12명 사망
12월 18일	요르단 카라크 요새에서 무장괴한 총격으로 최소 10명 사망

스트 조직들은 이를 이용할 것”이라고 했다.

이들이 이처럼 트럼프 당선을 반색하는 데는 트럼프의 발언이 서방에 있는 청년 무슬림들을 자극해 IS나 탈레반 가입을 부추길 수 있다고 판단하기 때문이다. IS 등의 의견에 동조해 자생적 테러리스트가 되는 ‘외로운 늑대’ 양성에 ‘훌륭한 자양분’이 될 것이라고 기대하는 것이다.

수그러들지 않는 IS 기세

연합군의 전방위적 공세로 이라크, 시리아, 리비아 등에서 IS 세력은 상당히 줄었다. 한때 이라크 전체 영토의 40%까지 차지했지만 최근 14%까지 줄었다. 이라크 최대 IS 거점지인 모술을 놓고 이라크 정부군과 연합군이 IS와 현재 치열한 교전을 벌이고 있는 상황에서, 정부군과 연합군의 승리가 기정사실로 여겨진다. IS의 실질적 수도인 시리아 라카Raqqa 지역도 함락 직전까지 몰렸으며 리비아에서는 시르테를 잃었다.

IS의 조직원 숫자도 급감했다. 미국 국방부에 따르면 IS에 가담하는 외국인 조직원 수는 과거 전성기에 비해 10분의 1 정도로 파악된다. 2016년에는 한 달 평균 2,000여 명에 달했던 외국인 조직원 가담 수가 최근 들어 한 달에 200명 정도로 줄었다고 전해진다. 미국 국방부는 현재 시리아와 이라크에서 활동하는 IS 전체 조직원 수가 2만 5,000여 명이라고 추산하고 있다.

하지만 IS는 2016년 11월 시리아 중부 고대 도시 팔미라에 9개월 만에 재진입하며 건재를 과시했다. 시리아와 이라크 등에서 1년 가까이 밀리며 퇴각을 거듭하던 IS가 전세를 뒤집는 '저력'을 과시한 것이다.

또한 시리아 반군의 최대 거점지인 알레포가 정부군 수중에 떨어지기는 했지만, 반군과 IS가 연계되어 움직이는 것이 포착되면서 시리아 내전은 한 치 앞을 알 수 없는 상황이다. 러시아 등 외부 지원이 줄어들면 반군이 세력을 규합해 취약한 구역을 재탈환할 가능성이 있다. IS 등 다양한 세력이 규합하면서 시리아 내전을 복잡하게 만들어 또 다른 국면으로 발전할 수도 있다. 알레포에서 쫓겨난 반

- IS 연계단체 동아프리카 소말리아 칸달라 지역 항구도시 장악
- 서아프리카 나이지리아 보코하람 IS에 충성맹세
- IS에 충성맹세한 필리핀 아부사야프, 민다나오섬 일대 장악
- IS, 인도네시아 테러단체 자마트안샤루트다울라 지원
- 알카에다와 연계해 말레이시아 등에서 활동하는 제마 이슬라미야

군 조직 일부는 라카 등 IS 근거지에서 도주한 IS 대원을 끌어들여 세력을 확대하려는 움직임을 보이고 있다.

수니파 극단주의 무장단체인 IS가 자신들과 정통성과 리더십을 놓고 경쟁하는 탈레반의 거점 국가인 아프가니스탄에 새로운 '이슬람국가', 이른바 IS-K의 건립을 시도 중이라는 점도 변수로 꼽힌다. 우즈베키스탄 이슬람 운동 소속 조직원들을 중심으로 하는 외국인 전투원들이 IS-K라는 새로운 IS 건립 대열에 참가 중인 것으로 알려졌다. 파키스탄 탈레반 조직 출신인 파슈툰족 상당수도 IS-K에 가담하고 있다고 전해졌다. 이는 중동 테러 전선이 쉽사리 사라지지 않을 것을 강력하게 시사한다.

IS의 가장 무서운 점은 탈레반처럼 특정 국가나 지역을 고집할 필요가 없다는 데 있다. 이들은 전투를 치를 조직원과 자금만 있으면 때와 장소를 가리지 않고 테러를 일으키는 게릴라전을 벌이기 때문이다. 이슬람이라는 종교를 자양분 삼아 주민들 사이에 쉽게 기생할 수 있다는 점도 그렇다.

문제는 관광지나 공항, 축제 현장, 음식점, 경기장, 성당 등 다중^{多衆}시설을 방문하는 평범한 민간인을 대상으로 하는 '소프트 타깃'의 광범위함이다. 소프트 타깃은 '외로운 늑대'뿐만 아니라 IS 등 테러 단체에 무방비로 노출돼 있다. 더욱이 IS 연계 세력과 그 추종자 또는 이슬람 극단주의자들은 소규모 조직 단위로 활동하고 있어 테러 계획을 사전에 파악하고 차단하기란 사실상 불가능할 정도로 소규모 조직 단위로 이루어진다. 이런 테러는 사전 차단이 불가능하다는 점에서 더욱 서방의 골머리를 앓게 한다.

동남아, IS의 새로운 둥지

기정사실로 받아들이고 있는 가장 심각한 상황은 중동에서 수세에 몰린 IS 등 극단주의 세력이 동남아와 아프리카에 진지를 구축하며 테러 전선을 확대하고 있다는 점이다. 실제로 이 지역에서 IS 연계 세력이 일으키는 테러가 벌어지고 있는 상황이다. 각국 정부가 정상 회담의 주요 의제로 테러를 상정하고 있는 점이 이를 방증한다.

2016년 11월 인도네시아 총참모총장인 가토트 누르만트요 장군은 테러리즘 관련 세미나에서 "반^反IS 국제 연합군 공세에 밀려 이라크와 시리아 등지에서 세력을 잃고 있는 IS가 인도네시아 칼리만탄·술라웨시와 국경을 맞대고 있는 필리핀 민다나오 지역에 새 거점을 세우고 있다"고 전했다. 이어 인도네시아까지 IS 세력이 침투할 우려가 있다고 덧붙였다. 또한 테러 단체들이 IS의 새로운 거점 설립에 필요한 자금 마련을 위해 필리핀 남쪽 영해에서 수많은 납치

극을 벌이고 있다고 설명했다.

IS가 중동이 아닌 동남아에 자리를 잡으려는 이유는 경제적 논리에서 찾을 수 있다는 분석이다. IS는 주요 자금원이었던 유전 지대가 연합군의 집중 공격으로 초토화되어 자금줄이 거의 끊긴 상황이다. 때문에 IS가 수익성이 떨어진 중동을 버리고 동남아에 새로운 본부를 마련하려고 한다는 것이다.

IS 연계 단체로 알려진 아부 사야프$^{Abu\ Sayyaf}$는 인도네시아와 말레이시아 선원들을 납치해 수백만 달러의 몸값을 요구하는 것으로 악명이 높다. 이들이 현재까지 모은 몸값 총액은 명확하게 알려지지 않았다. 그러나 현지 언론에 따르면, 2016년 1월부터 6월까지만 따져도 인질 몸값으로 벌어들인 돈이 적어도 3억 5,300만 페소(약 82억 3,000만 원)에 이른다.

아부 사야프는 IS의 최고지도자 아부 바크르 알바그다디에게 충성을 맹세했었다. 1990년대 초반 결성된 아부 사야프는 필리핀의 대표적인 이슬람 반군세력으로서 IS와 연계된 것으로 잘 알려져 있다. 과거보다 세력이 약화돼 지금은 조직원이 400여 명으로 줄었다. 밀림이 우거지고 주변에 크고 작은 섬이 많아 정부 치안력이 미치지 않는 필리핀 남부 민다나오 지역을 거점으로 활동 중이다. 아부 사야프는 지난 2015년 1월 필리핀 남부 삼보앙가에 사는 아들을 방문한 70대 한국인을 납치했다가 10개월 뒤 시신으로 돌려보낸 일로 우리에게도 잘 알려진 무장단체다.

동남아 각국이 IS에 더욱 긴장하는 이유는 이런 테러 조직에 몸담

왔다가 중동에서 세가 약해지자 자국으로 돌아오는 극단주의자들 때문이다. 2013년 이후 말레이시아인 약 90명이 IS에 합류했으며 인도네시아인 약 500명도 IS에 가담한 것으로 추정된다. 인도네시아 대학교의 리들완 하비브 대테러 전문가는 "IS 조직원들은 인도네시아, 말레이시아, 필리핀 등으로 돌아와서 연계망을 구축할 것"이라며 "이들에게는 새로운 전략과 기술이 있을 것"이라고 우려했다.

특히 미얀마에서 벌어지고 있는 로힝야족 학살이 동남아 지역에서 IS 위협을 급속도로 증가시킬 가능성이 높다고 지적한다. 무슬림계 소수민족인 로힝야족이 미얀마 정부군에 맞서 싸울 때, IS가 동남아에 '전사'들을 보낼 핑계로 이를 활용할 수 있다는 것이다. 실제로 로힝야족 탄압 반대 시위는 인도네시아에서 시작됐다. 2016년 11월부터 인도네시아 수도 자카르타 거리에는 다양한 이슬람단체 회원 수천 명이 쏟아져 나왔다. 미얀마 정부군이 '로힝야족 집단 학살'을 벌이고 있다며 이를 규탄하는 시위였다. 이처럼 동남아에는 나날이 긴장감이 커지고 있다.

다급해진 필리핀은 말레이시아와 인도네시아 해군의 자국 영해 진입을 허용했다. 말레이시아 해역에서 해적 행위를 하거나 선원을 납치한 용의자들이 필리핀 영해로 달아나면 말레이시아 해군이 영해에 들어와 추격전을 벌이는 것이 가능하다. 현재 아부 사야프는 말레이시아인 5명과 인도네시아인 2명, 필리핀인 7명, 네덜란드인 1명, 독일인 1명 등 16명의 인질을 잡고 있다고 알려졌다.

북아프리카, IS 외국 조직원의 주요 공급처로

무슬림이 다수인 북아프리카 지역도 테러 전선이 확대되는 지점으로 꼽힌다. 리비아 최대 거점지인 시르테를 잃은 IS가 북아프리카의 다른 나라로 흩어질 가능성이 크기 때문이다. 당시 반기문 국제연합 사무총장은 2016년 7월 국제연합 안전보장이사회 보고를 통해 "현재 북아프리카의 리비아와 튀니지, 알제리, 이집트, 말리, 모리타니 등에 각각 2,000~7,000명의 IS 대원들이 활동 중"이라며 한 지역에 집중된 IS 격퇴가 다른 지역으로 옮겨가는 '풍선효과'에 대한 우려를 드러냈다.

IS는 2011년 '아랍의 봄' 이후 혼란이 끊이지 않는 북아프리카로도 영향력을 넓혔다. 지리적 여건상 아프가니스탄과 이라크, 시리아, 이집트 시나이 반도, 리비아, 튀니지, 알제리 등을 잇는 거대한 'IS 벨트'가 자리 잡은 것이다. 나이지리아의 악명 높은 이슬람 과격 무장단체 '보코하람'과 이집트의 '안사르 베이트 알마크디스', 알제리의 '알무라비툰'은 이미 IS에 충성을 맹세했다.

리비아와 이집트, 튀니지는 아랍의 봄 여파로 독재정권이 붕괴되면서 이어진 정파·종파 간 대립에 중앙정부의 영향력 약화 또는 반발 심리 등으로 테러 위협에 쉽게 대처하기 어렵다는 공통점이 있다. 이들 국가에서는 세속주의와 이슬람주의 세력, 이슬람 시아파-수니파 분쟁, 지역 종족 갈등이 이어진 끝에 최근 대규모 폭탄, 총격 테러가 발생했다. 또 IS에 가담하고자 시리아로 넘어가는 인원이 다른 나라보다 월등히 많다는 점도 닮아 있다. IS 가담자들이 나중에 시리아에서 고국으로 복귀할 때 종파·정파 갈등이 계속된다면 그만큼 테러 발생 가능성이 더 커지는 셈이다.

이런 이유로 북아프리카는 IS 외국 조직원의 주요 공급처가 됐다. IS는 각종 매체를 통해 북아프리카에서 신규 대원 모집에 열을 올리고 있다. IS 온라인 선전용 영문 잡지 〈다비크〉는 IS의 세력 확산을 위해 리비아뿐만 아니라 튀니지, 알제리, 이집트 시나이 반도, 서부 아프리카에 걸쳐 대원 모집을 적극 홍보하고 있다. 이 잡지는 홍보문 제목을 '샤리아(이슬람율법)만이 아프리카를 통치할 것'이라고 내걸고 민족주의에 반대해 아프리카를 공략하는 것이라고 선전하고 있다.

05
'21세기 신무기' 에너지 대전

트럼프 시대 에너지 전쟁 예고

도널드 트럼프 미국 대통령 당선은 에너지 분야에서 극한 갈등을 예고하고 있다. 트럼프는 대선 기간 중 2016년 11월 발표된 파리기후변화협약을 '사기'로 규정, 탈퇴 의지를 표명했다. 트럼프가 내건 1조 달러 인프라 투자 방안과 때맞춰 산유국들의 감산 결정에 따른 유가상승으로 셰일산업 활성화에 파란불이 켜졌지만, 미국발 과잉공급은 다른 산유국을 자극할 수 있다. 산유국 간 '치킨게임'이 재발할 위험성이 있다는 뜻이다.

트럼프는 선거 기간 지구온난화 문제에 대해 "중국에 의한 날조"라며 "미국은 온실가스 배출 감축과 전 세계 녹색경제 전환 지원 의무를 이행하지 않을 것"이라고 말했다. 또 대선 출마 선언을 하기 훨씬 전인 지난 2012년에는 트위터를 통해 기후변화는 "중국이 미국의 제조업 경쟁력을 약화하기 위해 지어낸 콘셉트"라고 밝혔으며, 2014년에도 연달아 기후변화를 "중국의 날조극"이라고 부인했다. 이후 그는 '날조극'이란 표현은 농담이었다고 수습했지만 대선 기간 내내 파리협약을 폐기하고 송유관 건설 사업을 승인하는 등 화석연료에 집중한 에너지 구상을 내놓아 협약 당사국들을 불안에 떨게 했다.

파리기후변화협약 용도 폐기 대두

파리기후변화협약은 오는 2020년 만료되는 교토의정서를 대체하고자 유엔기후변화협약당사국총회(COP21)에서 채택한 국제협약으로, 기후변화에 대응하는 내용을 담고 있다. 지구 평균 온도가 산업화 이전 수준 대비 섭씨 2도 이상, 가능한 한 1.5도 이상 오르지 않도록 당사국이 온실가스 배출 감축 목표치를 나눠 책임지는 것이다. 또한 2030년까지 이산화탄소 등 온실가스 배출을 자발적으로 감축하자는 내용도 들어 있다. 파리기후변화협약 발효는 온실가스 감축과 경제성장을 동시에 이루는 새로운 패러다임 '신기후 체제'가 본격 시작되는 계기라고 평가한다. 기후변화의 심각성을 인식하고 세계 각국이 뜻을 모았다는 점에서 그 의미가 크다.

트럼프의 협약 폐기 가능성에 중국을 위시한 파리협약 당사국들은 트럼프를 비판하며 압박했다. 리우쩐민劉振民 중국 외교부 부부장은 2016년 11월 모로코 마라케시에서 열린 제22차 유엔기후변화협

2015년 12월 12일	프랑스 파리에서 열린 유엔기후변화협약당사국총회에서 '파리협정' 최종 채택
2016년 11월 4일	미국과 중국을 포함해 195개 당사국 가운데 과반 이상 비준으로 발효
2021년 1월 1일	2020년 말 교토의정서 만료에 따라 파리기후변화협약 적용
주요 골자	• 산업화 이전(1850년~1900년) 대비 지구 평균 기온 상승폭을 섭씨 2도보다 낮은 수준으로 유지 • 가능하면 1.5도 이하로 제한하기 위한 노력 추구

약 당사국총회(COP22) 후 열린 기자회견에서 "이미 수십 년 전 미국의 조지 W. 부시와 로널드 레이건 전 행정부에서 기후변화 대책을 논의했다"며 "당시 중국은 기후변화란 말을 들어보기도 전"이었다고 트럼프의 입장을 정면 반박했다. 리우 부부장은 "중국은 어떤 일이 있어도 기후변화와 싸우겠다"며 파리기후변화협약을 준수할 의지를 밝혔다.

협약 당사국 대표들은 '마라케시 선언'을 채택, 파리협약이 취소할 수 없는 '불가역적 의무'라며 트럼프를 압박했다. 선언은 "이제 신속하게 그 동력을 토대로 온실가스 감축을 강력하게 추진할 때"라며 "가장 시급한 최우선 과제로 기후변화와 싸우기 위해 가장 높은 수준의 정치적 책무를 요구한다"고 규정했다.

이에 화답하듯 트럼프는 당선 뒤 파리협약에 유화적인 자세를 보였다. 트럼프는 2016년 11월 미국 〈뉴욕타임스〉 편집국 관계자들과 만난 자리에서 파리기후변화협약에서 탈퇴하겠다는 자신의 과거 발언에 대한 질문에 "나는 이를 열린 마음으로 아주 면밀하게 생각하고 있다"고 밝혔다. 자신의 기존 입장을 심각하게 검토하겠다는 의사를 표명한 것이다. 트럼프는 〈뉴욕타임스〉 기자들과 만난 뒤 "파리기후변화협약이 미국 기업에 발생시키는 비용 규모와 미국 경쟁력에 미치는 영향력을 파악할 것"이라고 밝혀 자신의 과거 입장에서 한걸음 물러서는 모습을 보였다.

환경파괴론자 일색인 트럼프 내각

트럼프는 2016년 12월 초에는 뉴욕 맨해튼 트럼프 타워에서 앨 고어 전 부통령과 장시간 대화를 나눴다. 고어 전 부통령은 당초 트럼프의 장녀 이방카의 회동만 예정돼 있었지만 이방카와는 잠시 만나고 대부분의 시간은 트럼프와 보냈다. 2000년 대선 민주당 후보로 출마했던 고어 전 부통령은 최근 기후변화가 심각하다는 내용의 다큐멘터리 〈불편한 진실〉을 제작하는 등 기후변화 대응 활동에 앞장서고 있다. 워싱턴 정가에서는 이방카가 대통령의 딸이라는 영향력을 활용해 기후변화와 관련한 의미 있는 활동을 해주길 바라고 있으며 대통령 특보로 임명될 가능성도 점치고 있다.

하지만 트럼프가 지명한 내각 면면을 비추어볼 때 국익에 도움이 안 된다 싶으면 언제든 파리협약은 백지화될 가능성이 크다는 평가다. 트럼프는 초대 국무부 장관으로 석유 거물인 렉스 틸러슨 엑손모빌 최고경영자를 선택했다. 또 환경 규제를 담당하는 환경보호청

청장으로 스콧 프루이트 오클라호마 주 법무부 장관을 낙점했다. 프루이트는 환경 규제 반대론의 선봉에 선 인물로, 트럼프가 환경보호 정책을 폐기하기로 가닥을 잡은 것 아니냐는 분석이 나온다.

프루이트는 오바마 행정부가 도입했던 각종 환경 규제 철폐에 앞장설 것으로 보인다. 그는 오바마가 기후변화 대책의 일환으로 추진해온 화력발전소 온실가스 감축 의무화, 수질오염 방지 대책 등에 반대 의사를 표명하고 집단소송을 주도해온 인물이다. 트럼프는 에너지부 장관도 친환경과 거리가 먼 릭 페리 전 텍사스 주지사를 지명했다. 페리는 재생 에너지보다 석유 및 화석연료 개발에 집중할 것으로 예상된다.

트럼프 정권인수위원회가 에너지부에 오바마 행정부의 기후변화 대응책을 담당한 직원 명단을 요구해 '마녀사냥' 논란도 일었다. '오바마 레거시(유산)' 부정의 일환이라는 분석도 나오는 상황이다.

인수위는 에너지부에 요청한 질문지에서 지난 5년간 유엔기후변화협약UNFCCC 회의에 참석한 직원 명단을 요청했다. 인수위는 이와 더불어 기후변화로 초래된 사회적 비용을 경제수치로 환산한 '탄소의 사회적 비용' 계산을 담당한 부처협력기구 관련 직원 명단도 요청했다. 탄소의 사회적 비용은 기후변화 규제 정책의 비용과 혜택 산출을 돕고자 오바마 행정부가 사용한 수치다.

전문가들은 트럼프가 '세계 경찰' 국가의 체면보다는 자국의 이익을 위하는 조지 W. 부시 전 대통령의 전철을 밟을 것으로 예상하고 있다. 1992년 당시 부시 대통령은 파리협약의 모태가 된 국제기후

한국	2030년 배출 전망치 대비 37%
미국	2025년까지 2005년 배출량 대비 26%~28%
러시아	1990년 배출량 대비 25%~ 30%
EU	1990년 배출량 대비 40%
일본	2013년 배출량 대비 26%
중국	2005년 1인당 GDP 대비 20%~ 28%
인도	2005년 1인당 GDP 대비 33~35%

협약인 교토의정서 비준을 거부했다. 세계 각국의 비판이 쏟아졌지만 부시는 자국 산업 보호를 택했다. 교토의정서와 마찬가지로 파리협약 역시 반드시 지켜야 한다는 강제성이 없다. 트럼프는 환경 규제를 줄이고 에너지산업 활동을 늘려 고용 창출에 힘쓸 것으로 보인다. 트럼프 정책에 영향을 받는 미국 내 석유 · 가스 등 에너지업계 근로자는 1,000만 명에 달한다.

원유 감산은 트럼프에게 '독이 든 사과'

적극적인 에너지 진흥책을 추구하는 트럼프의 정책은 2016년 11월 가까스로 감산 합의에 도달한 OPEC의 노력에도 먹구름을 드리운다. OPEC에 이어 러시아를 비롯한 비非OPEC 회원국들도 감산에 동참하기로 결정, 국제유가는 고공행진을 이어가고 있다. 2016년 초반만 해도 배럴당 30달러 선까지 추락했던 국제유가는 2017년 60달러까지 오를 것으로 전망된다.

그러나 국제유가의 가장 큰 변수는 미국의 셰일산업이다. 국제유가가 곤두박질치자 미국 셰일업계는 추가 생산에 미적댔고, 신규 원전 개발은 전혀 이뤄지지 않았다. 이런 상황에서 국제유가가 오르고, 적극적인 셰일산업 활성화를 공언한 트럼프 행정부 출범은 셰일업계를 웃게 만들고 있다. 셰일가스 공급은 늘어날 것이고, 공급이 늘어나는 만큼 국제유가는 하락 곡선을 그릴 것이다. 이에 자극받은 다른 산유국들이 증산에 나서면 유가는 다시 급격한 하락곡선을 그릴 위험성이 커진다.

파티 비롤 국제에너지기구[IEA] 사무국장은 "OPEC의 감산 결정이 유가를 배럴당 60달러 수준으로 끌어올리면 미국 셰일오일 기업들이 생산량을 대폭 늘릴 가능성이 있다"고 우려를 나타냈다. 실제로 그 우려가 현실화되고 있다. 셰일오일·가스 시추 설비인 '리그' 수는 2016년 말 기준 452기로 동년 5월보다 136기(43%)나 증가했다. 미국의 원유 생산량도 일일 868만 배럴로 바닥을 찍었던 2016년 7월 1일에 비해 약 25만 배럴(3%) 증가했다. 지난 5년간 미국의 셰

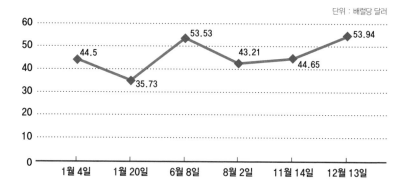

| 2-13 2016년 국제유가 추이 |

단위 : 배럴당 달러

일오일 생산량은 일일 420만 배럴로 세계 전체 생산량의 5%에 불과했다. 하지만 현재 일일 900만 배럴 수준까지 급격히 늘어나며 생산 과잉에 영향을 미치고 있다.

2016년 3분기에 7분기 만에 흑자 전환에 성공한 데본에너지의 데이브 해거 최고경영자는 "2017년 생산·굴착에 대한 투자를 13억 달러에서 16억 달러로 늘릴 것"이라며 계속 투자를 늘릴 것임을 시사했다.

셰일업계는 트럼프 당선이 '화석연료 시대로의 귀환'으로 받아들이고 있다. 미국 노스다코타 주 최대 셰일오일 생산업체인 콘티넨탈 리소스의 해럴드 햄 최고경영자는 "트럼프 당선으로 앞으로 과잉 규제가 사라지는 것은 우리가 바라던 것"이라며 기쁨을 표시했다. 셰일오일 굴착·생산 과정에서 발생하는 환경 규제 완화·철폐가 셰일 기업에는 비용 절감으로 이어지기 때문에 증산에 나설 수 있다는 의미로 풀이된다.

물론 트럼프의 셰일산업 활성화에는 몇 가지 장애 요인이 있다. 트럼프는 연방정부 소유지에서 셰일오일을 시추시키고 북극해와 대서양 연안 등에서도 시추를 허용하겠다는 구상을 내놓았었다.

가장 큰 장애물은 전임 대통령의 환경정책 '대못질'이다. 파리협약을 자신의 임기 중 주요 성과로 꼽는 오바마는 퇴임 전 북극과 대서양 일대 해안에서 석유와 가스 시추를 영구적으로 금지하는 조치를 발표했다. 이번 조치로 미국 영해에 속한 북극해 면적의 98%인 약 41만km²에서 석유와 가스 시추가 금지된다. 버지니아 노퍽에서 캐나다 국경에 이르는 대서양 해안 약 1만 5,378km²에서 이루어지는 시추도 금지된다. 과거에도 몇몇 대통령이 일시적인 해양환경 보호조치를 내린 적은 있지만 이처럼 광대한 영역에 시추를 금지시킨 것은 처음이다. 〈뉴욕타임스〉는 오바마 대통령의 조치가 환경정책을 거꾸로 돌리려는 트럼프를 가로막기 위한 것이라고 평가했다.

주요 환경 규제 폐지를 약속한 트럼프로서는 에너지·환경정책에 차질이 생길 수밖에 없다. 오바마 대통령의 조치는 다수당인 공화당의 반대에 부딪히면서 향후 법원에서 최종 판단될 가능성이 크다. 의회 논의를 거쳐 대법원 판결까지 지난한 과정을 거칠 수밖에 없기에 트럼프의 구상은 일정 부분 궤도 수정이 이뤄질 것이다.

미국이 촉발한 원유 공급 과잉이 다른 산유국을 자극할 위험성도 있다. 국가 재정수입의 상당 부분을 원유에 기대는 OPEC 등 산유국들은 더 많은 원유 수출을 바라고 있다. 특히 내전의 상처를 딛고 재건에 나서야 하는 이라크나 우고 차베스 전 대통령의 사회주의를 계승하려는 베네수엘라 현 정권으로서는 원유 증산을 강력히 바라고 있다. 핵개발 의혹으로 장기간 미국 등 서방의 경제제재로 발목이 묶였던 이란 역시 "과거 보상 차원에서 증산이 불가피하다"고 주장하고 있다. 이는 계기만 있으면 증산이 뇌관이 터진 지뢰처럼 동시다발로 일어날 수 있다는 뜻이다. 그렇게 되면 석유산업은 다시 침체일로를 걸을 수밖에 없다.

트럼프가 쏘아올린 '에너지 대전'의 결말에 세계의 이목이 집중되고 있다.

3장

세계에 불어닥친
스트롱맨 바람

The
Age of
Strong
Men

"너만 세냐? 나도 센 놈이다"

유럽의 트럼프 워너비 르펜 vs. 서구 자유민주주의 수호자 메르켈

2017년 1월 30일. 도널드 트럼프 미국 대통령이 취임식을 마치고 열흘 뒤, 블라디미르 푸틴 러시아 대통령과 시진핑 중국 국가주석, 아베 신조 일본 총리, 앙겔라 메르켈 독일 총리, 베페 그릴로 이탈리아 오성운동 대표, 마린 르 펜 프랑스 국민전선 대표, 로드리고 두테르테 필리핀 대통령 등을 채팅방에 초대해 못 다한 이야기를 나누고 있다.

트럼프   푸틴, 좀 늦었지만 미국 경제전문지 〈포브스〉가 선정한 '세계에 서 가장 영향력 있는 인물' 순위에서 4년 연속 1등 기록한 거 축 하해. 사실 난 너 때문에 2등으로 밀려서 서운했어. 미국 대통령은 뭐 아무나 하나. 내가 2016년 대선에서 힐러리를 이기려고 얼마나 고생했는데……. 그래도 절친인 네가 1등을 차지해서 기분이 좋다.

푸틴 스파시바(고마워). 내가 네 맘 잘 알지. 네가 나랑 얼마나 잘 지내고 싶으면 초대 국무부 장관에 내 친구인 틸러슨(엑손모빌 최고경영자로 대표적인 친러 기업인)을 지명했겠어. 언론에서 우리 둘 사이를 '브로맨스Brother+Romance, 남자들 간의 로맨스'라고 표현하더라. 난 오바마를 굉장히 싫어했지만 넌 똑똑하고 재능 있는 사람이라고 생각해.

트럼프 나는 나만 아웃사이더인 줄 알았는데 알고 보니 '비주류'가 많더라. 특히 푸틴 너 말이야.

푸틴 하하하, 오래 살고 볼 일이야. 난 KGB 정보원 출신이 운 좋게 크렘린궁에 들어가 이렇게 초고속 승진한 걸 보면. 3년 만에 총리하고 이듬해 대통령 자리에 올랐으니깐 벼락출세 했지. 내가 대통령이 됐을 때 사람들이 깜짝 놀라더라고. 지금은 뭐, 내가 워낙 잘나가서 2018년 대선도 당선 확률 거의 100%야. 내 주변 사람들은 나를 '보스'라고 하지 않고 '차르(제정러시아 황제)'라고 불러. 2014년 우크라이나 크림반도를 강제 합병했을 때 지지율이 얼마였는지 알아? 최고치인 89%를 찍었지.

시진핑 야, 너만 그런 줄 아니? 난 내 존재 자체에 절대위상을 상징하는 '핵심核心'이란 표현이 붙는다고. 인민들이 10억 명이 넘는데, 대륙에선 촌스럽게 지지율 조사 같은 건 안 하거든. 사실 난 할 필요가 없어. 1인 독재체제를 강화할 거니까. 솔직히 이 자리에 오르기까지 얼마나 고생했는지 너희는 상상도 못할 거야. 어릴 때는 농촌 오지에서 벼룩이 득실거리는 토굴에서 견뎌야 했고, 커서는 지방만 20년 돌았어. 원래 임기는 10년인데 추가해서 푸틴처럼 장기 집권을 해볼까도 생각 중이야.

아베 출신 성분은 내가 가장 좋네. 난 뼈대 있는 정치 명문가 출신이거든. 그런데 그럼 뭐 하나, 마음대로 전쟁을 못 하잖아! 푸틴 좀 봐. 강한 러시아를 보여주겠다며 조지아를 침공하고 크림반도도 합병하고 시리아에 군대까지 파견했잖아. 나도 강한 일본이 목표야!! 요즘 내 지지율이 60% 정도 되거든. 임기 내 평화헌법 개정하고 전쟁이 가능한 보통국가로 바꿀 거야. 이래야 진정한 스트롱맨이지. 임기도 2021년까지 늘릴까 고민 중이야. 내가 소싯적 총리직을 1년도 못 채우고 굴욕 퇴진했는데, 이번엔 역대 최장수 총리가 될 거야. 두고 봐.

트럼프 우리는 보면 볼수록 공통점이 많아. 나도 사실은 대통령 한 번 더 할 생각으로 중요 정책 계획은 8년으로 잡아놨거든. 1조 달러를 투자한다는 인프라 투자도 4년 임기에 5,000억 달러씩 해서 연임한다는 가정으로 만든 수치야, 크크. 내 캐치프레이즈가 '위대한 미국'이잖아. 솔직히 우리가 지금 세계화 할 때야? 내가 먼저 잘 먹고 잘살아야지. 난 영국이 브렉시트 할 줄 알았어.

그릴로 세계화에 소외됐다고 분노하는 영혼들에게 '사이다' 발언을 자주 하는데 반응이 뜨거워. 이번에 헌법 개정 국민투표 부결시키고 내친 김에 렌치도 총리에서 사퇴시켰잖아.

마테오 렌치 이탈리아 전 총리는 의회 상원의원 수를 축소하고 중앙정부 권한을 강화해 국가 운영의 비효율을 해소하겠다는 명분으로 헌법 개정 국민투표를 추진했다. 그는 국민투표에 자신의 정치생명을 걸었지만 2016년 12월 4일 투표 결과 부결돼 총리직에서 물러났다.

내가 코미디언 출신이라 광대라는 별명이 있는데 사람들은 요즘 날 '이탈리아 트럼프'라고 부르더라. 유럽연합이 간섭해대는 바람에 이탈리아 경제가 진흙탕에 빠지고 로마가 불법 이민자로 뒤덮이고 있어. 총선에서 승리하면 유로존을 탈퇴할 거야. 이탈렉시트^{Italexit, Italy와 Exit의 합성어}라고 다들 들어봤겠지?

르 펜 트럼프 정부 출범은 나에게 역사적인 기회 같아. 똘레랑스? 프랑스를 먼저 생각해야지. '유럽을 하나로?', '난민 적극 수용?' 정말 한가한 소리야. 기성 정치인들은 민심을 제대로 읽지 못하고 있어. 내가 대통령이 되면 프렉시트^{Frexit, France와 Exit의 합성어}를 국민투표에 붙일 거야. 프랑스 국민도 미국인처럼 테이블을 엎어야 할 텐데……. 그나저나 메르켈, 넌 '난민의 엄마'라며 착한 척은 다 하더니 2017년 9월 총선 앞두고 이슬람 베일(부르카) 착용을 법적으로 금지하겠다고 했더라.

앙겔라 메르켈 총리는 2016년 12월 6일 기독민주당 전당대회에서 4연임 도전을 선언하면서 처음 부르카 착용의 법적 금지 의사를 밝혔다. 메르켈 총리는 2015년 난민 100만 명을 전격 수용하는 등 난민 문제에 포용적이었지만 총선을 앞두고 잇단 테러로 반난민 여론이 높아지자 통제를 강화하는 방향으로 입장을 바꿨다.

메르켈 이게 다 누구 때문인데! 유럽 위기가 얼마나 심각하면 내가 '서구 민주주의 최후의 보루'라는 말까지 들을까. G5(주요 5개국) '베프' 중에 나만 남고 다들 포퓰리즘의 제물이 됐어. 미국 오바마, 프랑스 올랑드, 이탈리아 렌치, 영국 캐머런…… 정말 다들 물러났네. 내가 꼭 살아남아서 '하나의 유럽'이 뭔지 똑똑히 보여주겠어.

푸틴 트럼프, 덕분에 살맛 난다. 네가 날 좋아하듯이 유럽 포퓰리스트들도 날 좋아하더라고. 크림반도 합병하고 나서 메르켈 때문에 왕따에 경제제재 수모까지 겪었는데 이제 한시름 놔도 되겠어.

메르켈 푸틴, 유럽연합에서 2017년 7월까지 경제제재 연장한 건 알지? 내가 건재하는 한 호락호락 안 풀어줄 거야.

푸틴 어디 한번 해봐, 메르켈. 넌 총선에서 지면 끝이고 설령 이겨도 네 편이 없어서 오히려 네가 왕따를 당할 수도 있겠던데? 미국 대선에 내가 개입했다고 의심하잖아. 그럼 독일 총선에도 개입할 수 있다는 생각은 안 하나 봐?

미국 중앙정보국^{CIA}은 러시아와 폭로 전문 웹사이트 위키리크스가 트럼프의 대선 승리를 도우려고 힐러리의 이메일을 해킹하는 등 미국 대선에 개입했다고 결론을 내렸다. 이에 트럼프 측은 "우스운 얘기로 선거에서 패배한 민주당의 또 다른 변명"이라고 일축했다.

트럼프 나도 트위터를 자주 하지만 다들 SNS 쓰는 게 능수능란하구나.

그릴로 트위터와 블로그는 포퓰리스트 정치인의 기본이지.

두테르테 푸틴, 푸틴! 내가 가장 좋아하는 영웅이 바로 너야. 알지?

푸틴 두테르테, 넌 나만 좋아하는 줄 알았더니 트럼프랑 시진핑이랑 아베한테도 친구가 되고 싶다고 했더라. 도대체 몇 다리를 걸치는 거야? 그나마 네가 마약 사범들 총살하면서 공포정치 좀 하고 인기가 좋으니까 나도 널 스트롱맨 대접해주는 거야.

두테르테 내 별명이 필리핀의 트럼프야. 내가 막말 좀 하거든, 하하하. 난 너처럼 향수까지는 없지만 나를 형상화한 캐릭터 상품이 불티나게 팔리고 있어. 사실 내가 너처럼 근육질 몸매에 사진발만 잘 받아도 상의 홀러딩 벗고 수상 스포츠 하는 모습을 찍어서 전국에 뿌릴 텐데 아쉽네.

푸틴 두테르테, 너 요즘 마약 사범들 잡아들이느라 바쁘다며. 오바마가 너한테 소총 안 팔겠다고 퇴짜 놓은 모양이던데 나는 하나 사면 하나 공짜로 줄게. 1+1 어때?

트럼프 잠깐만! 두테르테, 난 오바마랑은 달라. 마약범 소탕 작전 훌륭하다고 지지했잖아. 오바마는 인권 침해다 뭐다 했지만 난 필리핀에 간섭하지 않을 거야. 총도 미국산 팔 수 있다. 내가 미국총기협회랑 친한 거랑 계속 후원 받아온 거 알지?

두테르테 (혼잣말) 미·중·러·일에서는 '슈퍼 스트롱맨', 유럽에서는 포퓰리스트……. 이거 정신 바짝 차려야겠는데.

트럼프 그나저나 2017년 유럽에서 자칭 '트럼프' 정치인들이 선거에서 이기면 한 턱 내라고 해야겠어. 어떻게 생각해, 푸틴?

푸틴 좋은 생각이야, 굿!

01
미국, '세계 경찰' 버리고
'미국 우선주의'에 열광하다

'미스터 브렉시트'의 약속

트럼프가 열어가는 미국 시대정신을 한마디로 축약하자면 '미국 우선주의^{America First}'다. 지구촌에서 '세계 경찰'이나 '민주주의의 모범'이라는 말로 정의되던 미국의 역할을 부정하고 '이기적인 미국'도 불사하겠다는 주장이다.

세계는 이런 전형적인 포퓰리즘이 설마 선진국인 미국에서도 통하겠느냐며 부정적으로 전망했다. 그러나 트럼프는 2016년 11월 8일, 민주당 힐러리 클린턴 후보를 물리치고 미국 대선에서 승리해 전 세계를 깜짝 놀라게 했다. 결국 미국에게 이익을 안기겠다고 대놓고 주장한 트럼프가, 대의명분으로 표현되는 '정치적 올바름^{Political Correctness}'만 강조해온 힐러리보다 미국 국민들의 마음을 더

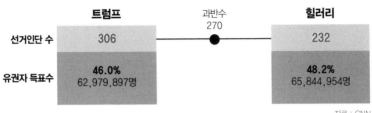

| 3-1 2016년 미국 대통령 선거 결과 |

	트럼프	과반수 270	힐러리
선거인단 수	306		232
유권자 득표수	46.0% 62,979,897명		48.2% 65,844,954명

자료 : CNN

사로잡은 것이다.

이어 12월 말 선거인단 투표 결과 304표를 얻어 당선에 필요한 과반(270명) 고지를 넘기며 트럼프는 제45대 미국 대통령 당선을 확정지었다. 힐러리는 득표수에서는 앞섰으나 227명의 선거인단을 확보하는 데 그쳤다. 알다시피 미국은 인구가 많은 특정 주가 나라를 좌지우지하지 않도록 유권자 득표수가 아닌 선거인단 수로 당선자를 결정한다.

트럼프는 대선을 앞두고 자신을 '미스터 브렉시트^{Mr. Brexit}'라 부르며 대반전을 예고했었다. 2016년 6월 23일 영국은 국민투표에서 유럽연합 탈퇴, 즉 브렉시트를 선택했다. 여론조사 결과에서는 잔류가 우세했으나 실제 개표 결과는 예측과 달리 탈퇴 51.9%, 잔류 48.1%였다. 영국은 유럽연합 43년 만에 브렉시트를 결정했고 이에 세계는 충격에 빠졌다. 그런데 얼마 지나지 않아 미국에서도 예상을 깨고 부동산 재벌 트럼프가 대통령 자리를 거머쥐며 '미국판 브렉시트'가 벌어진 것이다.

"미국을 다시 위대하게 만들겠다." "미국의 이익을 우선시하겠다." "미국에 영광을 되돌려주자." 지난 대선에서 미국인들은 도널드 트럼프의 '미국 우선주의'에 환호했다. 미국 전역에 트럼프 신드롬이 거세게 불었다. 언론은 트럼프의 말과 행동을 둘러싸고 나타나는 미국 사회 현상을 가리켜 '트럼피즘Trumpism'이라는 신조어를 만들었다. 트럼프는 신新고립주의와 반이민, 여성 혐오 등 극단적인 이념을 쏟아냈지만 대중들은 되레 이런 막말에 열광했다. 설마 하는 사이에 조용히 트럼프를 지지하는 '샤이Shy 드럼프스터'가 전국에서 점점 늘어났다.

미국, 알고 보면 백인의 나라

미국인 상당수가 트럼프에 동조한 이유로 전문가들은 크게 두 가지를 꼽는다. 첫째는 주류 정치에 대한 분노다. 기성 정치인들은 말만 앞설 뿐 해결책을 제시하지 못한다는 인식이 미국인들 사이에 팽배했다. 〈워싱턴포스트〉는 "트럼프가 대통령에 적합하다고는 생각하지 않지만 오바마 정부 8년간 나아진 것이 별로 없다고 판단했다"며 "변화를 선택한 것"이라고 설명했다. 트럼프가 여성과 무슬림 비하 발언을 쏟아냈지만 이들조차 "세상을 바꿔보고 싶다"는 생각으로 트럼프에게 힘을 실어줬다.

트럼프가 미국 우선주의의 연장선상에서 내세웠던 '정치적 올바름과의 전쟁'에 대해서 대중의 반응이 뜨거웠다. 트럼프는 "기존 워싱턴 정치인들은 정치적 올바름 때문에 문제의 핵심을 얘기하지 못

한다"며 "그래서 아무것도 해결되지 않고 미국이 망가지고 있는 것이다"라고 주장했다. 특히 고학력 백인 화이트칼라들은 트럼프의 '사이다'같은 독설에 대리만족을 느꼈다. 영국 〈가디언〉은 "트럼프 지지자 대부분이 정치적 올바름의 사회적 강요에 질린 사람들"이라고 분석했다.

둘째는 고용 불안이다. 미국 경제 중심이 동부 월가에서 서부 실리콘밸리로 이동하고 히스패닉 등 이민자들이 일자리를 장악하자 그동안 사회 주류였다 비주류로 밀려난 백인 남성들 사이에서 소외감이 커지기 시작했다. '내 몸 하나 건사하기 어려운 팍팍한 살림에 이민자들을 신경 쓸 여유는 없다. 먼저 내가 먹고살아야 한다.' 트럼프가 백인들 마음속에 자리한 감정을 자극한 것이다. 트럼프가 "당신들의 일자리를 멕시코가 빼앗아갔다. 그걸 내가 되돌려주겠다"고 외칠 때 미국인들이 고개를 끄덕인 것도 이런 이유다. 그 결과 '앵그리 화이트(성난 백인)'들이 트럼프에게 많은 표를 안겼다. 민주당의 오랜 표밭이었던 러스트벨트에서 거둔 트럼프의 승리가 이런 사실을 뒷받침한다. 미시간, 위스콘신, 오하이오, 펜실베이니아는 1992년부터 2012년 대선까지 공화당 후보가 단 한 번도 승리의 깃발을 꽂지 못했던 지역이다. 그러나 이번에는 달랐다. 백인 노동자 계층 중에서도 대학교 학위가 없는 블루칼라 유권자들이 대거 트럼프를 찍었다. 자유무역협정[FTA] 폐기 등 반세계화와 반이민을 내건 트럼프에게 공감하고 표로 결집한 것이다. CNN에 따르면 러스트벨트 대표 지역이자 최대 승부처로 꼽힌 펜실베이니아와 오하이오에서 대졸 미만 백인 남성의 트럼프 지지율은 각각 71%와 69%을 기록했을 정도로 압도적이었다.

미국은 백인들이 절대 다수를 차지하는 나라다. 2016년 대선에서 인종별 유권자 비율은 백인 69%, 흑인 12%, 히스패닉 11%이었다. 결국 얼마나 많은 백인들을 내 편으로 만드느냐가 관건인 것이다. 트럼프의 미국 우선주의는 백인들의 성난 민심을 표출하는 기폭제로 작용하면서 동시에 미국이 다시 위대해지는 장밋빛 기대감을 심어주기에 충분했다. 〈워싱턴포스트〉는 "시골에 사는 등 투표에 소극적인 백인들까지도 트럼프에게 표를 던졌다"고 했다.

실제 득표율을 보면 남성의 53%가 트럼프에게 표를 줬는데 인종별로 보면 백인 남성의 63%가 트럼프를 택했다. 힐러리를 지지한 백인 남성은 31%로 절반에도 못 미쳤다. 여성은 54%가 힐러리를, 42%가 트럼프를 지지했지만 인종을 따져 보면 백인 여성의 53%가 트럼프의 손을 들어줬고 이는 힐러리 지지자(43%)보다 많았다.

영국 〈파이낸셜타임스〉는 "2008년 글로벌 금융위기 이후 미국에서도 중산층이 무너지고 세계화의 혜택이 골고루 돌아가지 못했다"며 "일자리 걱정, 소득 불평등 심화, 대규모 난민 유입 등 세계화에 대한 환멸로 미국인들은 공직 경험이 없는 사람을 대통령으로 맞은 것"이라고 총평했다.

트럼프에게 속았다?

그러나 트럼프의 미국 우선주의를 걱정하는 목소리도 적지 않다. 백

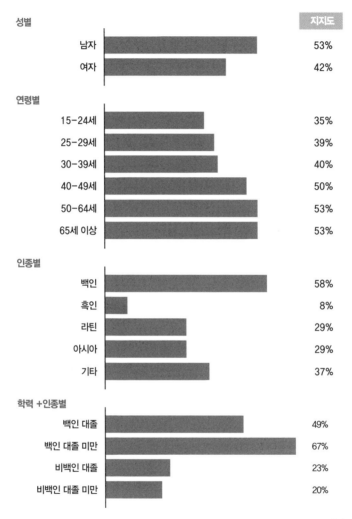

성별

	지지도
남자	53%
여자	42%

연령별

15-24세	35%
25-29세	39%
30-39세	40%
40-49세	50%
50-64세	53%
65세 이상	53%

인종별

백인	58%
흑인	8%
라틴	29%
아시아	29%
기타	37%

학력 +인종별

백인 대졸	49%
백인 대졸 미만	67%
비백인 대졸	23%
비백인 대졸 미만	20%

출처 : CNN

인들, 그중에서도 노동자들이 열광한 미국 우선주의가 정작 이들에게는 도움이 되지 않을 것이라는 주장이 나온다. 트럼프는 인프라 투자와 감세, 보호무역, 규제 완화 등을 추진할 예정이다. 이런 경제 정책의 열매는 노동자보다 부유층에게 돌아갈 가능성이 높다. 〈파이낸셜타임스〉는 '트럼프 정책은 백인 노동자에게 유익하지 않다'는 제목의 칼럼에서 "인프라 투자를 제외하면 백인 노동자들이 혜택을 볼 수 있는 정책은 사실상 없다"고 혹평했다. 인프라 투자도 민간 투자에 의존할 계획이어서 사회 전체 이익에 부합하는 공공 투자로 연결되지 않을 가능성도 적지 않다고 지적했다. 이 신문은 "특히 트럼프 정부에 대한 기대감으로 강달러와 물가상승이 예상되는 가운데 환율조작국 지정 등으로 미국이 여러 나라와 통상 마찰을 빚으면 가장 타격을 입는 계층은 백인 노동자"라며 "이들이 트럼프에게 속았다고 깨닫는 순간 그 분노가 어디로 향할지 상상하면 끔찍하다"고 지적했다.

제이슨 브레넌Jason Brennan 미국 조지타운 대학교 조교수는 "트럼프가 워싱턴 정계에서는 아웃사이더이지만 미국 사회에서는 누구보다 큰 부를 가진 기득권자이자 세계화의 수혜자"라고 꼬집었다. 한마디로 트럼프가 부자들을 공격하는 정책을 쓸 가능성은 적다는 것이다. 실제 트럼프는 대선 후보 시절 월가 개혁을 강조했지만 당선 뒤에는 경제팀 핵심 보직에 월가 거물들을 앉혔다. 윌버 로스 상무부 장관, 스티븐 므누신 재무부 장관, 게리 콘 백악관 국가경제위원회NEC 위원장 등이다. 돈의 생리를 가장 잘 아는 월가 출신이 트럼프 경제정책의 적임자라고도 하지만 공약을 뒤집었다는 비판도 나오고 있다.

〈파이낸셜타임스〉는 지난 2016년 한 해를 돌아보면서 사람들의 감정과 편견을 먹고사는 선동가이자 스트롱맨(강력한 카리스마를 지닌 지도자를 가리키는 말)으로 러시아의 푸틴과 터키의 에르도안, 중국의 시진핑, 필리핀의 두테르테 등과 더불어 트럼프를 꼽았다. 미국은 다원주의, 관용, 법질서 같은 민주주의 가치를 존중하는 수호자 역할을 해왔고 거의 언제나 역사의 '옳은 편'에 서 있었다. 그러나 미국 우선주의를 앞세운 트럼프의 미국은 앞으로 어떤 모습일까. 각국 스트롱맨들의 힘겨루기 속에서 브렉시트처럼 다시 예측 불가한 상황이 벌어질지도 모른다.

02
예측불허 브렉시트,
그리고 그 이후 이야기

유럽발 포퓰리즘의 시작, 브렉시트

영국이 유럽연합에서 탈퇴하겠다는 '브렉시트'는 유럽에 몰아치는 포퓰리즘의 시작이었다. 영국은 2016년 6월 23일 국민투표로 브렉시트를 결정했다. 유럽연합에 가입한 지 43년 만이다. 선거 전 분위기로 유럽연합 잔류가 점쳐졌지만 실제 결과는 전 세계의 예측을 보란 듯이 뒤엎고 브렉시트로 결론이 났다. 탈퇴 지지율은 51.9%로 잔류(48.1%)보다 약간 높았다.

유럽연합 탈퇴를 지지한 영국인들은 '해가 지지 않는 나라'인 대영제국이 수많은 유럽연합 가입국 중 하나가 되면서 통제권을 잃었다고 느꼈다. 이민자들이 일자리를 빼앗고, 그들 때문에 사회복지 비용이 눈덩이처럼 불어나고 있다는 포퓰리스트의 주장은 영국인

관세 동맹	안도라	모나코	산마리노	터키	유럽자유무역연합	
유럽경제지역						
유럽연합(EU)	영국 덴마크	불가리아 헝가리	크로아티아 폴란드	체코 루마니아	아이슬란드 리히텐슈타인 노르웨이	스위스
유로존	오스트리아 핀란드 아일랜드 룩셈부르크 슬로바키아	벨기에 프랑스 이탈리아 몰타 슬로베니아	키프로스 독일 라트비아 네덜란드 스페인	에스토니아 그리스 리투아니아 포르투갈		

출처 : 이코노미스트

들의 마음을 단번에 사로잡았다. 국민투표를 계기로 그동안 쌓였던 '반이민·반세계화' 민심이 폭발하면서 유럽 2위 경제대국 영국의 유럽연합 탈퇴라는 파란이 일어났다.

후폭풍은 매섭고 거셌다. 영국 밖으로는 브렉시트 구호를 빼닮은 자국 우선주의와 반이민, 세계화에 대한 환멸이 대서양을 건너 5개월 뒤 트럼프 미국 대통령 당선으로 이어졌다. 유럽에서는 극우 포퓰리스트 정당 인지도가 쑥쑥 올라갔다. 독일, 프랑스, 이탈리아 등에서 유럽연합을 떠나겠다는 '브렉시트 아류'가 고개를 들면서 유럽연합 해체 위기론이 흘러나왔다.

영국에서는 데이비드 캐머런 전 총리가 브렉시트에 책임을 지고 물러났다. 이어 테리사 메이가 총리 자리에 올랐다. '철의 여인' 마가렛 대처 이후 26년 만에 맞이하는 두 번째 여성 총리다.

험난한 브렉시트의 길

세상에 쉽고 아름다운 이별은 없다는 말처럼 브렉시트는 시작부터 험난해 보인다. 메이 총리의 구상은 2017년 3월 말 영국의 유럽연합 탈퇴를 공식 선언하기 위한 리스본조약 50조를 발동하고, 2018년 9월까지 유럽연합과 협상을 마쳐 2019년 3월에 완전히 탈퇴하는 것이다. 그러나 일각에서는 2년 이내의 브렉시트는 실현 불가능하다는 주장이 나온다. 유럽연합 정상들은 현재 영국이 유럽연합과 자유무역협정을 맺는 것을 가장 유력한 시나리오로 보고 있다. 그렇다고 하면 유럽연합 규정상 27개 회원국 저마다의 모든 의회에서 비준해야 하기 때문에 자칫 10년 넘게 걸릴 수도 있다. 연금·자산 등의 분할과 테러·협상 분야 협력 등도 단기 합의가 사실상 어렵다. 영국은 할 일이 너무 많아서 사전 협상을 요구하고 있지만 유럽연합 정상들은 "리스본조약 50조 발동 이전에는 어떤 협상도 불가능하다"며 강경한 입장을 보이고 있다.

브렉시트의 성격을 두고도 유럽연합과 영국은 갈등을 빚고 있다. 유럽연합은 영국은 하드 브렉시트^{Hard Brexit}만 선택할 수 있다고 선을 긋고 있다. 반면 영국은 내심 소프트 브렉시트^{Soft Brexit}를 바라면서도 소프트와 하드 사이에서 오락가락하고 있다. 소프트와 하드를 구분하는 명확한 기준은 없다. 하지만 유럽연합에서 요구하는 상품, 재화, 사람, 자본 등 4대 이동의 자유를 수용해서 유럽연합 단일 시장권 접근을 유지하는 것을 소프트 브렉시트로 본다. 이민 통제와 주권을 강조하는 대신, 단일 시장을 포기할 수 있다는 쪽이 하드 브렉시트다.

앙겔라 메르켈 독일 총리와 프랑수아 올랑드 프랑스 대통령은 영국이 유럽연합 시장에 접근하려면 사람의 자유로운 이동을 받아들여야 한다고 입을 모아 주장한다. 책임(이민자 수용)을 피하면서 권리(시장 접근권)만 챙기는 '체리피커'를 용납하지 않겠다는 뜻이다. 도날드 투스크 유럽연합정상회의 상임의장도 "유럽연합 정상들은 4가지 자유의 불가분성과 권리와 책임의 균형, '탈퇴 공지 없이는 협상 불가'에 확고한 원칙을 갖고 있다"고 못 박았다.

'아무도 가보지 않은 길'을 걷다 보니 법적 다툼도 잇따르고 있다. 영국 고등법원은 2016년 11월 정부가 의회 승인 없이 브렉시트 협상 개시를 위해 리스본조약 50조를 일방적으로 발동할 권한이 없다고 판결했다. 영국 정부는 판결에 불복해 상고했으며 2017년 초 대법원에서 최종 결정이 나올 예정이다. 여기에 유럽 단일 시장에 남기 위한 소송이 제기됐다. 2016년 말 친유럽연합 성향의 싱크탱크 '영국의 영향력British Influence'은 브렉시트에 찬성한 국민투표가 유럽경제지역EEA 탈퇴까지 물은 것은 아니었다면서 정부가 EEA에서 탈퇴하려면 의회의 승인을 별도로 받아야 한다고 주장하고 있다.

영국인과 유럽연합 시민의 지위 문제도 해결해야 한다. 유럽에 사는 영국인과 영국에 사는 유럽 시민의 권리 관계를 다시 설정해야 하는 것이다. 여기에는 거주권, 사회보장, 의료보장, 자녀 문제 등을 총망라해야 하는 만큼 협상이 길고 까다로울 전망이다. 유럽연합은 브렉시트 협상을 시작하기 전에 영국이 2020년까지 내놓기로 약속했던 분담금 등 600억 유로(약 74조 원)의 이혼 위자료부터 합의하라고 요구하고 있다.

글로벌 금융권, 앞 다퉈 런던 떠나

정말 뼈아픈 것은 런던의 글로벌 금융도시 지위를 잃을 수도 있다는 점이다. 글로벌 은행들은 영국이 유럽연합 단일 시장 접근권을 잃는다면 런던 금융가인 '시티 오브 런던'을 떠나겠다고 경고하고 있다. 영국이 유럽연합 시장에서 빠지면 영국에 본사를 두고 27개 회원국을 상대로 금융 상품과 서비스를 판매할 권리(패스포팅)를 잃는다. 금융회사들의 영국 이탈 움직임은 조금씩 눈에 띄고 있다. 328년 역사의 영국 보험회사 로이즈오브런던은 회사명에 '런던'이 들어갈 정도로 영국 런던을 상징하지만 런던 철수를 고려하고 있다. 일본 3대 은행 중 하나인 미쓰비시도쿄UFJ은행은 유럽 사업의 중심을 영국에서 네덜란드 수도인 암스테르담으로 옮기기로 방침을 정했다. 앤서니 브라운 영국은행가협회 회장은 "규모가 작은 은행은 영국을 떠나고 있고, 큰 은행은 2017년 1분기에 이전 작업을 시작할 것"이라고 말했다.

메이 총리는 경제적 충격을 최대한 줄이기 위해 개별 국가들과 무역협정을 체결해 시장 확보에 나서고 있다. 하지만 2016년 캐나다와 호주, 인도 등과 무역협정을 협상하고자 손을 뻗었다가 매몰차게 퇴짜를 맞고 자존심을 구겼다.

다급해진 영국은 법인세 인하 경쟁에도 뛰어들었다. 현행 20%인

| 3-4 브렉시트 주요일지 |

1973년 1월 1일	영국, 유럽연합(EU) 전신인 유럽공동체(EEC) 가입
1975년 6월 5일	ECC 잔류를 묻는 국민투표에서 67% 찬성으로 잔류
2013년 1월 23일	캐머런 총리, EU와 회원국 지위변화 협상 추진 및 EU 잔류 국민투표 실시 언급
2014년 10월 17일	하원, EU 탈퇴, 국민투표 법안 가결
2015년 5월 10일	캐머런 총리가 이끄는 보수당 총선 승리
2015년 6월 9일	하원, EU 탈퇴 국민투표 시행법안 가결
2015년 9월 5일	브렉시트 찬성(51%) 여론이 처음으로 반대(49%)를 앞서
2016년 2월 19일	EU, 영국 요구를 대부분 수용한 영–EU회원국 지위변화 협상안 합의
2016년 2월 20일	정부, EU 잔류 묻는 국민투표 실시 발표
2016년 4월 15일	EU 잔류 찬반 공식투표 운동 개시
2016년 6월 16일	EU 잔류 지지 노동당 소속 콕스 의원 총격 피습으로 사망
2016년 6월 23일	국민투표 실시, 브렉시트 결정
2016년 7월 13일	캐머런 총리 사임, 메이 총리 취임
2016년 10월 2일	메이 총리, 2017년 3월 리스본조약 50조 발동 계획 발표
2016년 11월 3일	고등법원, 의회 승인 없이 브렉시트 발동 불가 판결
2016년 12월 5일	대법원, 브렉시트 의회 승인 관련 심리 착수

법인세를 오는 2020년까지 17%로 내릴 계획이다. 기업들의 영국 이탈을 막고 다국적 기업을 유치하기 위해 당근을 제시하려는 생각

이다. 여차하면 법인세를 더 내릴 것도 검토하고 있다. 메이 영국 총리는 2016년 말 열린 영국산업연맹 콘퍼런스에서 "주요 20개국^{G20} 중 가장 낮은 법인세율을 적용하는 것이 목표"라고 밝혔다. 하지만 미국과 중국 등도 법인세 인하 경쟁에 불이 붙은 상황에 브렉시트로 인한 불확실성 때문에 얼마나 효과를 거둘지는 미지수다.

급락하는 파운드화도 걱정거리다. 브렉시트의 진정한 반대파는 파운드라는 말까지 나온다. 브렉시트가 결정된 이후 파운드화 가치는 20%가량 하락했다. 아직 일상에서 체감할 정도는 아니지만 파운드화 가치가 계속 떨어지면 물가상승으로 이어질 공산이 높다. 영국 내 세계 주요 식품·IT기업 등은 상품과 서비스 가격을 인상해야 할지 저울질하고 있다.

영국은 벌써부터 유럽연합에서 왕따 취급을 당하고 있다. 아직 탈퇴 협상을 시작하지 않았으니 회원국 자격이 있지만, 메이 총리는 유럽연합정상회의에는 참석해도 비공식 만찬에는 초대받지 못하고 있다.

브렉시트 협상이 본격적으로 시작되면 영국이 또 한 번 혼란에 빠질 가능성도 있다. 브렉시트에 따른 손해비용이 영국인의 피부에 와 닿을 만큼 점점 구체화되면, 찬반 논란이 다시 불붙을 수 있다. 영국 대법원의 최종 판결도 메이 총리가 추진하는 '질서 있는 브렉시트'의 변수로 작용할 전망이다. 영국인도 브렉시트 입장에 따라 갈등을 겪고 있지만 정치권도 다르지 않다. 메이 총리는 영국과 유럽연합 간 새로운 관계를 형성하고자 의욕을 불태우고 있지만, 토니 블레어 전 총리 등 야당의 친유럽연합 성향 정치인들은 "브렉시트가 무엇을 의미하는지 깨달은 영국 국민들이 득실을 따져보고 타당하지 않다고 결정한다면 (브렉시트를) 중단할 수 있다"며 번복 가능성을 주장하고 있다. 필요하다면 국민투표를 한 번 더 하자는 입장이다. 블레어 전 총리는 "영국인은 브렉시트와 트럼프 당선 등 서구를 휩쓴 포퓰리즘 광풍을 통해 교훈을 얻었다"고 했다. 브렉시트가 상상할 수 없는 일이었듯이 '포스트 브렉시트'도 상상할 수 없는 일로 가득 차 있을지도 모른다. 그리고 그 한가운데에 포퓰리즘이 있다. 과연 영국인들의 결정에 어디까지 포퓰리즘이 영향을 미칠지, 그리고 그 모습을 본 유럽이 어떤 식으로 다시 영향을 받을지 앞으로가 주목된다.

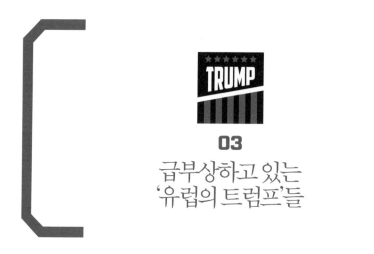

03
급부상하고 있는 '유럽의 트럼프'들

위기에 처한 유럽연합

극우 포퓰리즘의 광풍이 유럽을 휩쓸고 있다. 트럼프 미국 대통령이 당선되었듯이, 자국 우선주의를 주장하는 포퓰리즘 정치인들이 급부상하고 있는 것이다. 유럽연합 탈퇴와 반이민 정책을 기치로 내걸고 영국과 미국에 이어 이탈리아마저 집어삼킨 포퓰리즘이 알프스를 넘어 유럽 전역으로 세를 확장하고 있다.

많은 전문가들은 2016년 6월 브렉시트와 12월 이탈리아 개헌 국민투표 부결을 이끌어낸 주된 원동력이 포퓰리즘이라고 보고 있다. 이 두 번에 걸친 포퓰리즘 득세는 유럽의 정치지형을 단번에 바꿔놓았다. 2017년에는 이탈리아를 비롯해 프랑스와 네덜란드, 독일 등 유럽 곳곳에서 대통령 선거와 총선이 이어질 예정이다.

네덜란드	3월 15일	총선
영국	5월 4일	지방선거
프랑스	4월 23일 5월 7일	대선 1차 투표 대선 2차 투표
헝가리	5월	대통령 선거
독일	9~10월	총선
포르투갈	9월	지방선거
체코공화국	10월	총선

이들 국가에서는 정치적으로 '아웃사이더'이면서 극단적인 공약과 직설화법, 소셜미디어 등을 활용하는 '유럽의 트럼프'가 대중적인 인기를 끌고 있다. 특히 2017년은 유럽연합의 기틀을 마련한 로마조약이 체결 60주년을 맞는 뜻 깊은 해지만, 이들 국가가 하나같이 유로존 탈퇴를 공언하고 있다는 공통점도 있다. 〈파이낸셜타임스〉는 "유럽연합이 2차 세계대전 이후 최대 규모의 난민 유입과 저성장, 테러 위협 등으로 전례 없는 포퓰리즘 물결 속에 위기에 처해 있다"고 진단했다.

유럽 각국에 부는 포퓰리즘 광풍

이탈리아에서 개헌 국민투표 부결과 마테오 렌치 총리 사퇴를 이끌어낸 포퓰리스트 정치인은 전직 '코미디언'이었다. 베페 그릴로 오성운동 대표는 대학교를 중퇴하고 코미디언의 길로 들어선 후 화려한 몸짓과 과격한 언사로 기성 정치를 공격하면서 오성운동의 인지도를 높이고 있다. 2005년부터 블로그를 운영하면서 정치 활동가로 이름을 알리기 시작했고, 직접민주주의 확대와 유로존 탈퇴, 자유무역 반대 등을 기치로 소셜미디어에 기반을 둔 오성운동을 세웠다. 개헌 국민투표를 앞두고 "이탈리아는 진흙탕에 빠졌다"며 렌치 정부에 대한 심판을 호소해 60%에 이르는 반대표를 획득했다. 당초 예상을 훨씬 뛰어넘는 반대표를 끌어 모아 세간을 놀라게 한 것이다. 오성운동은 2013년 총선에서 급부상해 제1야당 자리를 꿰찼으며 현재 지지율은 집권당인 민주당과 비슷한 30%에 육박한다. 2016년 6월 지방 선거에서는 집권당 텃밭인 로마와 토리노에서 시장을 배출하는 기염을 토했다. 외신들은 2018년 예정의 총선이 2017년 상반기로 당겨진다면 오성운동이 집권할 가능성이 있다고 보고 있다.

2017년 3월 치뤄지는 네덜란드 총선에서는 포퓰리즘 소용돌이의 중심에 헤이르트 빌더르스 자유당 대표가 있다. 빌더르스는 이민자 등 소수자에 대한 막말로 숱한 논란에 휩싸였으나 지지율이 오르고 있는 네덜란드 정치계의 이단아다. 빌더르스의 정치 인생은 현재 네덜란드 집권당인 자유민주당에서 시작됐다. 그는 줄곧 '이슬람 테러리즘'을 비판하며 당 내분을 일으켰고, 결국 당에서 쫓겨나 2006년 자유당을 창당했다. 자유당의 정책 기조는 ①유럽연합 탈퇴, ②네덜란드 국민의 인종 등록, ③네덜란드 내 이슬람 학교 폐지, ④유로화 사용 중단 등 극단적인 내용이 많다. 빌더르스는 2014년 3월 지방 선거 유세에서 "네덜란드에 모로코인이 많은 것이 좋냐"고 소리쳤다. 지지자들이 "적을수록! 적을수록!"이라고 대답하자 빌더르스는 "우리가 그렇게 되도록 하겠다"며 인종차별 논란을 일으켰다. 또 이슬람 경전 《코란》을 히틀러의 《나의 투쟁》에 비유하는가 하면, 2008년에는 이슬람이 테러를 조장한다는 주장을 담은 영화를 제작하기도 했다. 최근 들어 네덜란드에도 난민 유입을 반대하는 정서가 강해지면서 빌더르스의 인기가 높아지는 중이다. 그가 이끄는 자유당은 의회 제2당인 노동당을 꺾고 총선에서 2위를 차지할 것으로 예상되고 있다.

네덜란드에 이어 4~5월에 실시될 프랑스 대선은 중도우파 공화당의 프랑수아 피용 전 총리와 극우파 국민전선의 마린 르 펜 대표의 대결로 압축되는 분위기다. 현재 집권당인 중도좌파 사회당에서는 프랑수아 올랑드 대통령이 재선에 나서는 대신 같은 당 마뉘엘 발스 총리가 출마를 선언했지만 당선 가능성이 낮아 보인다. 국민전선의 르 펜 후보는 대통령이 되면 '프렉시트'를 국민투표에 부치겠다고 공언하고 있다. 미국 대선 기간에도 프랑스 정치인 중 거의 유일하게 브렉시트와 트럼프를 지지했다. 르 펜은 "세계 곳곳에서 통제되지 않는 세계화와 파괴적인 자유주의, 주권국가와 국경의 소멸을 거부하는 움직임이 일고 있다"며 "이런 움직임이 나를 대통령으로 만들어줄 것"이라 주장한다. 미국과 유럽의 군사동맹체인 북대서양조약기구도 "누구한테 우리를 지켜달라는 것이냐"며 트럼프처럼 부정적인 시각을 보인다. 여론조사로는 피용이 르 펜을 압도할 것으로 예상되지만 한편에서는 영국의 브렉시트와 미국의 트럼프 당선처럼 예상을 뒤집는 대이변으로 르 펜이 엘리제궁에 입성할 수도 있다는 전망도 나오고 있다.

2017년 8~10월에 걸쳐 치러지는 독일 총선에서는 '서구 자유민주주의의 수호자'이자 4선 연임에 도전하는 앙겔라 메르켈 총리를 포퓰리즘 정당인 '독일을 위한 대안AfD, 이하 독일대안당'이 대적에 나섰다. 2013년 창당한 독일대안당은 2016년 9월 메르켈 총리의 지역구가 있는 메클렌부르크포어포메른 주의회 선거에서 메르켈 총리가 소속된 기독민주당을 제치고 2당 지위를 차지해 그 존재감을 과시했다. 독일 전역 16개 주 가운데 선거가 실시된 10개 주에서 의회 진출에 성공하며 기반을 넓혀가고 있는 독일대안당은 2017년 9월 연방의회 선거에서 사상 처음 의석을 획득할 가능성이 높다.

독일대안당을 이끄는 프라우케 페트리 대표는 1975년 동독인 드레스덴에서 태어났다. 영국 레딩 대학교에서 화학을 전공하고 독일 괴팅겐 대학교에서 화학박사 학위를 받았다. 동독 출신 여성 과학자라는 점은 메르켈 총리와 같지만 성향은 완전히 다르다. 독일이 이민자 수를 크게 줄여나가야 하며, 불법 난민에게 최후의 수단으로 경찰이 총기를 사용하는 것도 허용해야 한다고 해 논란을 빚었다. 무슬림 여성의 고유한 복장인 부르카 착용도 금지해야 한다고 주장한다. 반이민뿐 아니라 유로존 탈퇴 등 신고립주의를 주장해 '독일

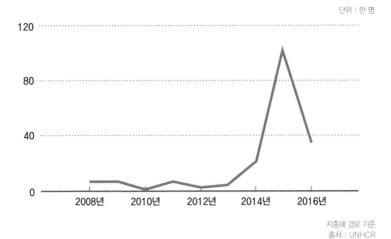

단위 : 만 명

지중해 경로 기준
출처 : UNHCR

의 여자 트럼프'로 불린다.

유럽판 '트럼프' 등장하나

유럽이 포퓰리즘에 대항해 승리를 거둔 적도 있다. 2016년 12월 4일
이탈리아 개헌 국민투표와 같은 날에 치뤄진 오스트리아 대선에서
친유럽연합에 가까운 무소속 알렉산더 판 데어 벨렌이 극우 후보인
자유당 노르베르트 호퍼를 누르고 극적으로 당선됐다. 유럽연합 입
장에서는 2차 세계대전 이후로 유럽 내 첫 극우 성향 지도자 탄생이
라는 아찔한 상황을 맞을 위기였다. 호퍼가 대통령이 되면 오스트리
아에 브렉시트 같은 충격이 재연될 것이라는 위기감에서 국민 상당
수가 판 데어 벨렌에 표를 던졌다는 분석이다. 유럽연합 각국 정상

들은 안도하며 반유럽·반난민 진영의 패배라는 의미를 강조하는 메시지를 내놓았지만 안심하기에는 이르다. 2018년 실시되는 총선에서 자유당이 최대 의석을 차지할 것이라는 전망이 여전히 유효하기 때문이다. 자유당 대표인 호퍼는 난민 수용에 반대하고 유럽 통합에 회의적인 태도를 보여온 '오스트리아의 트럼프'다.

전문가들은 기득권 정당들이 세계화의 그늘에 놓인 계층을 끌어안을 수 있을지가 관건이라고 입을 모은다. 영국에서 브렉시트를 선택하고, 미국 대선에서 트럼프에 열광하며, 이탈리아에서 개헌 국민투표 부결에 몰표를 던진 계층은 모두 제조업 등 일자리가 해외로 빠져나가고 이민자들과 복지 혜택을 놓고 경쟁을 벌이는 등 세계화에서 소외된 사람들이기 때문이다. 유럽 포퓰리스트들은 트럼프처럼 보호무역주의 등 반세계화 정책을 앞세워 노동자 계층뿐 아니라 경제적 불평등이 파고들고 있는 중산층 표까지 끌어 모으고 있다. 이들은 트럼프 정부 출범에 "역사적 기회를 맞았다"고 환호하며 스스로 유럽의 트럼프로 부상하고자 기회를 엿보고 있다.

04
강경 노선으로 주변국 뒤흔드는 아시아의 스트롱맨들

강한 권력을 꿈꾸다, 1인 독재체제를 굳히는 시진핑

2016년 10월 24일부터 열린 중국 공산당 제18기 중앙위원회 제6차 전체회의(6중전회)에서는 시진핑 국가주석 겸 공산당 총서기의 권력 집중 문제가 단연 쟁점이 됐다.

6중전회의 주요 안건은 '반부패'와 '종엄치당(공산당의 엄격한 관리)'으로 정해졌다. 중국 관영 매체들은 시진핑이 부패를 막기 위해 싸워온 영웅이라는 점을 강조하면서 그의 어록을 앞다투어 보도했다. 공산당 기관지인 〈인민일보〉는 '시진핑이 반부패를 위해 펼쳐온 다섯 가지 논조'라는 제목으로 시진핑의 발언을 소개했다. "법치하에서는 그 누구도 요행이나 법 밖의 시혜를 바랄 수 없다", "단서철권(붉은 글씨로 공적을 적어 죄를 면해주는 공적서)이나 철모자왕(청나라 세습

귀족)은 없다", "호랑이(부패한 고위관리)와 파리(부패한 하위관리)를 꾸준히 단속해 인민 요구에 순응했다", "관리 단속은 권력투쟁이 아니다", "극약으로 병을 치료하고 뼈를 깎아 상처를 치료하는 결심과 용기는 변치 않는다"가 그 다섯 가지 내용이다.

신화통신도 시진핑이 엄격한 공산당 관리를 강조하는 이유를 소개하면서 "기율이 엄하지 않으면 종엄치당은 시작할 수 없다"는 시진핑의 발언을 소개했다. 〈인민일보〉가 발행하는 잡지 〈인민논단〉은 설문조사를 실시하고 그 결과로서 "응답자들이 국가 주권과 안보 수호를 위한 강력한 리더십을 요구했다"면서 "중국 인민들이 시진핑의 카리스마에 매료돼 있다"고 평했다.

이렇듯 마치 시진핑을 13억 중국 인민을 이끄는 '영도자'로 만들려는 분위기 속에서 시작된 6중전회에서 시진핑은 '핵심 지도자'로 등극했다. '핵심'은 중국 당에서 특별한 존재를 뜻하는 용어다. 덩샤오핑과 그 후계자인 장쩌민 시절 사용됐다가 후진타오 집권기에 집단 지도체제가 확립되면서 사라졌던 표현이다.

그랬던 '핵심'이라는 표현이 다시 등장한 것은 중국 정계에 두 가지 의미가 있다고 입을 모은다. 첫째는 시진핑이 중국 최고권력자로서 집단 지도체제에서 1인 지도체제로 바뀌는 통치 구조를 상징한다. 2012년 말 시진핑이 집권할 즈음에는 후진타오 전 주석처럼 '약한 리더십'을 예상했지만 현실은 정반대였다. 시진핑은 마오쩌둥과 덩샤오핑 못지않은 절대권력을 보여주고 있다. AP통신은 "시진핑이 반부패 개혁과 정적 숙청을 통해 핵심 지도자로 올라섰다"며 "수십 년 동안 중국에서 나온 가장 강력한 지도자 중 한 명이 됐다는 뜻이다"라고 평가했다.

둘째로 시진핑에게 장기 집권의 길이 열렸다는 관측이 나온다. 기존 관례대로라면 임기는 10년이므로 2012년 집권한 시진핑은 2022년 퇴임해야 한다. 그러나 새로이 10년을 추가해 2032년까지 집권을 연장할 가능성이 있다는 보도가 연이어 나오고 있다. 2032년에 시진핑은 79세다. 트럼프가 연임한다는 가정하에 78세에 퇴직하는 것과 비슷하다.

이처럼 시진핑이 권력 독점에 야욕을 보이는 것은 빈부 격차, 부정부패, 경제성장률 둔화, 대미관계 악화 등 중국이 직면한 정치·사회·경제 문제들을 해결하기 위한 전략으로 보인다. 후진타오 전 주석에게서 시진핑로 권력이 이양될 때 뇌물수수, 성추행 등 고위 공직자 비리가 드러나면서 당을 혼란에 빠뜨린 사례가 있었기 때문에 이를 막기 위한 정책적인 선택이라는 분석이다.

특히 해마다 하락세가 두드러지는 경제성장률은 노동자들의 불만으로 이어질 가능성이 높다. 중국 정부가 무역 마찰의 원인인 제조업 생산 과잉 조정에 나서면서 노동자들은 구조조정의 희생양이 되고 있다. 이에 노동자들이 대대적인 집단행동에 나서는 등 민중의 반응이 점차 과격해지고 있다.

중국 정부는 바로 진압에 나섰다. 2015년 12월에 광둥廣東 성에서 노동 관련 비정부기구NGO 소속 19명을 억류하고 그중 3명을 구속하는 등 대대적인 탄압에 나섰다. 관영 언론을 통해 NGO 단체가 해외에서 자금을 불법 조달해 사회를 불안하게 만들었다는 여론몰이도 서슴지 않았다.

또한 중국 정부는 공산당 비판 여론 확산을 막고자 인터넷 규제를 강화했다. 중국은 2016년 11월 해외 IT기업의 중국 진출을 위해 새 인터넷 안전법을 마련했다. 경제성장의 새로운 동력으로 인터넷산업 발전을 목표로 하면서도 인터넷 자유화가 공산당의 1당 독재체제를 흔들 것을 우려하며 인터넷 규제를 포함한 언론 통제책을 추가했다. 시진핑은 "인터넷 관리를 공정하고 합리적인 방향으로 추진하겠다"고 강조했지만, 인터넷 관리에 국가가 관여하는 것에 중국 내부는 물론이고 해외에서도 비판이 쏟아지고 있다.

전쟁 가능한 나라를 꿈꾸다, 우익의 길 질주하는 아베

2012년 말 5년 만에 아베 신조 총리는 다시 일본 최고지도자 자리에 돌아왔다. 그리고 전범국가로서 전쟁과 무력 행사를 포기하고 군대를 보유하지 않는다는 일본의 헌법9조(평화헌법) 개정을 추진하는 등 우익의 길을 걷고 있다. 전후 세대 첫 총리이자 전후 최연소 총리라는 화려한 수식어를 달고 총리직에 올랐다가 지난 2007년 취임 1년도 못 채우고 불명예 퇴진했던 유약한 모습은 온데간데없다. 60% 안팎의 높은 내각 지지율을 토대로 개혁의 아이콘으로 인기를 모았던 고이즈미 준이치로 전 총리 이후 가장 강력한 지도자로 군림하고 있다.

일본은 아베의 시나리오에 따라 '전쟁이 가능한 나라'로 바뀌고

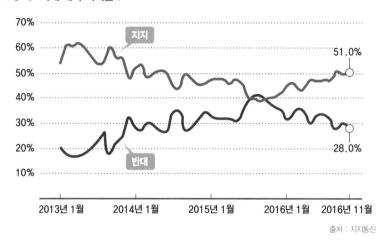

| 3-7 아베 내각 지지율 |

출처 : 지지통신

있다. 아베 총리는 2015년 집단적자위권(동맹국이 공격을 받았을 때 이를 자국 공격으로 간주하고 반격하는 권리)을 행사할 수 있도록 안보법을 개정했고 2016년 3월 발효, 시행에 들어갔다. 집단적자위권은 일본이 전쟁이 가능한 '보통국가'가 되기 위한 교두보로 간주돼 왔다. 특히 2016년 7월 참의원 선거에서 아베가 총재로 있는 집권당 자민당이 승리하면서 일본의 군국주의 행보에 더욱 속도가 붙었다. 평화헌법 개정에 찬성하는 국회의원이 참의원과 중의원 양쪽 모두 3분의 2를 넘기면서, 전후 처음으로 개헌 발의가 가능한 환경이 조성된 것이다.

전쟁이 가능한 '보통국가'를 위한 개헌은 아베 총리의 숙원이다. 국제사회는 일본에 2차 세계대전 패전의 책임을 물어 군대를 보유하지 않도록 헌법9조를 규정했다. 하지만 아베 총리는 개헌을 통해 자위대를 국방군으로 바꾸고 싶어 한다. 그는 "현행 헌법은 2차 세계대전에서 패한 뒤 연합국 점령 시대에 만들어졌기 때문에 시대에 맞지 않는다", "일본의 다음 세대에게 사회의 숙명을 지게 해서는 안 된다", "지금 헌법에는 자위대라는 말이 없다. 개헌으로 자위대를 국방군으로 만들어 위헌 논란을 없애야 한다" 등 개헌의 필요성을 역설하면서 군국주의화 의지를 피력해왔다. 군사력은 중국이나 러시아 등에 비해 다소 떨어지지만 일본은 여전히 세계 5위 안에 드는 군사강국이다.

시간도 벌었다. 자민당은 총재를 3년씩 2번만 연임할 수 있던 기존 당규를 고쳐 3년씩 3번 연임할 수 있도록 수정하기로 방침을 정했다. 이 당규대로라면 아베 총리는 2020년 도쿄올림픽을 치르고 최장 2021년 9월까지 장기 집권이 가능하다. 아베 총리는 내각 지지율도 높고 무엇보다 현재 당내에 대적할 만한 스타 정치인도 없다. 2017년 3월 당칙이 정식 개정되고 3년 더 총리를 한다면 2006~2007년 1차 집권 기간을 더해 총 채임 기간이 3,000일을 넘기면서 '역대 최장수 총리'로 기록된다. 아베 총리는 자신의 "임기 중 개헌"을 밀어붙이고 있다.

물론 개헌이 발의되더라도 국민투표에서 과반이 넘는 찬성을 얻어야 한다. 현재 일본 여론은 아베 총리를 지지하고는 있으나 헌법 개정에 대해서는 반대론이 우세한 상황이다. 그러나 아베 총리가 추구하는 '강한 일본'을 만들자는 주장에 동조하는 사람이 점점 늘어날 수도 있다. 전쟁의 쓰라린 경험을 한 세대들은 전쟁에 대한 공포를 가지고 있지만 전후 70년이 지난 지금 젊은 세대들은 기성세대와 생각이 다를 수도 있다. 실제 2016년 7월 참의원 선거에서 젊은 세대들은 야당보다 자민당을 더 지지했다.

아베 총리는 자신의 이름을 딴 경제정책인 아베노믹스를 통한 경제 살리기에 주력하면서 개헌 여론 조성에도 나설 전망이다. 국민의 거부감이 적은 조항 위주로 1단계 개헌을 하고 이후 헌법9조를 바꾸자는 단계적 개헌론도 나오고 있다. 개헌이 본격화되면 한국과 중국 등 주변국의 반발이 예상되지만 아베의 의지를 막지는 못할 전망이다.

4장

트럼프는 우리에게
무엇을 요구하고 있는가

The
Age of
Strong
Men

INTRO

"북한 때문에 머리가 아프다"

김정은 만나서 핵문제 해결한다는 트럼프 vs.
북한에 대한 영향력 유지하려는 시진핑과 푸틴

도널드 트럼프 미국 대통령과 마이클 플린 국가안보보좌관, 제임스 매티
스 국방부 장관, 렉스 틸러슨 국무부 장관과 마이크 폼페오 중앙정보국 국
장 등 안보팀이 집무실인 오벌 오피스에 급히 모였다. 막 대통령 취임식을
끝낸 직후였다.

트럼프   김정은 동향이 심상치 않다고?

플린   북한의 핵실험장인 풍계리 일대에서 수상한 움직임이 포착됐습
니다.

트럼프   아 진짜, 정부 출범하자마자 북한이 도발할 가능성이 있다더니

정은이가 날 시험하려 드네. 플린, 어떻게 하면 좋겠나?

플린 북한이 실제 핵실험을 하면 본때를 보여줘야 합니다. 초기에 강하게 나가지 않으면 북한에 끌려 다닐 수 있습니다.

트럼프 내가 끌려 다녀? 말도 안 되는 소리, 가만있으면 안 되겠는데!

플린 맞습니다. 오바마 대통령의 전철을 밟으면 안 됩니다. 테러나 핵 문제는 무조건 강경하게 나가야 합니다. 그래야 더 이상 추가 도발을 못 합니다.

폼페오 플린 의견에 동의합니다. 이참에 선제 타격도 가능하다는 분위기를 풍기는 것도 나쁘지 않을 것 같습니다.

매티스 도발하면 그대로 되갚아야 합니다. 저를 임명하셨을 때는 그런 것을 기대하신 것 아니십니까?

트럼프 워워, 내가 미국 우선주의를 내세우긴 했지만 취임 초기부터 선제타격 이야기가 나오는 것은 좀 아닌 것 같아. 동맹인 한국 입장도 좀 생각해야 하고, 무엇보다 시진핑이 어떻게 나올지도 좀 따져봐야 하고……. 사업에도 명분이 중요할 때가 있거든. 우리가 북한에게 초강경 대응을 하더라도 일단은 명분이 필요할 것 같아. 이참에 푸틴하고 아베 얼굴이나 좀 봐야겠네. 한번은 모여야하는데 이참에 전격 회동이나 하자고 연락 좀 넣어봐. 장소는 플로리다 휴양지 마라라고로 하고.

플린 시진핑은…….

트럼프 알아서 해.

마라라고 리조트, 플로리다에 있는 트럼프 소유 휴양지다. 트럼프의 베르사유궁이란 별칭이 있을 만큼 호화로움을 자랑한다. 트럼프가 입구에서 정상들을 한 명씩 맞이한다.

트럼프 이렇게들 와줘서 베리베리 땡큐.

푸틴 이거 네 별장이냐, 참 좋네. 러시아에 비해 날씨도 좋은 것이 진짜 마음에 든다.

트럼프 웃통 벗고 햇볕이나 좀 쬐라.

아베 아, 내가 맨 먼저 너랑 정상회담 하려고 했는데……. 암튼 불러줘서 고마워.

시진핑 조어대(댜오위다오)와는 다른 분위기긴 한데…… 나쁘지 않군.

트럼프 오 시진핑, 왔구나(플린이 불렀나 보네). 다들 국사에 노고가 많을 텐데 좀 쉬고, 겸사겸사 국제정세나 논하자고 불렀다. 괜찮지? 자, 일단 응접실로 이동하지.

아베 이야, 응접실 죽이네! 유럽 왕궁처럼 금박 장식 좋아한다더니만 여기도 금딱지가 곳곳에 붙어 있네.

트럼프 이 정도는 돼야 회의할 맛이 나지. 한잔 줄까? 뭐 좋아해? 근데 북한 진짜 핵실험 할 것 같아? 취임 초기에는 내치에 힘쓰려고 했는데 정은이 때문에 영 분위기가 안 잡혀.

아베 일단 북핵 문제는 우리가 합심해야 해. 같은 목소리를 내야 한다고. 난 트럼프 너랑 같이 가기로 결정했어.

트럼프 시진핑 너는? 이번에 나 좀 화끈하게 도와봐. 계속 김정은이 핵실험 하게 내버려둘 거야? 그러다 진짜 백두산 화산 폭발한다. 충격 때문에.

시진핑 정은이는 나도 통제 불능이라(근데 난 너 도와주기는 더 싫다)……

내가 뭐 힘이 있어야지.

트럼프 그러니까 우리가 합심해서 세게 나가야 한다는 거야. 한 번만 도와줘. 북핵 대처 나랑 같이 가면 내 절대 안 잊는다. 나는 사업가다, 진핑아.

시진핑 사업가? 대만 문제 그렇게 들쑤셔놓고 도와달란 소리가 나오냐. 뜬금없이 네가 대만 문제 가지고 도발하는 바람에 내가 지금 곤란해 죽겠다고.

트럼프 대통령 되어 보니 좀 다르더라. 이해 좀 해줘. 내치에 집중하려고 했는데, 옆에서 자꾸 외치도 신경 써야 한다고 그러는데 어쩌겠어. 나도 미국의 이익을 대변해야 하고. 솔직히 우리 둘이 좀 티격태격해야 지켜보는 나라들이 흥미진진하잖아. 국제사회에서 내가 1등 네가 2등 아니냐. 안 그래도 미국 외교 물러 터졌다는 소리 많이 듣는데 너하고 좀 싸워야 내 체면이 서지. 내 스타일 잘 알면서 그래.

시진핑 아무튼 앞으로 나한테 도발 안 한다고 약속하면 다시 생각해볼게. 안 그러면 나는 그냥 내 갈 길 간다. 그리고 내가 2등이라고? 웃기는 소리 하지 마.

푸틴 워워…… 그러다 둘이 싸우겠다. 이 좋은 데 와서 괜히 말싸움 하지 말고. 진핑아, 그래도 정은이한테는 한 목소리를 내야 되지 않겠니? 그리 좀 합의해줘라. 그리고 우리 수영장에서 햇볕 좀 쬐자. 한잔 하면서.

트럼프 그럼 일단 내가 정은이하고 만나서 이야기해볼까? 좀 다독여야 되지 않을까? 그러고 나서 너희가 적극 지원을 좀 해줘.

시진핑·푸틴·아베　오! 적극 찬성. 뭐 좀 손에 쥐어주면 어때?

시진핑　그건 그렇고, 말 나온 김에 사드 배치 그거 좀 어떻게 해봐. 북한 문제에서 우리가 네 체면 확실하게 세워줄 테니 대신 한국 사드 배치 다시 생각해봐. 하나씩 양보하자.

트럼프　아 진짜, 너희 친구 맞냐? 너희가 북핵 관련해서 뭘 양보했다는 거야. 결국 내가 먼저 정은이 그 놈 만나는 거잖아. 니들이 먼저 좀 양보하는 모습 보여줘라. 난 사드 배치는 양보 못 한다.

시진핑　솔직히 북핵 때문에 사드 설치한다고 하지만 사실 우리 국내 사정 더 자세히 알고 싶어서 배치하는 거 다 안다. 지금 사드 때문에 중국 민심이 장난 아냐. 북핵 확실하게 해주겠다는데 뭐가 더 필요하냐?

트럼프　그럼 너 남중국해에서 발 빼라. 할 수 있겠어? 우리에게 사드는 시진핑 네가 남중국해에서 발 못 빼는 것과 똑같다. 푸틴 너도 들었지?

푸틴　나야 뭐 사드에 관해서 진핑이하고 같은 생각이지만 네가 정 그렇다면 크게 문제 삼지는 않을게. 근데 더는 추가로 한반도에 오해 살 만한 무기 같은 거는 가져다놓지 마.

시진핑　푸틴, 너 나랑 같이 미사일 방어 훈련하면서 보조 맞추기로 했잖아? 이제 와서 배신 때릴 거야?

트럼프　알았다. 지금 한국한테 주한미군 방위비 분담금 부담 지우려 하는 거 알지? 근데 내가 추가로 돈 들어갈 무기를 한국에 배치하겠냐? 너네하고 경쟁하는 스텔스기[F35] 개발도 다시 따져볼라고 한다. 한국이 돈 안 내면 추가로 우리가 어찌 안 한다.

아베   난 무조건 트럼프 편.

트럼프   일단 내가 정은이 만나서 이야기해볼게. 뭐 대화해보는 것도 나
          쁘지 않을 것 같아. 너네도 좀 많이 보고 배워라. 협상의 기술 좀
          발휘해볼까. 어떻게 다뤄줄까. 정은이가 아직 어려서 농구 좋아
          한다지. 햄버거도 좋아하겠네!

이때 플린이 다급하게 뛰어온다.

플린   김정은이…… 핵실험을 했답니다.

트럼프   아, 뭐 이런 놈이 다 있어! 성질 급하네! Shxx!

01
북핵, 트럼프는
어떻게 대응할 것인가

'북한이 결국 6차 핵실험을 감행했다!'

트럼프 임기 중 언제든 들려올 가능성이 있는 북한 관련 '나쁜 소식'이라고 해도 지나치지 않다. 실제 미국에서는 트럼프 대통령이 당선된 직후부터 북한 도발을 예상하는 목소리가 터져 나왔다. 특히 김정은 북한 노동당위원장이 미국과 기 싸움을 위해 트럼프가 정식 집무를 시작하는 순간을 노리고 도발을 감행할 가능성이 있다는 주장도 만만치 않았다.

미국 싱크탱크 전략국제문제연구소CSIS의 빅터 차 한국석좌는 2016년 12월 1일 CSIS가 주최한 '2016년 국제 안보 포럼'에서 "연구소 분석에 따르면, 북한은 트럼프 정부가 출범한 직후 도발할 가능성이 있다"면서 "이는 향후 있을지 모를 미국과의 협상 고지에서

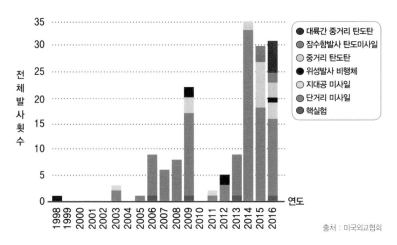

출처 : 미국외교협회

유리한 입장을 선점하기 위한 것"이라고 말했다. 또 토머스 밴달 주
한 미8군 사령관은 2016년 연말께 "이전부터 북한이 한미 양국의
정권 교체기에 도발해온 통계가 있다"고 분석했다.

국내에서도 이런 견해가 제기됐다. 이수석 국가안보전략연구원
통일전략연구실장은 2016년 11월 23일 서울 프레지던트 호텔에서
열린 토론회에서 "2017년 북한은 핵보유국 선언을 위해 추가 핵실
험을 할 수 있다"고 했다.

전문가들이 북한 핵실험이 빨라질 수 있다는 분석을 내놓는 이유
는 그들의 행보가 수상쩍기 때문이다. 미국 존스홉킨스 대학교 북한
전문 매체인 '38노스'는 2016년 10월 북한이 핵실험을 했던 풍계
리 인근에서 지금껏 핵실험이 이뤄지지 않았던 갱도 인근에 가림막

이 설치되는 등 이상한 움직임이 포착됐다는 소식을 전했다. 북한이 5차 핵실험을 한 지 한 달여밖에 안 된 시점이었고, 미국 대선이 두 달도 채 남지 않은 시점이었다. 물론 북한이 트럼프 임기 시작 시점에 맞춰 도발할지는 아무도 알 수 없다. 하지만 북한의 이런 행보는 트럼프의 촉각을 곤두세우기에 충분하다.

북한, 미중 관계의 뇌관으로

트럼프가 자신의 대북정책을 뚜렷이 밝힌 적은 없으나, 그가 꾸린 안보팀 색깔을 보면 호락호락하지는 않을 것 같다. 마이클 플린 Michael T. Flynn 국가안보보좌관, 제임스 매티스 국방부 장관, 마이크 폼페오 중앙정보국 국장 등으로 꾸려진 트럼프 안보팀은 역대 정권 중에서도 매파색이 강한 것으로 분류된다. 그만큼 대북 정책에서 강경노선을 띨 확률이 높다는 뜻이다.

그중에서도 군인 출신인 매티스 국방부 장관은 '미친 개mad dog'로 불릴 만큼 경력 곳곳에서 강경한 측면이 눈에 띈다. 그의 모토가 "도발하면 모두 죽여버린다"일 정도다. 무엇보다 군은 강해야 한다는 소신을 가지고 있다. 그는 2013년 연방의회 상원 청문회에서 "역내 동맹을 지지하며, 아시아·태평양 지역에 주둔하는 미군을 확대할 필요가 있다"고 주장했다. 오바마 정부의 이란 핵합의에 반대했으며 세계 각 지역 분쟁에 미국이 개입을 지속해야 한다는 의견을 옹호하는 입장이다. 중국에도 상당한 적대감을 갖고 있다. 매티스는 청문회에서 "중국과 긍정적 관계 형성도 좋지만 중국이 남중국해

등지에서 공격적 행보를 이어갈 상황에 대비해 중국 견제책도 동시에 추구해야 한다"고 강조했다.

마이클 플린 국가안보보좌관도 마찬가지다. 특수전 분야에서 오랫동안 일한 그는 북한 체제 존속은 불가하다는 입장까지 보이고 있다. 2012년 국방정보국DIA 국장에 발탁된 뒤로 오바마 대통령의 대테러 정책이 소극적이라고 비난하기도 했다.

마이크 폼페오 중앙정보국 국장은 정보기관의 고문 프로그램을 옹호한다. 국가 안보를 위해서라면 인권 문제보다는 감시 체제를 더욱 물샐 틈 없이 마련하는 것이 중요하다는 입장을 굳건히 하고 있다. 북한에 대해서도 도발한다면 기존과는 다른 수단을 강구해야 한다는 입장이다.

이런 안보팀 색깔을 볼 때 만일 김정은이 핵 도발을 한다면 미국이 무력 사용이라는 카드까지 조기에 만지작거릴 가능성도 배제할 수 없다. 만약 미국과 북한이 초기부터 강대강 관계로 치닫는다면 동북아는 전례 없는 안보의 격랑 속으로 빠질 가능성이 높다.

이런 와중에 트럼프 임기 시작 전부터 미국과 중국이 북한 문제를 놓고 삐거덕대기 시작한 것은 예사롭게 넘길 대목이 아니다. 트럼프는 2016년 12월 11일 폭스뉴스와 나눈 인터뷰 도중 중국을 향해 "북한의 핵 문제를 풀 수 있는데도 전혀 우리를 돕지 않고 있다"면서 대놓고 불쾌감을 드러냈다. 트럼프의 이런 언급은 자신이 차이잉원 대만 총통과 통화한 것을 두고 중국이 계속 불편한 심기를 드러낸 이후 나온 것이다. 중국은 트럼프가 차이잉원과 통화한 것을 두고 '하나의 중국' 원칙을 깨는 행보나 마찬가지라며 직접적으로 비난했다. 이어 "이 문제는 (양국 관계에) 거래 대상이 되지 않는다"는 단호한 입장을 보였다. 중국은 만일 트럼프가 '하나의 중국' 정책을 인정하지 않는다면 보복 조치도 불사할 것이고 "미국 국채를 내다 팔겠다"며 으름장을 놨다.

트럼프는 이런 중국의 반응을 무시하고 아예 더 불을 질렀다. "나는 하나의 중국 정책One China Policy을 전혀 신경 쓰지 않는다"면서 북핵 문제를 향한 중국의 애매한 행보를 거론했다. 트럼프는 2016년 9월 대선 후보 1차 TV 토론에 나와 "북한에 대한 중국의 강력한 영향력을 감안할 때 북한 문제를 풀어야 할 당사자는 중국"이라고 지적했다.

사실 중국에게 북핵 문제는 계륵이나 마찬가지다. 중국의 입장은 국경을 접하고 있는 북한에 대해 한반도 전체 전략을 고려하며 나아가야 하지만, 이 북핵 문제만큼은 매번 예측 불허의 상황을 전개시킨다. 국제사회의 요구대로 북한에 적극 제재를 가하면 좋겠지만 마냥 그럴 수도 없는 문제다.

이런 가운데 트럼프가 취임 초기부터 북핵 문제를 두고 중국을 압박하기 시작한 것이다. 트럼프가 차이잉원 총통과 전화 통화를 한 것도 사실상 북한 문제와 관련해 중국의 적극적 개입을 유도하려는 전략의 일환이라는 분석이 있다. 이와 관련해 2016년 12월 6일 트럼프 정권 인수위를 방문했던 새누리당 특사단은 "대만과 전화 통화를 한 것은 중국의 대북 제재를 압박하려는 게임 전략으로 볼 수 있다"는 인수위 고위 인사의 이야기를 전했다. 중국이 세계 패권국으로 성장한 만큼 자신의 유불리만을 따질 것이 아니라 국제사회에 책임 있는 모습을 보여야 한다는 것이 핵심이다.

당연히 이런 트럼프의 행보에 불쾌하기 짝이 없던 중국은 트럼프 못지않은 수준으로 대응했다. 겅솽 중국 외교부 대변인은 "하나의 중국은 양국 관계 발전의 전제조건"이라고 했고, 관영 언론인 〈환구시보〉는 "미국이 하나의 중국 정책을 공개적으로 포기한다면 중국이 무력으로 대만을 수복할 가능성도 배제할 수 없다"고 위협했다. 또 "고율의 보복관세, 농산물 수입 중단 등 우리가 취할 조치들은 많다"고 경고했다.

2016년 말 불거진 양국의 이런 모습은 트럼프 대통령이 당선 직후인 11월 14일 시진핑 중국 국가주석과 나눈 통화에서 "양국 관계에 유일하게 옳은 선택은 협력"이라고 말한 것과는 대조적인 모습이다.

대북 선제 타격론, 위험한 불씨

사실 미국 고립주의를 내세운 트럼프 대통령이 당선되면서 거리상 멀리 떨어져 있는 아태 지역에서 미국은 과거 정권들처럼 헤게모니를 계속 내세우지 않을 것이라는 예상이 많았다. 우호관계 형성에 성공한 시진핑 주석, 블라디미르 푸틴 대통령과 더불어 트럼프 대통령이 브로맨스를 연출하면서 지역적 안정이 어느 정도 자리 잡을 것으로 보였던 것이다. 시진핑 국가주석도 한동안 북핵 문제와 관련해

"그동안 미중 양국은 긴밀히 소통해왔다"면서 "두 나라가 앞으로도 협력을 중점 이행해 양국 관계가 계속 성장하기를 바란다"고 했다. 때문에 트럼프가 당선자 시절 북핵 문제를 둘러싸고 중국과 대립각을 세우는 모습은 다소 이례적이다.

실제 미중이 이처럼 북핵을 두고 서로 적극적으로 대립하는 모습은 힐러리 민주당 후보 당선이 유력시됐을 때 외교 전문가들이 그리던 모습이었다. 힐러리 민주당 후보는 오바마 행정부와는 다른 북핵 대처법을 들고 나온다고 예상했기에, 대북 선제 타격론이 심심찮게 거론됐다.

힐러리의 국방부·안보 분야 수뇌부였던 미셸 플루노이 신미국안보센터CNAS 이사장은 2016년 9월 한민구 국방부 장관과 면담하러 한국에 방문하기 전 〈연합뉴스〉와 나눈 인터뷰에서 당시 미국 일각에서 제기된 '대북 선제 타격론'에 대해 "북한이 실질적으로 미사일 또는 핵무기를 사용하려고 위협한다면 모든 옵션을 테이블에 올려놓고 검토하는 방안을 배제할 수 없다"며 공격 가능성을 부정하지 않았다. 그는 "북한이 도발을 줄이고, 핵무기 제한에 관한 기존 약속을 이행하겠다는 매우 분명한 신호를 보내지 않는다면 절대 대화해서는 안 된다"며 '대화 무용론'을 설파하기도 했다.

그런데 트럼프 정부가 들어서도 북핵 문제와 관련해 이 대북 선제타격이라는 흐름을 배제할 수 없는 상황이 전개되고 있는 것이다. 지난 1994년 미국 클린턴 대통령 시절 국방부 장관 윌리엄 페리와 당시 국방부 국제안보정책담당 차관보 애슈턴 카터(2016년 국방부 장관) 등이 영변 핵시설 선제 공격을 검토했다가 동맹국 한국과 한국 내 미국인들의 피해가 너무 크다는 등의 이유로 '불가' 결론을 내린 적이 있다. 그 이후 끝난 줄 알았던 대북 선제 타격론이 20년이 훌쩍 지난 시점에 재등장할 채비를 하고 있는 것이다.

사실 대북 선제 타격 움직임은 대선 전에도 이미 미국 정치권 전체를 관통하는 쟁점이었다. 초당파 싱크탱크로 분류되던 미국외교협회Council on Foreign Relations, CFR의 2016년 9월 보고서 〈북한에 대한 더 날카로운 선택: 안정적인 동북아시아를 위한 중국과의 접촉〉은 미국 외교가에서 차기 정부의 대북정책에 정파를 떠나 상당한 의견 합의가 이미 형성됐음을 보여준다. CFR은 단지 학자 집단이 아니라 미국이 실제 무엇을 할지 정하는 전문가 집단이다. 이번 태스크포스 팀에는 미국기업연구소, 브루킹스연구소, 전략국제연구소 등을 대표하는 학자 17명이 참가했다. 이런 미국의 북핵 관련 분위기는 트럼프가 매파 일색의 안보팀을 꾸리면서 더욱 뚜렷해지고 있다.

북핵을 둘러싼 이같은 기류는 당사자인 한국에게 결코 반가운 것이 아니다. 물론 대북 선제 타격론이 쉽게 실행되진 않겠지만, 트럼프 임기 내내 분명 한반도에 어두운 그림자를 드리울 것이다. 특히 중국과의 갈등으로 북핵은 위기 때마다 한반도를 더욱 공포로 몰아넣을 가능성도 배제할 수 없다.

물론 트럼프 행정부가 의외의 모습을 보일 가능성도 있다는 분석도 나온다. 미국이 북한을 향해 무조건 강경노선을 걷는다고 예단할 수 없다는 것이다. 존 박 하버드 대학교 벨퍼센터 선임연구원은 이와 관련해 "트럼프에게 외교 분야는 다소 생소한 것에는 틀림없다"면서 "트럼프 행정부가 북한과의 관계 설정에 먼저 나설 수 있다"고 예상했다. 이와 관련해 그는 "(트럼프가 김정은 위원장을 상대로) '정상 대 정상' 관계를 시도할 가능성이 있다"고 덧붙였다.

이 대목에서 주목할 만한 것은 트럼프 대통령이 대선 과정에서 한 "김정은과 햄버거를 먹으며 대화할 수 있다"는 발언이다. 다소 돌발 발언이라 희화화된 측면이 없지 않지만, 트럼프가 북한을 상대로 대화에 나설 수 있다고 시사한 것이라는 분석도 있다.

한마디로 트럼프는 거래의 기술자다. 북한이 거래에 어떻게 나설지, 우리를 포함한 주변국이 거래에 붙일 수 있는 대상이 무엇일지에 따라 트럼프 정부의 대북정책의 폭이 달라질 것이란 전망이 나온다. 다시 말해 양극단을 오갈 수 있다는 뜻이다.

02
한국외교,
지금 선택을 강요받고 있다

사드 배치를 바라보는 서로 다른 속내

트럼프 시대 한국 외교는 확 바뀐 환경에 직면할 것이다. 힐러리 클린턴 전 민주당 후보가 대선에 당선됐다면 오바마 정부가 주창했던 '아시아 중시 정책'의 연속성이 보장되면서 한국 외교는 예측할 수 있는 시나리오로 접어들었을 것이다.

하지만 트럼프의 당선으로 예측불허의 상황에 놓이게 됐다. 트럼프의 외교정책이 어떤 방향으로 흘러갈지 구체적으로 드러난 것이 없고, 외교 안보 라인의 색깔도 오바마 정부와는 너무 다른 탓이다. 알아야 대비할 수 있는데 트럼프 외교팀의 행보는 아직도 안개 속에 있다.

분명한 것은 역사상 그 어느 때보다 한국 외교가 선택을 강요받는다는 점이다. 트럼프가 공식 집무를 시작하기 전부터 이미 시작된 미국과 중국의 갈등은 아시아 패권 다툼으로 이어질 가능성이 높다. 이 과정에서 양국은 우리에게 줄서기를 요구할 수 있다. 특히 트럼프 시대 한반도를 둘러싸고 있는 북핵, 사드 배치, 주한미군 방위비 등의 현안은 하나같이 휘발성이 강한 소재들이다. 이중 사드 배치 문제는 미국과 중국의 틈바구니에서 좁아진 우리 운신의 폭을 더욱 좁힐 것이며, 여기에 '차르' 푸틴의 승부사적인 전략으로 급부상하고 있는 러시아의 개입마저 촉발할 가능성이 있다.

이런 우려는 이미 현실화되고 있다. 한반도 사드 배치로 중국과 러시아가 연합하는 움직임을 보이고 있기 때문이다. 2016년 6월 하순 시진핑 국가주석과 푸틴 대통령은 베이징에서 정상회담을 가진 뒤 공동성명을 발표했다. 양쪽 모두 북한 핵개발에 반대하는 입장을 표명하는 동시에 한반도 사드 배치에 대한 입장도 분명히 했다. 양국 정상이 하나의 목소리를 담아 핵과 사드에 의견을 표명한 것은 상당히 이례적이다.

두 정상은 사드 배치를 두고 "지역 국가들의 전략적 이익을 심각하게 훼손하는 행위"라고 지적했다. 이어 2016년 10월 중순 인도 서부에서 열린 브릭스BRICS 정상회의에 참석해 가진 양자회담에서도 이 문제에 보조를 맞췄다. 또 2017년 한반도 사드 배치 결정에 반대한다는 표시로 미사일 방어MD 연합 훈련을 공동으로 실시하기로 합의했다.

트럼프 대통령과 푸틴 대통령이 절친한 사이라고는 해도, 자국의 이익이 걸린 문제에서 러시아도 유불리에 따라 행동하는 것이 당연하다. 이는 국제관계의 비정한 속성이다. 이런 러시아의 행보는 한국의 사드 배치와 관련해 중국의 손을 들어준 것과 다름없다.

물론 사드 배치와 관련해 미·중·러 간의 합종연횡 구도 변화는 언제든 가능하다. 트럼프 당선 전에는 푸틴 대통령이 일단 시진핑 주석에게 힘을 실어주는 모습을 보이고 있지만, 트럼프가 본격 대통령직 수행에 나선 이후에 미국과 러시아가 어떤 이해관계로 전선을 재정비할지 모르기 때문이다.

양측의 특별한 관계는 트럼프 내각에서도 여실히 드러난다. 마이클 플린 국가안보보좌관은 국방정보국 국장을 지내다 물러난 뒤 푸틴 대통령과 단독으로 저녁을 함께했다고 전해진다. 렉스 틸러슨 국무부 장관은 푸틴 대통령과 무려 17년 우정을 쌓아온 사이다.

한미 관계의 키는 누구 손에

이런 미·중·러의 복잡한 관계는 우리에게 전혀 반가운 현실이 아니다. 한반도 문제의 당사자인 우리에게 더욱 선택을 강요할 상황이 전개될 수 있기 때문이다.

중국만 봐도 그렇다. 그동안 중국은 한반도 문제와 관련해 북한 핵보유에 단호하게 "안 된다"는 입장을 고수하면서 우리에게 같이 보조를 맞추자는 신호를 계속 보내왔다. 시진핑 주석은 2016년 9월 5일 G20 정상회의에서 박근혜 대통령과 만나 "양국은 가까운 이웃이고 공동 이익을 갖고 있다"면서 "여러 어려움과 도전을 극복해 양국 관계가 올바른 궤도에서 안정되게 발전하기를 바란다"고 말했다. 이런 중국의 압박은 사드 배치 논란 이후 더욱 노골화되고 있다. 또 시진핑 주석은 2016년 6월 29일 황교안 국무총리와 만난 자리에서 "북한의 핵보유 병진 노선을 인정하지 않는다"면서 "중국은 흔들리지 않고 북한 비핵화를 실현해야 한다는 입장을 견지하고 있다"고 말했다.

미국도 마찬가지다. 막 임기를 시작한 트럼프 대통령이 북핵 문제 해결에 강한 의지를 가질수록 미국이 한미 동맹을 매개로 줄서기를 강요할 가능성이 있다. 특히 트럼프 대통령의 공약인 주한미군 방위 분담금 협상을 해야 할 처지에 놓일 수도 있다. 그만큼 민감한 사안인 것이다.

트럼프는 대선 유세 과정에서 합리적 비용을 내지 않는다면 동맹국은 스스로 안보를 지켜야 한다고 말했다. 이는 주한미군의 철수와도 연계될 뿐만 아니라 북핵 문제와 사드 배치에도 엄청난 변수가 될 수 있다.

실제 트럼프의 선임 자문역인 알렉산더 그레이와 자문역인 피터 나바로는 2016년 11월 7일 외교 전문지 〈포린폴리시〉에 기고한 글에서 "트럼프가 대선 유세에서 한국과 일본에 미군 주둔 비용의 '공정한 부담'을 요구한 것은 두 나라가 제 몫을 다하는 것이 공정하며 이미 오래전에 그래야 했다는 뜻"이라고 했다. 또한 "미국의 아시아 동맹국에 대한 트럼프의 공약엔 의문의 여지가 없다"면서도 "트럼프는 미군의 자국 주둔을 지원하는 추가적인 방법에 대해 두 나라

정부와 단도직입적이면서 실용적이고 정중하게 논의하게 될 것"이라고 밝혔다.

전시 작전권 문제도 트럼프 시대 한국을 둘러싼 민감한 외교 이슈 중 하나다. 트럼프 당선자가 선거 과정에서 밝힌 안보 동맹과 관련한 발언을 보면 전작권 전환 작업이 한국의 예상보다 빨라질 수 있다는 지적이다. 그는 2016년 7월 19일 〈뉴욕타임스〉와 인터뷰하면서 "부유한 대국(동맹국)들을 보호하는 데 드는 엄청난 비용을 합리적으로 보상받지 못한다면, 앞으로 (동맹국은) 스스로를 지켜야만 할 것"이라고 말했다.

미국 싱크탱크 전략국제문제연구소의 빅터 차 한국석좌는 '트럼프와 한미 동맹'이라는 제목의 글에서 "트럼프 당선자의 원칙은 미국의 이익을 우선하겠다는 것"이고 "그의 이런 관점에서 '대통령 트럼프'가 (임기 중) 전작권 전환을 마무리 짓고 관련 책임을 모두 한국에 넘길 수 있다"고 주장했다. 이런 현실은 바꿔 말하면 트럼프 정부 입장에서는 방위비 분담금 문제와 전작권 전환 문제 등을 매개로 우리 외교를 언제든 압박할 수 있다는 뜻이다.

우리는 이런 현실을 감안해 섣불리 한쪽 편을 들기보다는 처음부터 대응을 잘해야 한다. 이와 관련해 국회, 예산정책처가 발주한 〈방위비 분담 보고서〉의 저자인 박휘락 국민대학교 교수는 "협상을 시작할 때는 일단 미국 측을 이해하고 수긍해준 뒤 실무 협상에서 주고받기를 제대로 하면 된다"며 "처음부터 '우리나라도 상황이 어렵다'는 식으로 접근하면 결국 잃는 게 더 많을 것"이라고 조언했다.

가시밭길 걷는 한국 외교

우리가 강대국 틈바구니에 끼어 있다는 사실은 국제적 이슈로 눈을 돌리면 더 명확해진다. 오바마 정부의 아시아 중시 정책이 트럼프 정부에서 어떤 위상을 유지할지는 알 수 없지만, 한 가지 분명한 것은 미국이 아시아에서 중국이 독주하도록 좌시할 리가 없다는 점이다. 단적인 예로 트럼프 대통령은 당선자 시절 중국의 남중국해 영유권 주장과 관련해 "우리한테 허락을 받았냐"면서 노골적인 불쾌감을 드러냈다. 최악의 가정이기는 하지만 만약 남중국해 분쟁 지역에서 실제로 미중 간 무력 충돌이 일어난다면 미국과 중국의 군사력이 집중되고 있는 남중국해는 세계에서 가장 민감한 화약고가 될 것이다.

국립외교원 외교안보연구소는 힐러리 클린턴 전 민주당 후보의 당선을 가정하고 "(차기 미 정부는) 국내 경제 복원에 집중하여 제한적 개입주의 정책을 추진했던 오바마 정부와 달리, 더 공세적이고 행동지향적인 대외정책을 추진할 것으로 전망된다"고 설명했다. 이런 분석은 트럼프 정부의 대 아시아 외교 노선에 그대로 적용되거나 오히려 더 심각한 상태로 적용될 가능성마저 있다.

트럼프 행정부는 '아시아 중시 정책'이란 용어만 쓰지 않을·뿐, 중국을 견제하기 위해서라도 아시아 외교 노선은 그대로 가져갈 공산이 크다. 적어도 중국의 활동 영역을 넓혀주는 변화는 절대 용납하지 않을 것이다. 다르게 말하면 미국이 중국과 패권 다툼에서 한미동맹을 더 적극적인 레버리지(지렛대 효과)로 활용하려고 나설 가능성이 높다는 뜻이다.

이에 외교안보연구소는 "미국이 중국에 대해 헤징과 개입 정책을 동시에 추진하고 동맹국들의 적극적 지원을 요구하면 한국의 외교적 공간은 미중 사이에서 점점 좁아지게 될 것"이라고 분석했다.

우리가 여기서 간과하지 말아야 할 점은 부쩍 친밀해진 미일 관계다. 한미 동맹은 한국전쟁에서 함께 싸운 혈맹으로 그 어떤 동맹보다 굳건하다. 하지만 최근 미일 관계는 이 못지않게 급진전을 이루고 있다. 특히 힐러리의 승리를 예측하며 움직였던 아베 신조 일본 총리는 트럼프가 당선되자마자 뉴욕으로 급히 날아가 비공식 회담을 열어 세상을 놀라게 했다. 모두의 예상을 깨고 트럼프와 아무런 접점이 없었던 일본이 맨 먼저 나선 것이다. 총리까지 직접 나서 관계를 모색한 덕분에 트럼프가 만난 해외 정상 1호는 아베 총리였다. 당시 일본의 갑작스러운 요청으로 만났지만, 트럼프가 흔쾌히 수락했다는 점에서 양국 관계를 짐작케 한다.

사드 문제 등으로 한미 간 불협화음의 기미가 보이는 것과는 전혀 다른 분위기다. 외교 전문지 〈더디플로맷The Diplomat〉은 "일본을 향한 미국 정책은 수십 년 동안 초당적이었다"고 전했다.

종합해보면 현재 한국 외교는 미지의 길, 그나마도 이중 삼중으로 뒤덮인 길을 뚫고 나가야 하는 엄중한 현실에 처해 있다. 중국은 사드 배치를 두고 대놓고 험한 분위기를 연출하고 있다. 더군다나 북핵 문제 해결에 중요한 키를 쥐고 있음에도 그동안 우리 기대와는 달리 자국 이익에만 맞게 행동해왔다.

이런 가운데 트럼프 정부는 방위비 분담금 문제와 전작권 전환 문제를 언제 협상 테이블에 올릴지 모른다. 사드 배치와 방위비 분담금 문제가 북핵을 둘러싼 미국의 이해관계와 상충되는 부분이 있겠지만, 어떻게든 자국에 유리하게 이 문제를 이끌어가려 할 것이다. 여기에 러시아와 일본도 한반도 문제에 발언권을 강화하려 들 것이다. 트럼프 시대 한국 외교는 걸음마다 이해관계자들의 견제 속에 선택의 순간을 맞이할 운명이 될 가능성이 크다.

03

트럼프와 한국대선의 상관관계

미국과 한국 대선의 연결고리

2017년 대선을 앞둔 우리로서는 제45대 미국 대통령 선거 결과에 더욱 관심이 쏠릴 수밖에 없었다. 한미관계 등을 고려할 때 먼저 진행된 미국 대선 결과가 한국 대선에 직·간접적 영향을 끼칠 것이기 때문이다. 과거의 경험을 살펴보면 충분히 그럴 가능성이 짙다.

1980년대 이후 이번처럼 미국과 한국 대선이 해를 이어 잡힌 때는 빌 클린턴 전 대통령이 재선된 1996년과 김대중 전 대통령이 당선된 1997년 딱 한 번이었다. 언뜻 보면 서로 딱히 연관은 없어 보인다. 미국에서 클린턴은 재임으로 민주당 정권을 연장했지만 한국에서는 만년야당이 정권 교체를 이루었기 때문이다.

미국과 한국의 대선이 동시에 열린 1992년과 2012년의 사례를

당선자	정당	선거 연도	당선자	정당
로널드 레이건	공화당	1984		
		1987	노태우	민주정의당
조지 부시	공화당	1988		
빌 클린턴	민주당	1992	김영삼	민주자유당
빌 클린턴	민주당	1996		
		1997	김대중	새정치국민회의
조지 부시	공화당	2000		
		2002	노무현	새천년민주당
조지 부시	공화당	2004		
		2007	이명박	한나라당
버락 오바마	민주당	2008		
버락 오바마	민주당	2012	박근혜	새누리당
도널드 트럼프	공화당	2016		

봐도 특별한 연결고리가 보이지 않는다. 1992년은 클린턴 전 대통령이 당선되면서 민주당이 정권교체를 이루어냈지만 우리나라에서는 김영삼 전 대통령이 승리하면서 여당 집권이 연장됐다.

하지만 속을 뒤집어보면 한국과 미국 대선을 관통하는 공통점이 보인다. 1992년 클린턴이 당선될 당시 선거 구호는 "문제는 경제" 였다. 선거가 치러진 당시 미국 경제는 심각한 상황이었다. 부시 전 대통령이 이끌던 미국은 2,900억 달러라는 사상 최대의 재정적자를 기록했다. 이에 클린턴은 선거 전략으로 경제회복을 내세웠고 결국 성공했다. 이후 1996년 선거에서 재집권에 성공할 정도로 미국 경제를 반석에 올려놨다.

빌 클린턴은 임기 말년 의회에 보낸 경제보고서에서 "집권을 시작한 1993년 이후 2,200만 개 이상의 새 일자리가 생겨났고, 최근 30년 이래 가장 낮은 실업률을 기록했다"고 밝혔다. 바로 이런 점 때문에 성추문에도 불구하고 클린턴은 성공한 대통령으로 평가받는다.

김대중 전 대통령이 당선된 1997년의 대한민국도 경제가 문제였다. 국가는 사상 초유의 외환위기를 겪었고 기업들이 속수무책으로 쓰러졌다. 국민들은 고통스러운 현실을 타개해줄 새로운 변화를 바랐고 이는 대선 결과에 반영됐다. 국가경제의 구원투수로 낙점된 김대중 전 대통령은 뼈를 깎는 고통을 감내하면서 국가 정상화에 나섰다. 국가 채무불이행을 해결해주는 대가로 IMF 등 국제사회는 강도 높은 구조조정을 요구했고, 많은 이들이 실직자가 됐지만 경제 회복이라는 일념으로 나아갔다.

이처럼 양국의 대선 흐름을 관통하는 공통점은 분명 있다. 2012년 한미 양국 대선에서는 국민들이 변화보다는 '안정'을 택하는 모습이 포착됐다. 2012년 미국 대선에서 버락 오바마 전 대통령이 재선에 성공한 것도, 한국에서 박근혜 대통령이 당선되면서 여당이 집권 연장을 이룬 것도 다 그런 맥락이다. 미국 역사상 최초의 흑인 대통령인 오바마 전 대통령은 안정을 바탕으로 자신의 대표 브랜드인 '오바마 케어'를 밀어붙였고, 박근혜 대통령은 이전 정권이 보여준 강력한 대북정책 기조를 이어갔다.

바닥 민심 꿰뚫은 트럼프

그렇다면 2016년 미국 대선 결과는 2017년 예정된 한국 대선과 어떤 공통분모를 가질까? 세계를 놀라게 했던 트럼프 당선은 무엇보다 미국 유권자들이 가졌던 불만을 꿰뚫어보고 해법을 제시했다는 데서 그 이유를 찾을 수 있다. 트럼프는 선거 기간 동안 위스콘신, 미시간, 오하이오, 펜실베이니아 등 러스트벨트라 불리는 미국 동북부 쇠락한 공업 지역을 적극 공략했다. 제조업이 밀집한 이곳은 한때 미국의 부흥기를 이끌었지만 산업 패러다임의 변화 등으로 그 위상이 확 변했다. 트럼프는 이곳을 겨냥해서 제조업 부활을 통해 과거의 영광을 되찾자고 민심을 공략했고 이는 그대로 유권자 지지로 이어졌다. 그 결과 트럼프는 이 지역 표를 싹쓸이하다시피 했다.

사실 미국이 세계화를 주도하며 내세웠던 자유무역을 통한 경제 발전은 오히려 빈부격차만 더 키웠다. 대표적인 사례가 바로 이 러스트벨트였다. 세계화 이후 미국 경제는 덩치만 계속 커졌을 뿐, 밀려드는 값싼 외국산 물건과 늘어나는 히스패닉 이민자 등으로 한때 경제 주역이었던 러스트벨트 근로자들의 입지는 급격히 줄어들었다. 당연히 이 지역 터줏대감인 백인 남성과 그 가족으로 구성된 유권자 대다수의 불만은 쌓일 수밖에 없었다. 트럼프는 이 부분을 적극 공략했고 그 전략은 적중했다. 멕시코 국경에 장벽을 세워 이민자 유입을 차단시키겠다는 트럼프의 발언은 바로 이런 백인 주류층의 불만을 포착하고 내세운 전략이었다.

트럼프의 행보는 '외부 시선'으로 보면 극단적 고립주의로 보일 수도 있지만 미국 사회 내부에서 보면 속 시원한 한방이었던 셈이다. 미국에 조금이라도 손해가 된다 싶은 자유무역협정은 폐기하고 오랜 동맹조차 이익이 되지 않는다면 재고하겠다는 것도 같은 맥락이다.

또 트럼프는 기가 막히게 시대적 흐름을 읽었다. 2016년 지구촌의 가장 큰 화두는 브렉시트에서 시작된 글로벌 고립주의의 대두였다. 브렉시트 이후 지구촌에는 세계화의 반대 개념인 고립주의 현상이 급속히 퍼져나갔다. 난민 정책에 가장 너그럽던 독일마저 빗장을 닫아걸게 만들었다. 캐나다 퀘백과 스페인 카탈루냐, 미국 텍사스에서 분리독립 움직임이 일고 있는 것도 고립주의의 연장선상에 있다. 트럼프가 내세운 미국 우선주의도 전 세계에 퍼져나가고 있는 고립주의의 한 단면이었다. 난민을 배척하고 유럽연합과 섞이기를 거부한 것이 브렉시트라면, 이민자를 축출하고 자유무역을 부정하는 것이 트럼프식 고립주의다. 트럼프가 미국 우선주의를 내세운 것은 결코 우연이 아니었다.

물론 고립주의 때문에 트럼프가 대통령에 당선됐다고 볼 수는 없다. 그러나 미국 내 유권자들 사이에서 세계화 부작용에 대한 반발 심리가 팽배해 있다는 현실을 꿰뚫어본 것은 트럼프 나름의 현실감

각 때문이다. 막판까지 트럼프를 궁지로 몰아넣었던 힐러리 클린턴도 당 기조와는 다르게 미국 우선주의를 내세웠다.

끝으로 트럼프는 선거 기간 내내 철저하게 기존 기득권 세력과 대립각을 유지했다. 여기서 말하는 기득권이란 정치권을 가리킨다. 트럼프는 공화당에서 비주류였다. 대선 후보 경선 과정에서 철저하게 '나 홀로' 싸움을 이어갔다. 이때 생긴 앙금으로 선거 막판까지 공화당 주류 세력은 트럼프 지지 의사를 밝히지 않았다. 하지만 공화당원은 물론이고 미국 국민들은 트럼프를 대통령으로 선택했다. 트럼프의 이런 전략은 스스로 '기득권' 계층이면서도 유권자들에게 '기득권이 아니다'라는 메시지를 던지는 효과를 가져왔다. 기존 질서를 부정한다는 효과도 있었다. 실제 대선 기간 내내 트럼프는 미국 사회 백인 하층 계급의 대변자이자 구원자였다. 아무도 그가 부동산 투자로 축적한 엄청난 부를 공격하지 않았다. 그는 내각 구성에서도 억만장자를 중용했다.

이에 반해 8년간 영부인으로서 백악관 생활을 경험했고 뉴욕 상원의원을 거쳐 오바마 1기 행정부에서 국무부 장관까지 지낸 힐러리 클린턴은 정치 기득권을 대표하는 인사로 각인됐다. 사설 이메일 서버를 사용한 힐러리의 부도덕함은 지탄의 대상이 됐고, 장관직을 클린턴재단 축재에 활용한 정황은 밑바닥 민심에서 볼 때 반드시 제거해야 할 주류 정치권의 적폐로 여겨졌던 것이다.

2017 한국대선 키워드는 '새 질서'

트럼프의 이런 당선 요인은 우리 대선에도 시사점이 많다. 현재 대한민국은 그 어느 때보다 과거와 단절을 바라고 있다. 최순실게이트가 터진 후 박근혜 정권에 대한 실망과 배신감 때문에 새로운 질서를 요구하는 목소리가 봇물처럼 터져 나오고 있다. 대통령직선제를 도입한 '87년 체제'를 끝내줄 개헌은 시대적 과제로 다가선다. 이런 흐름을 잘 이끌 수 있는 후보야말로 대권에 한 발 앞서 다가설 것이다. 현재 거론되는 대선 후보들과 각 정당은 이런 시대적 흐름을 진지하게 고민하기보다는 당리당략에 따라서만 접근하는 분위기가 강하다. 대한민국 발전이라는 큰 틀에서 바라보기보다는 그저 어떡하면 대선 국면에서 이 문제를 활용할지에만 매몰돼 있다.

2017년 대선에 출사표를 던진 각 후보들이 제시하는 '국정 비전'이 얼마나 구체적이냐에 따라 표심은 요동칠 가능성이 높다. 트럼프처럼 국민의 가려운 곳을 확실하게 긁어줄 공약이 필요하다는 뜻이다. 실제 미국 대선 과정에서 불거진 쟁점은 현재 대한민국에서도 드러나는 문제점이다.

오늘날 우리 사회는 '헬조선', '금수저 흙수저 논란', '88만 원 세대' 등 자기비하의 언어들이 난무한다. 젊은이들은 아무리 노력해도 불가능한 계층 간 이동에 좌절하고, 중장년들은 보장되지 않는 노후를 두려워하고 있다. '태어나는 순간 계급이 정해진다'는 것이 기정사실화되었을 정도다. 국민들은 이런 고통과 고민을 확실하게 해결해줄 지도자를 바라고 있다. 당연히 이런 바람을 이루어줄 후보가 대한민국 19대 대통령에 당선될 것이다.

특히 미국 대선에서 힐러리와 트럼프가 많이 부딪쳤던 양극화 문제를 풀어갈 해법도 우리 사회에 영향을 미칠 수밖에 없다. 양극화는 이미 우리 사회를 좀먹는 중병이 된 지 오래다. 그 격차를 해소하지 못하면 국가공동체의 내일을 장담할 수 없다. 따라서 한국 대선에서도 민간에 대한 공공의, 하청업체 등에 대한 재벌과 대기업의, 미래세대에 대한 기성세대의 기득권을 저마다 내려놓게 만드는 쟁점이 부각되고 있는 것이다.

5장

트럼프를 알아야
협상이 가능하다

: 승부사 트럼프 이야기

The
Age of
Strong
Men

01
크게 생각하고 주장을 굽히지 마라
성장 과정

도널드 트럼프는 자기 이야기를 할 때 가장 당당한 모습을 보인다. 자기 자산 이야기를 할 때는 '내 것'이라고 이름 붙이기를 매우 좋아할 정도로 자기애가 넘치는 사람으로 알려져 있다.

이런 그가 자신에게 삶과 비즈니스 철학을 가르쳐준 '은사'로 꼽는 사람은 다름 아닌 그의 아버지 프레드 트럼프(이하 프레드)다. 프레드는 도널드 트럼프만큼 뉴욕 전체를 장악한 부동산 부자는 아니었지만, 도널드 트럼프에게 견고한 사업 발판을 마련해줄 정도의 자산을 가진 부동산계 큰손이었다. 도널드 트럼프는 자서전 《거래의 기술Trump: The Art of Deal》에서 "아버지로부터 험한 사업을 하며 거칠게 대응하는 법을 배웠다"고 말하며 "사람들을 리드하는 법을 배웠다"고 자부한다. 그의 태도에서 드러나는 강함과 때로는 독단적이기까지 한 모습이 아버지한테서 온 것이라 해도 과언은 아닌 듯하다.

프레드는 독일 이민자 가정에서 태어나 넉넉지 않은 어린 시절을 보냈다. 프레드의 아버지, 즉 도널드 트럼프의 할아버지인 프레드릭 트럼프는 나름 수입이 좋은 식당을 운영했지만 프레드가 11세 때 일찍 세상을 떠났다. 그 후 프레드의 어머니이자 도널드 트럼프의 할머니인 엘리자베스 트럼프가 홀로 프레드 3남매를 키웠다.

프레드는 장남으로서 가장 역할을 했다. 《거래의 기술》을 보면 프레드는 과일가게 배달부터 구두닦이, 재목 나르기 등 궂은 아르바이트를 해서 돈을 모았다. 그 덕에 프레드의 동생 존 트럼프는 매사추세츠 공대에서 박사학위까지 받고 저명한 학자가 됐다. 프레드는 대학생의 꿈을 접어야 했지만 성공을 향한 집념은 변하지 않았다.

2016년 대선 과정에서 많은 사람들이 도널드 트럼프를 '금수저'라고 비판했다. 힐러리 클린턴 지지자들과 도널드 트럼프 반대를 외치는 사람들은 도널드 트럼프가 "원래 유복한 가정에서 자란 것이 아니냐"며 "그가 정말 미국 서민들을 대표할 수 있다고 생각하냐"고 주장했다. 틀린 말은 아니다. 하지만 그렇다고 해서 그가 사업을 키우기 위해 쏟은 노력과 거기서 드러난 꼼꼼함은 태어나면서부터 주어진 것은 아니었다. 어렸을 때부터 아버지 프레드를 보며 몸에 익힌 일종의 습관이었다.

형제 중에서 도널드 트럼프는 프레드를 꼭 닮은 아들이었다. 형인 프레디는 자유분방한 성격으로 사업가와는 거리가 멀었고 누나 메리엔은 연방 판사까지 된 엘리트였다. 도널드 트럼프는 자서전에서

"내가 사업가 기질이 없었다면 아버지와 그렇게 잘 지내지 못했을 수도 있다"고 했다. 프레드는 도널드 트럼프에게 어릴 때부터 "좋아하는 일을 해라. 그래야만 그 일을 잘할 수 있다"고 했다고 한다. 경험에서 우러나온 진심 어린 충고였다.

프레드는 고등학교를 다니면서도 목수 일을 배우기 위해 밤에는 관련 강좌를 직접 찾아 들었다. 고등학교를 졸업하고는 배워둔 기술로 목수 보조 일을 시작한 지 1년 만에 첫 번째 독립주택을 지었다. 5,000달러로 건축해 7,500달러에 팔았다. 프레드의 부동산 커리어는 이때부터 시작됐다. 그는 노동자 임대주택 건설을 시작해 점점 그 규모를 늘려갔다. 달려들 때와 빠져야 할 때를 아는, 감이 뛰어난 사람이었다. 도널드 트럼프에게 그런 아버지의 모습은 '선망의 대상'이었다. 성공지향적인 아버지와 그보다 더 그런 성향에 공격적인 아들 도널드 트럼프. 이들을 잇는 연결고리는 충분했다.

도널드 트럼프는 프레드가 종종 사업 진행 과정에서 누군가 그의 뜻대로 일하지 않으면 일 자체를 끝내버릴 때도 있었다고 했다. 프레드는 과감한 결정을 서슴지 않았다. 도널드 트럼프가 자서전에서 소개한 일화는 프레드의 과감한 면모를 보여주기에 충분하다. 프레드는 경쟁업자들보다 건설 공사를 몇 달씩 먼저 끝냈다고 한다. 그러나 외양이나 구조 면에서 밀리지 않았다. 그렇다 보니 프레드가 지은 임대주택들은 경쟁업자들보다 빨리 팔렸다. 이에 경쟁업자들이 뒤쳐지면서 파산 위기를 맞으면 프레드가 그것을 사들여 재투자했다고 한다. 그만큼 프레드는 크게 볼 줄 아는 사람이었다.

사업의 규모가 점점 커져서 혼자 모든 것을 관리하기 힘든 상황에서도 늘 뒤로 물러나지 않고 전면전을 펼쳤다고 한다. 건축 자재 가격을 모두 외우고 있어서 거짓 가격으로 거래를 하려던 사람들을 귀신같이 걸러냈다. 도널드 트럼프는 아버지를 따라 현장에 나갈 때마다 이런 모습을 유심히 지켜봤다. 그리고 아버지의 모습을 자신의 삶에 녹여낸 것이다.

하지만 도널드 트럼프가 아버지 마음에 쏙 드는 자식은 아니었다. 돋보이고 싶은 마음이 강했던 트럼프가 중학교 때 저지른 사건은 이미 매우 유명하다. 음악 선생님 얼굴에 주먹을 휘두른 사건이다. 다행히 퇴학은 면했지만 트럼프는 지금도 그 일을 그리 부끄러워하지 않는지 자서전에서 이렇게 말했다. "나는 어릴 때부터 자립하려는 생각이 있었고 폭력적 방법을 통해서라도 내 생각을 알리고자 했다. 사건을 일으켜서 남들을 시험하는 것도 종종 즐겼다."

프레드는 도널드 트럼프를 규율이 아주 엄격한 뉴욕군사학교New York Military Academy에 보내기로 결심한다. 군사학교는 이름 그대로 규칙을 가장 중시하는 곳이다. 하지만 도널드 트럼프는 규율을 어기기로 유명한 학생이었다. 트럼프의 중학교 친구인 폴 오니쉬는 미국 언론 NPR과 나눈 인터뷰에서 "트럼프의 별명은 DT도니 트럼프였다. 방과 후 벌을 뜻하는 'Detention'의 약자로도 사용됐다"고 밝혔다. 도널드 트럼프는 수업 시간에 시끄럽게 떠들기를 좋아했고 친구들에게 종이 뭉치를 던지며 장난치기 좋아하던 학생이었다. 그런 도널드 트럼프에게 뉴욕군사학교는 너무나 어울리지 않을 것 같았다. 그러나 트럼프는 생각보다 더 잘 적응했다. 의외로 규율 준수를 좋아하는 사람이었던 것이다.

물론 뉴욕군사학교에서 보낸 생활이 처음부터 순탄했던 것은 아니었다고 전해진다. 트럼프는 한 사람을 만나며 모든 것이 바뀐다. 그의 2004년작 《트럼프의 부자 되는 법Trump: How to Get Rich》을 보면 트럼프는 뉴욕군사학교에서 인생의 은사를 만났다. 바로 시어도어 도비어스였다. 도비어스는 NPR 인터뷰에서 "도널드 트럼프는 침대 정리법도 잘 몰랐고 구두 손질법도 몰랐다"며 그가 도널드 트럼프를 처음 만났을 때를 떠올렸다. 도비어스는 그 학교에서 가장 까다롭고 무섭기로 유명한 선생님 중 한 명이었다. 그는 "트럼프의 아버지가 누구고 그가 얼마나 부자인지 신경 쓰지 않았다. 도널드 트럼프는 그저 한 명의 학생일 뿐이었다"고 했다. 그런 그의 교육 방침 덕분에 도널드 트럼프는 규칙을 어기지 않으면서 자신이 원하는 것을 얻는 방법을 깨우쳤다. 《트럼프가寒 3대에 관해The Trumps: Three Generations that Built an Empire》를 보면 "도널드 트럼프는 잘 짜인 규칙을 중시하는 뉴욕군사학교에서 행복해 보였다. 그는 어떻게 1등이 되고 어떻게 원하는 것을 얻는지 그 방법에만 몰두할 수 있었다"고 나온다.

도널드 트럼프와 뉴욕군사학교를 같이 다닌 친구들은 그를 "경쟁심이 넘치는 리더"로 기억했다. 트럼프는 늘 매우 꼼꼼하게 규율을 지켰고 엄격했지만 믿을 수 있는 리더였다고 한다.

또 다른 군사학교 동창생 샌디 매킨도시는 〈더데일리비스트The

Daily Beast〉와의 인터뷰에서 "도비어스 선생님이 우리를 유난히 가혹하게 혼낼 때면 도널드가 갑자기 '내가 가서 이야기하겠다'고 했다"며 "그때 도널드가 무엇을 할지 아무도 가늠하지 못했다"고 말했다. 도널드 트럼프가 도비어스 선생에게 갔다오면 동창생들에게는 '자유'가 주어졌다고 했다. 훈련에만 얽매이지 않아도 되자 샌디 매킨도시는 덕분에 라틴어 수업에서 A학점을 받을 수 있었고 나중에는 훈장까지 받았다고 한다. 그는 "도널드가 엄청난 부자여서 그랬는지는 몰라도 그 아이는 항상 자신만의 규칙을 가지고 있었다"고 말했다.

도널드 트럼프의 아버지 프레드는 그렇게 아들을 바꿔놓았다. 성공지향적인 도널드를 규율 속에서 성공할 수 있는 법을 터득하게 해준 것이다. 이렇게 도널드 트럼프는 자신의 삶을 바꿔준 뉴욕군사학교를 졸업하고 대학교에 진학한다. 그의 사업 인생이 본격적으로 시작되는 시점이었다.

02
부동산학과를 찾아 대학 입학하다
학창 시절

"뉴욕 부동산 제왕이 될 것입니다."

미국 펜실베이니아 대학교 와튼 스쿨을 다니던 시절, 도널드 트럼프가 한 교수에게 한 말이다. 고등학교를 졸업할 무렵 또래와는 달리 트럼프는 일찌감치 부동산 사업가를 꿈꾸고 있었다. 어릴 때부터 아버지를 따라 건설현장을 다닌 덕분에 사회생활을 일찍 경험한 트럼프였다. 아버지 기대에 못 미쳤던 형과 달리 트럼프는 아버지의 후계자가 되기로 결정하고 차근차근 커리어를 밟아갔다. 그 시작이 아버지가 그토록 원했던 와튼 스쿨 입학이었다.

불행히도 첫 대학생활을 시작한 곳은 와튼 스쿨이 아니었다. 1964년 트럼프는 뉴욕 브롱크스에 위치한 포댐 대학교 경영학과에 입학했다. 집에서 멀리 떠나기가 싫어서 갔다고는 했지만 실제로는 와튼 스쿨에서 입학 허가를 받지 못한 것으로 전해진다. 트럼프 누나가 트럼프를 받아주는 대학교가 마땅히 없었다고 말한 것도 이를 뒷받침한다.

방탕하고 시끄러웠을 것 같지만 학창 시절 트럼프는 좀처럼 눈에 띄지 않았다. 오히려 절제되고 부지런한 모범생에 가까웠다. 군사학교 습관이 몸에 배서 절도마저 있어 보였다. 당시 대학생활의 '필수품'으로 여기던 술과 담배도 하지 않았다. 대신 스쿼시 동아리에 매진했는데, 친구들이 걸핏하면 지각할 때도 그는 단 한 번도 늦지 않았다. 또한 늘 냉정함과 침착함을 유지해 동료 선수들이 트럼프에게서 신사의 '품위'가 느껴진다고 말할 정도였다. 트럼프와 종종 밥을 같이 먹었다는 한 동창생은 "내가 알았던 트럼프는 '저자세$^{low-key}$'에 '자신을 드러내지 않는$^{self-effacing}$' 인물이었다"며 "트럼프가 부동산 갑부의 아들이라는 것도 10년 뒤에야 알았다"고 회상했다.

하지만 승부욕은 무척 강해서 경쟁관계에 있는 사람에게는 '경계심'을 보이기도 했다. 시합에서 지거나 지적을 들으면 밤을 새워서라도 다음 경기에서 발전된 모습을 보여줬다. 그러면서도 특별한 날에는 '여자를 만나러' 뒤풀이에 참석하기도 했다. 이때 트럼프는 능숙한 화술과 쇼맨십으로 여자들의 주목을 쉽게 받았는데, 친구들은 이런 모습에서 미래 대통령의 깜냥을 알아봤다고 한다. 가끔은 기이한 행동도 일삼았다. 한창 스쿼시를 치던 도중에 신문이 놓여 있는 것을 보고는 달려가 '정독'하기도 했다.

어쩌면 허무하게 끝났을지도 모를 대학생활에 극적인 변화가 찾아온 것은 1964년 늦가을 무렵이다. 차가운 비가 추적추적 내리던 11월 어느 날, 트럼프는 아버지와 뉴욕 베라자노 내로스^{Verrazano} ^{Narrows} 교 착공식에 참석했다. 그곳에서 트럼프는 충격적인 장면과 마주한다. 다리를 설계한 오트마 암만이 주인공임에도 행사장 구석에 쓸쓸히 앉아 있는 모습을 목격한 것이다. 모든 '공'을 정치인과 공무원들이 '가로채는' 장면을 본 트럼프는 "다른 사람의 생색거리로 전락하지 않겠다"고 다짐한다. 학교를 옮기기로 결심한 것이다.

대학교 2학년이 끝날 무렵, 트럼프는 펜실베이니아 대학교 와튼 스쿨 부동산개발학과에 입학한다. 트럼프가 하고많은 학교 중 펜실베이니아 대학교를 선택한 이유는 간단했다. 당시 드물었던 부동산개발학과도 개설돼 있었고 특히 와튼 스쿨이 사업가의 엘리트 코스로 추앙받고 있었기 때문이다.

사실 트럼프는 학문에는 그다지 관심이 없었다. 손을 놓은 것도 아니었지만 그렇다고 '범생이'처럼 공부에 매달리지도 않았다. 트럼프의 유일한 목적은 부동산 관련 지식 습득이었다. 거기에 수많은 경영인을 배출한 와튼 스쿨 졸업생만 될 수 있다면 더 바랄 것이 없었다. 실제로 트럼프는 자서전 《거래의 기술》에서 "와튼 학위는 거래하는 사람들 사이에서 특권으로 여겨졌고, 그래서 와튼에서 공부한 것을 매우 기쁘게 생각한다"고 이유를 상세히 설명하고 있다.

동창들이 기억하는 대학생 트럼프는 지금과 비슷하면서도 사뭇 달랐다. 당시에도 '말'이 많은 그였지만 동아리나 학생회 활동 등에는 모습을 거의 드러내지 않았다. 대신 부자가 되기 위해 일찌감치 비즈니스 커리어를 거침없이 밟아가는 불도저식 '드림워커'였다. 트럼프와 종종 어울렸다는 동창생 조지프 코헨은 "트럼프는 대체로 조용했지만 하고 싶은 말이 있으면 직설적으로 내뱉는 학생이었다"고 기억했다.

학교를 옮긴 지 얼마 되지 않아 트럼프는 학교 주변 부동산에 투자하기 시작했다. 손에는 아버지에게 빌린 200만 달러가 있었고 학업에도 뜻이 없던 터라 거칠 것이 없었다. 트럼프는 필라델피아의 한 노후한 집을 매입해서 되팔고 상가를 임대하는 등 온갖 방법을 동원해 돈을 모으기 시작했다. 훗날 트럼프는 이 시절을 떠올리며 "돈을 꽤 벌었다"고 말하기도 했다. 주말에는 뉴욕으로 건너가 아버지 일을 도왔다.

한 언론이 1960년대 필라델피아 재산 기록을 추적했다. 그런데 '트럼프'라는 이름은 어디에서도 찾아볼 수 없었다. 훗날 억만장자가 될 트럼프는 뭐가 달라도 달랐던 모양이다. 그는 자산을 매입할 때 일부러 가명을 사용했다. 이와 관련해 트럼프는 "당시에 나는 매물을 헐값에 잘 사기로 소문나 있었다. 그래서 일부러 가명이나 법인명을 사용했다"고 배경을 밝혔다. 사람들이 저평가된 것을 알면 분명 높은 가격을 제시할 것이기 때문이었다.

학교에서 '투명인간'과 다르지 않던 트럼프였지만 그래도 몇몇 친구들과는 친분을 유지했다. 이 친구들은 하나같이 트럼프가 "부동산을 무척 사랑했다"고 입을 모은다. 수업 시간에도 손을 드는 일이 드물었지만 부동산 얘기만 나오면 시간 가는 줄 몰랐다. 무엇보다 아버지의 유산을 뛰어넘는 부동산 제국을 건설하기 위해 순간순간 고민했다고 한다.

부동산학과를 같이 다닌 윌리엄 스펙은 "당시에도 트럼프는 자신에게 도취되어 있었다"며 "확실히 자기 확신이 있는 것처럼 보였다"고 했다. 또 다른 '절친'인 칼로마리스는 "트럼프는 항상 돈을 굴릴 궁리를 하고, 빠른 거래deal를 찾아다녔다"며 "지루한 학교 공부를 경멸했다"고 기억했다.

트럼프 자신도 와튼 생활에 자신감을 아낌없이 내비친다. 그는 명문대 친구들이 특별히 뛰어날 것도 없었고 같이 공부할 때도 별다른 어려움은 없었다고 말한다. 트럼프가 우등생으로 졸업하지는 않았지만 일과 학업을 병행하면서 수업을 따라갔던 것만으로도 잘했던 것이 분명하다. 게다가 와튼 스쿨은 내로라하는 수재들과 재계 거물의 자녀들이 다니던 곳이니 그의 자신감이 근거 없는 것도 아니었다.

1968년 5월 어느 날, 마침내 졸업식을 맞이한 트럼프는 검정색 가운을 입고 이 순간을 만끽했다. 아버지의 얼굴에는 미소가 가득했고, 눈빛은 트럼프를 후계자로 인정하고 있었다. 트럼프가 형을 제치고 명실상부한 후계자로 낙점된 것이다. 그러나 트럼프는 이 정도로 만족하지 않았다. 트럼프는 미국의 전설적인 부동산업자 빌 제켄도르프Bill Zeckendorf를 꿈꾸고 있었던 것이다. 그는 졸업식을 이렇게 기억한다. "나는 명문대를 졸업했다. 대학생활은 잘했다고 생각한다. 하지만 이게 끝일까? 내 인생의 진짜 시작은 내가 졸업하는 날이었다. 날씨도 좋고, 한마디로 끝내줬다."

03
아무리 사랑해도 혼전계약서를 써라
결혼 생활

"아무리 사랑해도 혼전계약서를 써라."

이 한 문장은 트럼프가 사업가로서 어떻게 성공을 거뒀는지 잘 보여준다. 《트럼프의 부자 되는 법》에서 트럼프는 "(혼전계약) 얘기를 꺼내기가 쉽지는 않지만 고작 몇 년 산 사람에게 전 재산을 줄 가능성과 비교하면 아무것도 아니다"라고 강조한다. 실제 두 번의 이혼 과정에서 혼전계약서의 힘을 빌려 '손실'을 크게 줄이기도 했다. 트럼프는 결혼마저 비즈니스 관점에서 접근하는 냉혹한 사업가다.

결혼부터 헤어지는 상황을 가정해서일까. 트럼프는 가정사가 다소 복잡하다. 이번에 백악관 안주인으로 들어간 멜라니아 트럼프는 세 번째 아내다. 둘 사이에 낳은 막내아들 배런과 아버지의 나이차는 무려 59세다. 첫째 부인 이바나와는 1977년 결혼해 1992년까지 살았다. 두 사람은 미국 사교계를 주름잡았으나 트럼프의 외도로 진흙탕 이혼을 했다. 트럼프는 이혼 후 다시 메이플스와 결혼했으나 6년 만에 파경을 맞았다.

그 와중에도 자식농사는 '잘' 지었다. 자녀와 손주 등 모두 포함하면 18명에 이르는 대가족이다. NBC가 백악관 경호가 전례 없는 도전에 직면했다고 보도한 이유도 거기 있다.

트럼프는 서른 살에 첫 번째 아내인 이바나와 결혼했다. 체코 스키 국가대표 선수로 패션 모델이었던 이바나는 뉴욕에 머물다 트럼프를 만났다. 트럼프 부부는 곧 사교계에서 이름을 날렸지만 혼전계약서의 실체가 드러난 것은 한참 뒤다. 1990년 트럼프가 두 번째 아내가 된 메이플스와 바람을 피우면서 두 사람이 이혼에 이른 때였다. 백만장자의 이혼을 두고 언론은 '세기의 이혼'이라 포장하며 떠들썩했다.

하지만 이름만 거창했다. '세기의 이혼'은 트럼프의 승리로 정해져 있었기 때문이다. 그 이유는 바로 혼전계약서. 두 사람이 결혼하기 전 서명한 혼전계약서는 이혼 합의금을 2,500만 달러(약 291억 원)로 제한하고 있었다. 이바나는 소송까지 했지만 결국 '계약금'보다 한참 줄어든 1,400만 달러(약 164억 원)를 받는 데 그치고 말았다. 적반하장으로 트럼프는 이바나가 혼전계약을 위반했다며 고소까지 했다. 후일 트럼프는 또 다른 저서 《귀환의 기술Trump: The Art of the Comeback》에서 다음과 같이 말한다.

"가장 큰 실수는 이바나에게 배우자 이상의 역할을 맡긴 것이다.

나는 이바나에게 애틀랜틱시티에 있는 카지노와 플라자 호텔을 경영하도록 했다. 문제는 이바나가 경영에 관해서만 얘기하기 시작했다는 것이다. 내가 저녁에 늦게 귀가하면, 이바나는 일상 주제 대신 호텔과 카지노 경영에 대해 대화를 늘어놓았다. 아내의 노력은 높게 사지만, 내가 감당하기 어려운 부분이었다. (중략) 나는 다시는 절대로 내 비즈니스를 배우자에게 맡기지 않을 것이다. 아내는 정말 열심히 일했지만, 나는 곧 아내가 아니라 사업가와 결혼했다는 사실을 깨달았다."

이혼하고 머지않아 트럼프는 메이플스에게 청혼한다. 식을 올리기 두 달 전인 1993년 10월 막내딸 티파니가 태어났다. 하지만 이번 결혼도 오래가지 못했다. 메이플스가 자신의 보디가드와 해변에서 바람피우는 모습이 포착됐기 때문이다. 1996년 트럼프와 메이플스는 사실상 별거에 들어간다. 메이플스는 "우리는 서로 안 맞는다는 것을 깨달았다"며 '쿨'하게 이별을 알리고, 두 사람은 이혼 서류에 도장을 찍기도 전에 공식 이별을 선언한다. 1999년 6월, 메이플스는 혼전계약서에 사인한 대로 200만 달러(약 23억 원)만 받고 결혼 생활을 끝낸다.

흥미로운 점은 이번엔 남편이 가정적이기를 바랐던 아내와 마찰을 빚었다는 사실이다. 메이플스는 결혼 초기부터 "다른 남편들처럼 5시에 집에 들어오면 안 되겠냐"며 트럼프와 시간을 보내고 싶어 했다. 하지만 트럼프의 대답은 기계적이며 계산적이었다. "일과 가정은 양립할 수 없다"고 하면서 "내가 5시에 들어오길 바라면 당신이 즐기고 있는 호화로운 생활도 모두 포기해야 할 것"이라고 응수했다. 이렇게 물과 기름 같았던 두 사람은 오래갈 수 없었다.

공식 이혼 전인 1998년 9월, 트럼프는 한 파티에서 지금의 아내인 멜라니아를 처음 만났다. 첫눈에 반한 트럼프는 멜라니아에게 다가가 "도널드 트럼프입니다"라며 관심을 보였다. 하지만 이전 아내들과 달리 스물여덟 살의 슬로베니아 모델은 그리 호락호락하지 않았다. 트럼프가 번호를 달라고 했지만 다른 여자와 왔다며 구애를 뿌리친 것이다.

그러나 트럼프도 포기할 위인이 아니었다. 트럼프는 동행했던 파트너를 여자화장실로 보내 멜라니아에게 번호를 건넸다. 이후 멜라니아는 트럼프에게 전화를 했고, 그렇게 그들은 첫 데이트를 했다. 6년여의 연애 후 2004년 약혼했고 이듬해 6월 결혼식을 올렸다.

전 부인들과 달리 멜라니아는 사업에 관여하지도, 남편의 시간을 요구하지도 않았다. 그저 '재벌 사모님'으로 호화로운 생활을 하며 자식을 돌보는 데 만족했다. 트럼프가 그토록 바라던 '내조형 아내'를 드디어 만난 것이다.

가십 전문 기자 리즈 스미스는 "멜라니아는 트럼프에게 최고의 배필"이라며 "그녀는 인품도 뛰어나고 좋은 엄마"라고 말했다. 트럼프 가문의 전담 사진 기사인 해리 벤슨은 "멜라니아가 트럼프의 마지막 부인이라는 사실이 신기하다"며 "성격이 까다롭지도 않고 소문거리를 만들지도 않는다"고 했다. 멜라니아는 '사일런트 파트너 silent partner'라고 불릴 만큼 '나서지' 않았다.

하지만 트럼프는 이를 당연하게 여기는 듯하다. 결혼 직후 한 방송에 출연한 트럼프는 "나는 자식들을 돌보는 데 손 하나 까딱 안 할 것"이라며 "돈을 주면 아내는 아이들을 돌볼 것이고, 내가 아이들과 공원을 산책할 일은 없다"고 잘라 말했다. 결혼도 거래의 일환으로 여기는 트럼프의 가치관을 잘 보여주는 대목이다.

이런 트럼프가 이번에도 혼전계약서를 빠뜨릴 리 없었다. 고령의 나이를 고려하면 마지막으로 정착하는 결혼인데도 말이다. 트럼프는 결혼 1년 후인 2006년 CNN에 출연해 이렇게 말했다. "혼전계약서가 좋은 것은 아니다. 하지만 사악한 변호사들과 기나긴 법적 절차 등을 고려하면 어쩔 수 없다. 당신이 돈이 있고 앞으로 돈을 벌 생각이라면 혼전계약서에 무조건 사인해야 한다."

실로 트럼프를 대변하는 말이 아닐 수 없다.

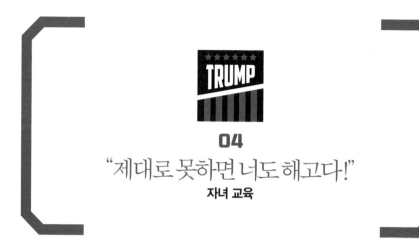

04
"제대로 못하면 너도 해고다!"
자녀 교육

"아버지에게 바뀌었으면 하는 건 아무것도 없어요. 이 세상에 아버지 같은 사람은 없습니다."

도널드 트럼프의 가장 큰 지지자는 바로 그 자식들이다. 당선된 뒤 처음으로 다른 나라 정상을 만나던 날(아베 신조 일본 총리와 트럼프 타워에서 만날 때) 그 옆에 있던 사람은 그의 비서도, 수행원도 아닌 딸 이방카 트럼프와 사위 재러드 쿠슈너였다. 백악관에 입성하는 퍼스트레이디도 트럼프의 부인 멜라니아 트럼프가 아닌 이방카다.

이는 모두를 신선한 충격에 빠트렸다. 처음 보는 풍경이기도 했다. 물론 역대 미국 대통령들은 가족과 공식 석상에 나타날 때가 많았지만, 트럼프처럼 가족이 내각을 주도하는 듯한 모습은 처음이기 때문이다.

트럼프와 그의 자녀들은 하나의 가족이 되기까지 꽤 많은 일을 거쳐야 했다. 트럼프는 타블로이드 신문을 자주 장식하던 사람이었다. 사업은 물론이고 결혼생활과 이혼, 자녀들 이야기까지 모두 포함됐다. 트럼프의 자녀들은 어릴 때부터 모든 미국인의 시선을 받으며 자랐다. 특히 첫 번째 아내 이바나의 자녀인 도널드 트럼프 주니어와 이방카, 에릭 트럼프는 더욱 그러했다. 이들은 부모의 이혼에 심지어 성생활까지 사람들 입에 오르내리는 것을 보며 자랐다.

하지만 이들은 우려와 달리 아버지 트럼프의 이미지를 높여주는 자녀로 성장했다. 이방카는 지난 2007년 〈타임〉과의 인터뷰에서 "나를 포함한 내 형제자매들을 보면서 우리 중 그 누구도 멍청한 삶을 살고 있지 않다는 사실이 자랑스럽다"고 했다. 그리고 이렇게 덧붙였다. "스스로 자랑하려는 것은 아니지만 나는 지금보다 훨씬 더 막가는 삶을 살 수도 있었다."

그렇다고 트럼프가 자녀들을 등한시하면서 살았다는 이야기는 아니다. 단지 평범한 집안에서 자란 아이들처럼 키우지 못했을 뿐이다. 트럼프는 워커홀릭이다. 그도 그럴 것이 엄청난 규모의 부동산 사업을 진행하다 보니 한시도 손을 놓을 수가 없기 때문이다. 트럼프가 보고 자란 자신의 아버지도 그러했다. 트럼프는 어려서부터 아버지가 업체와 계약을 맺으러 갈 때면 종종 따라가 아버지의 모습을 지켜보곤 했다. 그는 자서전 《거래의 기술》에서 "아버지를 따라다니며 건축용 토지를 사려고 흥정하는 방법을 배웠다"고 한다. 트럼프의 자녀들도 비슷한 이야기를 한다. 도널드 트럼프 주니어는 과거 CNN과 나눈 인터뷰에서 "아버지와 우리가 시간을 보내는 방식은 여느 전통적인 가정과는 달랐다"고 말했다. 아버지와 시간을 보내는 장소는 그의 사무실이나 계약 현장이었다. 여섯 살이었던 도널드 트럼프 주니어는 아버지가 기업 사장들과 협상할 때 옆에서 장난감 트럭을 가지고 놀며 시간을 보냈다. 트럼프와 트럼프의 자녀들은 아버지에 대한 비슷한 기억을 가지고 있는 것이다.

트럼프는 자녀들에게 돈의 소중함을 알게 하고 돈을 관리하는 법을 가르치는 데 주력했다. 여느 아버지처럼 놀이공원에 가거나 장난감을 가지고 놀아주지는 못했지만 돈에 관해서라면 누구보다 자신 있는 교육철학이 있었다. 트럼프는 《트럼프의 부자 되는 법》에서 "부모가 아니면 자녀에게 누가 돈 관리법을 가르쳐주겠는가"라며 어려서부터 자녀들에게 돈에 대한 교육을 제대로 해야 한다고 강력히 주장한다. 트럼프 자신도 어려서부터 아버지 프레드에게 돈 버는 법을 배웠다. 돈은 그에 마땅한 가치와 희생이 있어야 벌 수 있음을 몸소 깨우쳤다. 트럼프의 아버지 프레드는 건설 현장에 트럼프를 데리고 갈 때면 현장 주변에 있는 빈 병을 주워 고물상에 팔아 용돈을 마련하는 법을 가르쳤다.

트럼프의 자녀들은 트럼프의 어린 시절보다 더 부유하게 자랐다. 하지만 트럼프가 아버지로부터 배운 철학은 자녀들에게도 동일하게 적용됐다. 트럼프는 자서전에서 "나의 자녀들은 내가 어떻게 사는지 보고 배웠다. 그들은 내가 얼마나 노력해서 돈을 버는지 아주 잘 알고 있다"고 말한다. 트럼프의 자녀들은 방학 때면 잔디를 깎거나 정원을 가꾸며 용돈을 벌었고 트럼프가 운영하는 레스토랑이나 부동산 사무실에서 일하기도 했다. 그는 돈은 쉽게 들어오지 않는다는 것을 실천하면서 이를 자녀들에게 가르쳤다. 트럼프가 대선 과정을 시작하고 한 유세 현장에서 노동과 소득의 중요성을 역설하면서 옆에 앉아 있던 이방카에게 "제대로 못하면 너도 해고다!"라는 말로 웃음을 자아낸 것도 그냥 나온 농담은 아니었던 것이다.

그의 자녀들도 자신들이 '망나니'로 살아가지 않는 것은 다 아버지 덕분이라고 말한다. 이방카는 ABC뉴스와 나눈 인터뷰에서 "우리가 얼마나 축복받은 가정에서 자랐는지 가장 먼저 말해준 사람은 아버지였다"라고 하며 "그리고 우리가 얻은 이 특혜의 책임도 질 줄 알아야 한다고도 말해주셨다"고 전했다. 첫째 아들 트럼프 주니어는 "솔직히 우리가 응석받이로 크지 않았다고 하면 사람들이 웃을 것을 아니까 그렇게 말하지는 않겠다"며 운을 띄웠다. 그러나 그는 "우리는 훌륭한 교육과 경험이 넘치는 환경에서 자랐다"고 자부했다. 바로 그런 이유로 그들과 비슷한 상황에 있는 사람들이 추락하는 것과 비슷한 경험을 겪지 않았다고 밝혔다.

첫 번째 부인에게서 태어난 트럼프 주니어와 이방카, 에릭, 그리고 둘째 부인에게서 태어난 티파니가 한자리에 모인 인터뷰 자리에서 ABC 유명 앵커인 바바라 월터스는 "아버지의 많은 모습 중 한 가지만 바꿀 수 있다면 무엇을 바꾸겠는가"라고 물었다. 모두가 대답을 망설였다. 월터스가 "아무것도 없다고? 빨리! 한 가지만 말해 봐!"라고 재촉하자 그제야 이방카가 입을 뗐다. "아버지가 좀 더 건

강한 식습관을 가졌으면 좋겠네요." 일제히 웃음이 터졌다.

에릭과 티파니가 "아버지는 매우 훌륭한 사람"이라고 칭찬하자 트럼프 주니어는 "아무것도 바꾸고 싶지 않아요. 그는 정말, 정말 대단한 사람이에요"라고 말했다.

하지만 트럼프 주니어가 열두 살 때 한 말은 지금과는 사뭇 다르다. 열두 살에 부모의 이혼을 겪어야 했던 트럼프 주니어는 당시 〈뉴욕타임스〉 인터뷰에서 "아버지는 자기가 엄청나게 대단한 사람인 줄 알고 '진정한 남자'라고 말한다. 웃기는 소리다. 아침에 학교 갈 때 보는 신문에는 온통 어머니와 아버지 이야기뿐이다. 결혼, 이혼…… 이게 내 또래 아이들에게 어떤 의미인지 아느냐"며 분노를 터뜨리기도 했다. 인터뷰를 하지는 않았지만 이방카와 에릭도 같은 마음이었을 것이다.

자녀들의 마음을 트럼프에게 다시 돌린 것은 무엇보다 성공한 사업가로서 그가 보여준 모습이었다. 미국의 심리학자 세스 마이어스는 언론 인터뷰에서 "트럼프는 그의 자녀들에게 그저 평범한 아빠가 아니다. 그는 사업 멘토이고 사장이다. 그런 아버지의 기대에 부응하기 위해서 자녀들이 엄청나게 노력하지 않았을까?"라는 분석을 내놨다.

트럼프는 자녀들이 대학교를 졸업하기 전 쓴 자서전에서 "나는 아이들에게 언제나 내 회사로 들어와서 일해도 된다고 말한다. 그들을 언제나 환영한다"고 했다. 그는 다정다감한 아버지, 또는 자녀들에게라면 언제고 시간을 내주는 아버지는 아니었지만 자녀들을 성

취지향적 성향으로 키워낸 사람이다. 자녀 교육에서도 그의 승부사 기질이 드러난 것이다. 아직 대학교를 졸업하지 않은 막내딸 티파니와 막내아들 배런이 어떤 사람으로 성장해가는지 지켜보는 것도 하나의 재미가 될 것이다.

05

적도 여전히 친구다
친구 관계

친구의 정의는 사람마다 다를 수 있다. 마음을 터놓고 진심을 이야기할 수 있는 것이 친구라면 도널드 트럼프에게는 친구가 별로 없다. 하지만 어느 정도의 친밀함을 유지하는 사람을 친구라고 정의한다면 트럼프는 친구가 아주 많다. 사업상 이어진 사람부터 오래전부터 알고 지낸 사람, 심지어 자신을 비판하는 사람들까지 그에게는 모두 '친구'가 될 수 있다.

트럼프는 대선 기간 내내 자신의 막말을 비판하는 소수 인종 미국인을 가리켜 "그들은 나의 친구"라고 말하고 다니곤 했다. 미국의 유명 코미디언 지미 팰런은 자신이 진행하는 쇼에서 트럼프가 대선 기간 동안 "그 사람도 나의 친구ᵃ friend of mine"라고 하는 장면을 모아 방영할 정도였다. 그 영상에서만도 트럼프가 누군가를 자신의 친구라고 부르는 것이 약 30회 등장한다. 그는 중국을 비난하면서도 "중국인은 나의 친구"라고 말했고 무슬림 비하 발언을 서슴지 않으면서도 "사실 나는 무슬림 친구들이 굉장히 많다"고 자랑한다. 그에게 친구란 무엇일까? 그 철학적 의미는 알기 어렵겠지만 그에게는 적이든, 가족이든, 그 누구라도 친구가 된다. 트럼프에게는 친구 사귀기도 하나의 전략이기 때문이다. 그와 꽤 친하다고 알려진 지인들 이야기를 들어보면, 그는 사람과 어울리기를 매우 좋아하고 알고 지내는 사람이 셀 수 없이 많다고 한다.

하지만 트럼프의 40년 지기 친구이자 동료 부동산업자인 리처드 레프락은 "트럼프가 실제로 가깝게 지내는 사람은 몇 안 된다"고 전했다. 레프락을 포함한 트럼프의 몇몇 지인들은 알고 보면 트럼프가 자신이 잘 아는 영역을 벗어나기 싫어하는 사람이라고 말한다. 레프락과 트럼프가 우연히 출장차 같은 플로리다 주에 있을 때 레프락은 트럼프에게 전화를 걸어 "도널드, 마이애미로 좀 놀러오지그래?"라고 했다고 한다. 하지만 트럼프의 리조트는 마이애미가 아닌 팜비치에 있다. 트럼프는 "그래, 레프락. 그러면 좋겠네"라고 했지만 팜비치를 떠나 레프락을 보러 간 적은 없다고 한다. 대외적으로 보이는 이미지와는 매우 다른 성격이다.

사실 트럼프를 정의하는 것은 그가 대중에게 보여주는 모습 그 자체다. 미국 언론과 미국인, 그를 바라보는 모든 이들은 사실 그의 속마음이 어떤지, 그의 진정한 친구가 누구인지 관심이 별로 없다. 그가 텔레비전에 나와서 하는 터무니없는 말을 머리기사로 뽑아 자극적인 보도를 하기 바빴다. 트럼프도 사실 그것을 즐겼다. 트럼프를 10년 동안 알고 지낸 미국 MSNBC의 앵커 조 스카보로는 대선 기간 동안 트럼프에게 호의적인 입장을 고수했다고 엄청난 비판을 받기도 했다. 이에 스카보로는 다소 억울한 입장을 보였다. "사람들이 내가 트럼프와 친하게 지낸다고 하도 욕을 해서 생각해보니, 10년 동안 그와 단둘이 밥 한번 먹은 적 없더군요"라고 농담을 던지기도 했다.

하지만 주목할 것은 그가 그다음에 한 말이다. "그게 트럼프가 살아가는 방식이에요. 그는 악수하고 친구끼리 등을 두드리는 행동을 하지만 그게 다죠. 그런데 그게 트럼프 그 자체예요."

면밀히 들여다보면 트럼프가 아무 목적 없이 친하게 지내는 사람은 거의 없다. 트럼프와 학창 시절을 보낸 이들 중에 지금껏 그와 연락하는 사람은 거의 없다고 알려져 있다. 트럼프의 인맥 대부분은 비즈니스에서 비롯됐다. 도널드 트럼프의 사촌인 존 월터는 〈뉴욕타임스〉 인터뷰에서 "도널드의 친구들은 대부분 사업과 연관돼 있다"며 "그는 바쁘게 지내길 좋아하는 사람"이라고 전했다. 그가 만나는 사람들은 거의 다 사업의 연장선상인 것이다.

월터의 말을 인용하자면, 트럼프는 맥도날드에 앉아 아무 생각 없이 친구들과 수다 떨며 "요즘 뭐 하고 지내냐" 묻는 사람이 아니다. 트럼프가 세계 최고의 부동산 부자가 되기까지 핵심적 역할을 했던 에이브 월러치의 이야기를 들어봐도 그렇다. 트럼프 재단에서 약 20년 동안 일하며 트럼프의 주요 해외 사업들을 주도한 월러치는 가끔 주말에도 전화하는 트럼프를 이해할 수 없었다고 했다. 트럼프가 가끔 주말에 전화해서는 커플 여행을 가는 게 어떠냐고 물을 때마다 '아니 매일 만나는 나를 굳이 또 왜?'라고 생각했다고 한다. 모처럼 맞는 주말에 전용기를 타고 어딘가로 여행 가자고 전화하는 사람이 매일같이 보는 직장 동료라니, 에이브는 그런 트럼프가 매우 특이하다고 느꼈다.

하지만 트럼프가 아무리 속마음을 절대 터놓지 않는 철저한 사업가 마인드를 가진 사람이라 해도 한 가지 큰 장점이 있었다. 그는 한번 맺은 인연을 쉽게 놓지 않는 사람이었다. 사업을 통해 그를 만난 사람들은 대부분 그와 알고 지낸 지 10년이 넘는다. 트럼프의 비서로 23년간 근무했던 노마 포어더러는 "내가 실수를 해도 그는 나에게 소리 한번 지른 적이 없다"고 했다. 트럼프재단 부회장으로 20년간 역임했던 루이스 선샤인은 트럼프가 대선 출마를 선언하고 많은 비판을 받자 "트럼프는 절대 내게 보스인 적이 없었다. 그는 '리더'였다"는 말로 그를 옹호하기도 했다. 사업가 친구로서 트럼프는 좋은 사람이었고, 좋은 리더였다.

트럼프와 사업으로 인연을 맺은 친구들에게 가장 큰 위기는 바로 이번 대선 기간에 찾아왔다. 트럼프가 막말 발언으로 연일 뉴스에 오르내리며 사람들의 질타를 받기 시작하자 그의 오랜 친구들은 그와 맺은 인연을 부정하려고 했다. 이중 몇몇은 언론과 인터뷰를 통해 "트럼프는 좀 템포를 늦출 필요가 있다", "혐오를 멈춰라" 같은 메시지를 트럼프에게 전하기도 했다. 하지만 이 와중에도 변함없이 그를 지지한 루디 줄리아니 전 뉴욕 시장을 비롯한 몇몇 지인들은 트럼프 당선 이후 내각에서 중요한 자리를 꿰찼다.

에이브 월러치는 〈뉴욕타임스〉 인터뷰에서 "트럼프는 알고 보면 굉장히 마음씨 좋은 사람"이라고 말했다. 다만 그 모습을 이용해 이득만 취해가는 사람들이 싫어서 스스로 험난한 대외적 이미지를 구축해가는 것이라고 했다. 월러치는 "트럼프는 내가 본 사람 중 가장 자기 자신을 의심하는 사람"이라는 흥미로운 견해를 내놓기도 했다. 지켜보는 입장에서는 과연 그럴까라는 의문이 들 수도 있다. 하지만 우리는 트럼프가 '보이는 이미지'를 매우 중시한다는 것과 사람들이 자신을 그렇게 보기를 원한다는 것을 기억해야 한다.

리처드 레프락은 트럼프와 친구가 된다는 것은 마치 '허리케인'과 친구가 되는 것과 같다고 했다. 그가 있는 곳은 언제나 긴장감과 에너지가 넘치고 그 자리는 금세 모두의 주목을 받는다. 그렇다면 사실 트럼프는 친구가 되기에 충분히 매력적인 사람이 아닐까.

06

"처음 친 골프공이 여기 와 있네"
매너 꽝? 골퍼 트럼프

성질이 급한가? 상대를 배려할 줄 아는가? 승부에 집착하지는 않는가? 이 모든 것을 파악하는 데 골프만 한 것이 없다. 인간의 희로애락이 고스란히 묻어나는 18홀에서 사람의 본성이 여지없이 드러나기 때문이다. 골프 평론가인 버나드 다윈이 "골프만큼 플레이어의 성질을 드러내는 것이 없다. 그것도 최선과 최악의 형태로 나타나게 한다"고 말한 이유다. 골프를 조금이라도 쳐본 사람은 골프를 칠 때의 매너가 사람의 됨됨이와 밀접한 관련이 있다고 입을 모은다. 그렇다면 도널드 트럼프 미국 대통령의 골프 매너는 어떨까.

2016년 5월 복싱 선수 오스카 델 라 호야의 폭로에 따르면 트럼프는 필드 위의 사기꾼이다. 2년 전 트럼프와 우연히 골프를 쳤다는 그는 트럼프의 '알까기' 일화를 〈LA타임스〉에 공개했다. 티박스에 첫 타자로 오른 트럼프는 처음 친 공이 물에 빠지자 동반자 허락도 없이 연달아 4개의 공을 쳤다. 모든 공이 덤불과 물속으로 들어가자 트럼프는 페어웨이에 슬쩍 공 한 개를 떨어뜨리더니 "처음 친 공이 여기 와 있네?"라며 뻔뻔하게 '알까기'를 했다. 이후 파3홀에서는 경기가 금지된 아웃오브바운드^{OB}에 공이 들어가자 홀 바로 앞에 알까기를 한 뒤 컨시드를 받아냈다. 호야는 "트럼프는 공이 사라지면 몰래 새 공을 꺼내놓는 속임수에 능숙하다"며 고개를 내저었다.

트럼프가 골프와 인연을 맺은 것은 와튼 스쿨을 다니면서다. 친구들과 처음 필라델피아 퍼블릭에 가봤던 트럼프는 이후 골프와 사랑에 빠졌다. "그곳에는 소위 '사기꾼'들이 많았는데, 이들과 어울리면서 골프를 배웠다"고 회상했다. 훗날 한 언론과 나눈 인터뷰에서 골프장 사업에 뛰어든 배경으로 "나는 골프에서 아름다움을 발견한다. 코스에서 즐거움을 찾고 많은 거래를 성사시켰다. 훌륭한 골프 코스를 갖고 있으면 큰 힘이 된다"고 밝혔다.

트럼프는 현재 전 세계 18개의 골프장을 소유한 골프 재벌이다. 골프장을 운영만 하는 것은 아니다. 골프 실력도 일취월장이다. 그의 말을 곧이곧대로 들으면 안 되겠지만 60대 타수를 여러 번 쳤다고 한다. 특히 어려운 코스로 통하는 트럼프 팜비치 골프장의 아마추어 최소타 기록(66타)도 자신이 가지고 있다고 했다. 믿기 어렵지만 일흔의 나이에도 평균 드라이버샷 거리가 285야드에 달한다고 자랑한다. 미국 〈골프다이제스트〉에 따르면 트럼프의 공인 핸디캡은 3~4 정도로 골프광 오바마 전 대통령의 핸디캡인 13을 훌쩍 뛰어넘는다.

트럼프에게 골프는 스포츠 이상의 의미를 지닌다. "내가 소유한 골프 코스에서 즐거움을 찾고 많은 거래를 이곳에서 성사시켰다"고 거듭 밝혀온 것만 봐도 그렇다. 트럼프는 골프가 '트럼프 제국'의 작은 부분이지만 필드 위에서 성사시킨 거래를 생각하면 작다고 할 수만도 없다고 했다. 뉴욕 웨스트체스터카운티 트럼프 골프장에서 골프를 치지 않았다면 지금과 같은 부동산 제국을 세우지 못했다고 말하는 이유도 여기에 있다. 트럼프는 멋진 골프 코스가 사업에 큰 힘이 된다고 말한다.

사업뿐만 아니다. 대통령이 된 트럼프는 골프장을 정치의 장으로 활용하고 있다. 정국 구상과 내각 인선이 모두 자신의 골프장에서 이루어진 것이다. 트럼프는 미트 롬니 전 매사추세츠 주지사를 시작으로 펜스 부통령, 매티스 국방부 장관 등 수많은 인사들을 트럼프 골프장으로 불러 모았다. 또한 당선인 신분으로 뉴저지 베드민스터의 골프 클럽에 머물며 각료 후보들을 차례로 면담했다. 2015년 3월 "내가 대통령이 되면 골프 실력은 줄겠지만 골프산업은 발전할 것"이라고 한 말이 사실로 드러난 셈이다. 가히 골프 정치라는 얘기가 나올 만하다. 때문에 골프장이 제2의 백악관이 될 것이라는 전망도 나온다. 조지 W. 부시 전 대통령이 재임 시절 텍사스 주 크로퍼드 목장에서 주요국 정상들을 만난 것처럼 말이다.

2003년 부시 전 대통령은 청바지에 픽업트럭을 몰고 고이즈미 준이치로 전 일본 총리를 마중 나가 화제를 모았다. 트럼프라면 모자를 푹 눌러쓴 채 클럽카를 끌고 나가 귀빈을 맞이하는 모습을 상상할 수 있다. 골프를 무척 좋아하지만 스포츠 그 이상도 이하도 아니었던 오바마 전 대통령과는 분명 다른 모습이다.

이런 취향을 간파한 아베 신조 일본 총리는 트럼프에게 골프채를 선물했다. 미국 대선이 끝난 지 일주일 만에 세계 정상으로서는 가장 먼저 미국을 방문한 2016년 11월 17일, 아베 총리는 골프 용품과 함께 시가 3,755달러(약 445만 원)짜리 혼마 드라이버를 건넸다. 트럼프가 전용기를 도금할 정도로 금색에 '환장'한다는 사실을 알아채고는 색깔도 손수 금색으로 골랐다.

다만 눈치 빠른 아베도 혼마 사가 2010년 중국 유통 기업인 머라이언 홀딩스에 넘어갔다는 사실은 몰랐던 모양이다. 이 골프채가 '메이드 인 차이나'라는 것이 뒤늦게 알려졌다. 그래도 트럼프와 아베의 만남은 당초 예정된 45분을 훌쩍 넘겨 90분간 진행됐다. 트럼프의 취향을 저격한 아베의 골프 외교가 성공을 거둔 셈이다.

아베 총리가 보여준 '골프 통찰력'이 트럼프의 마음을 움직였을지도 모른다. 트럼프 또한 골프로 사람의 됨됨이를 파악한다고 말한 적이 있다. 공동 저서인 《기요사키와 트럼프의 부자Why We Want You to be Rich》에서 트럼프는 "골프에서는 특정한 행동 양식이 요구되는데, 그 양식을 지키는 사람들은 대개 좋은 사업 파트너가 된다. 일부에서는 그것을 일컬어 에티켓이라고 하지만, 나는 그저 정직함이라고 말한다. 골프는 그러한 장점을 가늠할 수 있는 좋은 잣대가 될 수 있다"고 설명했다.

이쯤에서 문득 궁금해지는 것이 있다. 과연 골프에 대한 역대 미국 대통령들의 애정은 어느 정도였을까. 드와이트 아이젠하워, 존 F. 케네디, 버락 오바마는 대표적 골프광으로 통한다. 아이젠하워 전 대통령은 재임 8년 동안 800회 넘게 라운딩을 해 4일에 한 번 꼴로 골프를 쳤다. 케네디는 전임자인 아이젠하워가 지탄받았던 것을 의식해 몰래 골프를 쳤던 것으로 유명하다. 휴가 때마다 골프 치는 모습만 보이는 오바마 전 대통령은 300회 라운딩에 그쳤다. 프랭클린 D. 루즈벨트는 39세에 소아마비에 걸려 골프를 그만두기 전까지만 해도 프로 선수에 버금가는 골퍼로, 고등학교 시절 아마추어 대회에서 우승하기도 했다.

트럼프는 "나는 사업에서, 인생에서, 골프에서 언제나 박자를 잘 맞추기 위해 애써왔다"고 말한 적이 있다. 그랬던 트럼프인 만큼 전임 대통령들의 기록을 돌파할 수 있을지 주목된다.

07
막다른 골목에 몰려도 당당하라
위기극복 전략

1990년 8월, 트럼프 제국이 무너지고 있었다. 무모하게 벌린 사업이 경기침체를 만나면서 적자가 눈덩이처럼 불어나고 있었기 때문이다. 사재까지 털어 설립한 '트럼프 항공'은 운항 5개월도 채 안 돼유가 상승의 직격탄으로 파산 위기에 놓였다. 7,500만 달러를 차입해 뉴저지 주 애틀랜틱시티에 개장한 타지마할 카지노는 손익분기점을 넘지 못하고 있었다. 트럼프 카지노 12개 중 9개에서 적자가발생했고, 트럼프 플라자의 수입은 24%나 떨어졌다. 하루에 100만달러 이상의 이자가 발생했는데, 이는 트럼프의 수입을 훌쩍 넘는금액이었다. 사업을 일군 지 채 10년도 안 돼 트럼프 제국은 돈 먹는 하마가 되어 있었다.

개인 보증까지 서며 대출에 나섰던 트럼프는 구제금융을 받으려고 동분서주하고 있었다. 이자와 공사대금이 밀리면서 일부 건설업체는 자신들이 지었던 부분을 헐어내겠다고 협박했다. 어떤 업체는 파견 근로자들을 철수시키는 바람에 카지노 에어컨이 꺼지는 소동도 벌어졌다. 지금까지 파산 기업을 처분하며 돈을 쏙쏙 빼먹던 트럼프가 자신과 같은 기업사냥꾼들의 먹잇감으로 전락하고 있었다. 그해 트럼프 자산은 전년 대비 절반으로 뚝 떨어진 5억 달러로 집계됐다. 문제는 재산을 전부 정리해 빚을 갚아도 3억 달러가 모자랐다는 것이다.

트럼프는 90여 개의 투자 기관과 은행 간부들을 만나 구제금융을 호소했다. 취재진은 협상장 밖에 진을 치면서 트럼프의 '몰락'을 보도했다. 플래시 세례를 피하며 청문회장으로 황급히 들어가는 그의 모습은 처량했다. 자신이 자서전에 그려놓은 '위대한 사업가'의 모습과는 거리가 멀어 보였다.

그런데도 트럼프는 빚이 있는 사람답지 않게 뻔뻔했다. 오히려 채권자들 앞에서 떵떵 큰소리를 쳤다. 자기는 잘못이 없고 이라크의 쿠웨이트 침공에 따른 세계적 경제위기가 원인이라고 했다. 그러면서 사업체 중 한 곳이 망해도 트럼프 그룹 전체에는 영향이 없다고 강조했다.

이러한 당당함은 트럼프 플라자 분양을 앞두고 특히 잘 드러났다. 플로리다 주 팜비치에 지은 이 최고급 주택은 몇 년째 텅 비어 있었다. 미분양 아파트가 절반이 넘었고 1990년에 들어서는 딱 한 채만 팔렸다. 이는 이자 납기일을 못 맞추면 공매 절차가 진행돼 재산이

헐값에 넘어갈 수도 있다는 뜻이었다. 트럼프는 아파트 35채를 팔기 위해 '대규모 경매 행사'를 개최했다. 말이 경매였지 사실은 최고급 아파트가 시장 바닥에 내던져진 것이나 다름없었다.

최상류를 표방한 트럼프로서는 자존심이 상하는 일이었다. 상황이 다급했던 만큼 트럼프는 난생처음 한 채라도 더 팔기 위해 자신의 모든 에너지를 써야 했다. 당시 관계자들의 증언에 따르면, 트럼프는 정신을 반쯤 놓은 상태로 직원들에게 고충을 털어놓았다고 한다. 하지만 경매장에 나온 사람들은 이 사실을 알아채지 못했다. 집이 경매에 넘어가면 당사자는 바닥을 치며 통곡하기 마련이건만, 트럼프는 깔끔하게 정장을 차려 입고는 아무렇지 않게 자리하고 있었다. 참가자들이 모여들자 일일이 안내하고 인사를 건네며 "경기가 침체돼서 그렇지 조만간 집값이 크게 뛸 것"이라고 설득했다

결국 그날 35채가 모두 팔렸다. 당초 예상했던 금액보다 40%나 낮게 낙찰되긴 했지만. 브랜드 이미지를 고려해 가격을 최대한 높게 책정했으나 소비자들에게는 먹히지 않았다. 이는 몰락하는 트럼프 제국의 아파트가 더 이상 최상류층을 대변하지 못한다는 뜻이기도 했다. 그럼에도 트럼프는 경매가 끝나자 취재진을 만나 떵떵거렸다. "이날 완판 행렬은 예상치를 크게 웃도는 것"이라며 "오늘의 성과는 트럼프 플라자의 미래가 밝다는 것을 보여준다"고 말했다.

채권단에게는 '배 째라' 식으로 대했다. 1987년 구입한 3,000만 달러짜리 초호화 유람선의 보험료를 내야 할 시기가 다가왔을 때다. 머리를 굴리던 트럼프는 요트에 가장 많은 대출금이 잡혀 있는 은행

을 찾아갔다. 은행에서 나오는 트럼프의 손에는 보험료가 들려 있었다. 보험금을 못 낸 상태에서 유람선이 사고라도 나면 그 손해는 은행이 다 뒤집어쓸 것이라고 협박 아닌 협박을 했다고 한다. 보다 못한 은행들이 대출 상환 조건을 재검토하겠다고 하면 파산 신청 서류를 들고 법원으로 달려가는 시늉으로 은행들을 기겁하게 만들었다. 은행들이 울며 겨자 먹기로 트럼프의 요청을 들어줄 수밖에 없었던 배경이다.

가끔 채권자와 마찰이 발생하면 "내가 당신에게 빚진 것은 맞지만 이런 식이라면 안 갚아버리는 수가 있다"고 역공을 펼치기도 했다. 빚쟁이 트럼프는 채권단이 정해놓은 생활비도 있었는데, 이것도 '쿨'하게 무시했다. 생활 수준도 이전과 동일하게 유지했고, 이바나에게 이혼 위자료로 1,400만 달러를 줘 한바탕 난리가 나기도 했다. 채권자들은 자신들에게 갚을 돈을 흥청망청 쓴다고 펄펄 뛰었지만, 트럼프는 이 돈이 그나마 파산 신청을 안 하는 이유라며 역으로 엄포를 놓았다.

이렇게 시간을 끌면서 트럼프는 유람선이나 헬리콥터처럼 없어도 되는 자산은 정리하고 카지노와 철도부지, 플라자 호텔 등 핵심 사업체는 지킬 수 있었다. 이중에서도 웨스트사이드 철도부지에 목을 맸다. 트럼프에게는 사업이 기우는 와중에도 개발에 대한 열망이 있었기 때문이다.

트럼프는 사업이 기울 무렵 부지 개발을 통해 반전을 노리고 있었다. 당초 방송사들을 끌어들여 미디어 단지로 조성하려던 계획을 버리고 뉴욕 최고 주상복합건물을 짓기로 결심한 이유도 그것이다. 트럼프는 이 프로젝트가 뉴욕의 랜드마크였던 록펠러 센터를 대체할 만한 건물이 될 것이라고 믿었다. 이름도 '텔레비전 시티'에서 '트럼프 시티'로 바꿨다.

하지만 곧 반대에 맞닥뜨렸다. 지역 주민들이 개발 규모를 줄이고 고가도로를 철거하라고 요구했던 것이다. 내부 반대도 있었다. 가까운 직원들조차 트럼프가 왜 그토록 마천루에 집착하는지 이해하지 못했다. 한 직원은 "건물 꼭대기에서 강아지와 산책하는 날 애완견이 내려오다 못 참고 오줌을 쌀 것"이라고 조롱하기도 했다. 하지만 트럼프도 물러설 기미를 보이지 않았다. 그는 상대가 포기할 때까지 기다리는 끈기가 있었다. 살면서 수많은 반대에 맞닥뜨려왔기 때문에 이 정도는 별 문제가 안 된다는 입장이었다. 결국 트럼프는 직원들을 닦달해 토지용도 변경 신청 절차를 강행했다.

하지만 트럼프가 파산 위기에 놓였다는 사실이 밝혀지면서 상황이 급변한다. 평소 트럼프와 대립각을 세워온 시민단체들이 소식을 접하고 화력 지원에 나섰기 때문이다. 여기에 주민들의 '표'를 의식한 지역 의원들까지 가세하면서 프로젝트는 답보 상태에 빠졌다. 한 시민단체는 회원 6,000명과 운영비 20만 달러를 모금해 환경 전문 변호사를 고용하고 맞서기 시작했다. 채권단에도 굴복하지 않았던 트럼프였지만 이번에는 시민단체와 손을 잡기로 결심한다. 파산 위기에서 벗어나기 위해서라도 이 프로젝트를 반드시 성공시켜야 했기 때문이다. 반대 선봉장에 있었던 뉴욕미술협회를 찾아간 트럼프는 한 치의 망설임도 없이 말했다. "저는 공식적으로 계획을 바꾸고 싶지는 않지만 여러분이 지지만 해준다면 제 솔직한 대답은 '예스' 입니다."

전혀 상상도 못했던 답변에 시민단체들은 한동안 입을 다물지 못했다. 하지만 이내 정신을 가다듬고 구체적 협상에 들어갈 것을 제안했다. 하지만 이 충격은 이들이 협상장에서 마주칠 충격과는 비교도 되지 않았다. 협상 당일 트럼프는 종이 한 장을 가지고 와 사람들을 어리둥절하게 했다. 그 종이에 트럼프는 커다란 원을 그리고 가운데 선을 긋더니 한쪽에는 자신이 계획한 건물을, 반대쪽에는 시민단체가 요구한 공원을 만들자고 했다. 그러더니 시민단체의 계획이 훌륭하다고 칭찬을 쏟아내며 이 야심찬 개발을 반드시 성공시키자고 격려했다.

이렇게 시민단체와 합의를 이룬 지 3개월 뒤, 시 관계자와 트럼프, 시민단체 대표들은 공식 기자회견을 열고 '트럼프 시티' 프로젝트를 철회한다고 발표했다. 대신 '리버사이드 사우스'라는 시민단체 계획안을 수용한다고 밝혔다. 언론은 소련이 공산주의를 버린 것에 버금가는 역사적 사건이라고 일제히 보도했다.

결국 트럼프가 계획했던 공사 규모는 반으로 줄었다. 반 이상 줄였음에도 5,700채의 아파트 단지는 뉴욕에서 가장 큰 규모의 건설 프로젝트로 기록됐다. 트럼프의 아버지조차 감히 시도해본 적 없는 거대한 시공이었다. 트럼프가 계획했던 세계 최고층 마천루는 사라졌지만, 대신 트럼프는 시민단체의 힘으로 오랫동안 지지부진했던 철도부지 개발을 끝낼 수 있었다. 덤으로 1년 넘게 트럼프의 파산 위기와 사생활을 무차별적으로 보도했던 기사도 수그러들었다. 시민단체와 함께 선 기자회견이 모든 상황을 뒤집는 계기가 됐기 때문이다. 트럼프는 그 자리에서 "오늘은 제 인생에 가장 큰 전환점이 되는 날"이라면서 "여태껏 저에게 온갖 유언비어를 쏟아냈던 사람들은 책임을 져야 할 것입니다"라고 말했다.

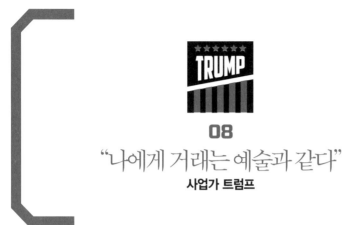

08
"나에게 거래는 예술과 같다"
사업가 트럼프

"거래는 나에게 일종의 예술이다. 어떤 사람들은 캔버스에 아름다운 그림을 그리고 또 어떤 사람은 아름다운 시를 쓴다. 그러나 나는 뭔가 거래하는 것이 좋다."

트럼프의 정체성을 정의하라면 '사업가' 그 자체이다. 그의 대인 관계에서도 드러나듯 그와 연결된 대부분은 '트럼프 재단'과 관련돼 있다. 그는 매일 4시간씩 자면서 사업 확장을 고민해온 사람이다. 그에게서 사업을 빼면 시체만 남는다는 말도 과장은 아니다. 트럼프가 곧 트럼프 재단이며 트럼프 재단은 곧 그의 삶 전체이다. 트럼프를 트럼프로 만드는 사업가로서의 정체성을 면밀히 들여다보기 전에는 그를 완전히 안다고 할 수 없을 것이다.

와튼 스쿨을 졸업하고 트럼프에게 전달된 아버지 재산의 일부가 얼마인지는 정확하지 않다. 트럼프는 20만 달러와 대출받은 80만 달러를 합쳐 100만 달러로 처음 사업을 시작했다고 얘기한다. 그러나 사실 이것보다 훨씬 큰 액수를 가지고 사업을 시작했다고 문제를 제기하는 의견도 있다. 트럼프가 없는 형편에서 시작해 엄청난 부자가 된 것이 아니라는 사실은 모두가 알기 때문에 그 액수가 크게 중요하지는 않아 보인다. 그보다 더 주목해야 할 점은 트럼프가 아버지한테 배운 부동산 사업 기술이다. 그는 아버지가 자신에게 전해준 사업 조언들을 늘 머릿속에 새기며 살았다.

트럼프의 아버지 프레드는 주로 중산층 이하를 겨냥한 임대주택 사업을 벌였다. 트럼프도 얼마든지 아버지의 사업을 이어서 할 수 있었다. 프레드도 둘째 아들인 도널드가 가장 공격적이고 사업가다운 기질을 가졌다는 것을 잘 알고 있었다. 하지만 트럼프는 아버지와는 다른 방향으로 가기로 마음먹었다. '부자'들을 위한 부동산 사업을 하기로 한 것이다. 부자들을 위한 호화 아파트, 골프장, 리조트 등 이들이 최대한 돈을 쓸 수 있는 공간을 만들고자 했다. 그러려면 그들의 테두리 안에 들어가야 했다.

트럼프는 《거래의 기술》에서 자신의 인생철학 열한 가지 중 가장 중요한 것으로 '크게 생각하라'를 꼽았다. 그는 "나는 이미 부자였지만 기념비적인 일을 하고 싶었다"고 말한다. 그는 누구보다 넘치는 자신감으로 큰 그림을 그리기 시작했다. 뉴욕의 상류 부동산 고객들과 업자들은 다루기에 매우 까다로운 사람들이었다. 깐깐한 것은 말할 것도 없고 아무리 트럼프가 부동산 큰손의 아들이라고 해도 눈에 뛸 만한 것이 없으면 거들떠보지도 않았다. 트럼프는 와튼 스쿨을 졸업하고 뉴욕의 심장부인 맨해튼으로 넘어와 처음 임대한 아파트에서 언젠가 뉴욕에서 가장 크고 호화로운 건물 꼭대기 층의 주인이 될 자신을 상상했다. 맨해튼에 와서 그가 가장 먼저 한 일은 유명 부동산을 둘러본 뒤 소셜 클럽에 들어간 것이다. 맨해튼 이스트 54번가에 있던 '레 클럽Le Club'은 1970년대 뉴욕을 주름잡던 소셜 클럽이었다.

트럼프는 다짜고짜 클럽에 전화를 걸어 "이 클럽에 가입할 수 있을까요? 나는 도널드 트럼프라는 사람입니다"라고 했다. 수화기 너머로 어이없다는 웃음소리가 들렸다. 그러나 트럼프는 포기하지 않았다. 그 클럽에 들어가야 뉴욕의 알짜배기 부자들이나 핵심 인사들과 '친구'가 될 기회를 잡을 수 있기 때문이다. 그는 결국 클럽 회장과 여러 차례 만나 술친구가 된 뒤에야 클럽 멤버가 될 수 있었다.

1950년대 매카시즘 바람의 중심에 있던 악명 높은 변호사 로이 콘을 만난 곳도 바로 여기서였다. 당시 레 클럽에서 트럼프를 기억하는 한 금융업자는 〈더데일리비스트〉와의 인터뷰에서 "트럼프는 레 클럽에서 엄청난 유명인사"였다며 "그는 정말, 정말 겁이 없어 보였다"고 전했다. 트럼프는 레 클럽에서 만난 사람들과 맺은 인연을 시작으로 뉴욕 부자들 사로잡기에 돌입한다.

트럼프는 1978년 그랜드하얏트 호텔 리모델링으로 뉴욕 부동산 무대에 화려하게 데뷔했다. 세계 최대의 기차역인 '그랜드센트럴' 역 옆에서 위엄을 지키는 그랜드하얏트 호텔은 트럼프가 탁월한 센스를 발휘한 '작품'이었다. 당시 하얏트 호텔은 지금처럼 크지 않았고 힐튼 호텔에 비해 명성이 높지 않았다. 하지만 트럼프는 '하얏트'라는 브랜드의 잠재력을 높이 평가하고 그랜드하얏트 호텔의 전신인 코모도어 호텔을 하얏트 호텔로 탈바꿈하기로 결정했다. 사실 리모델링 자체도 트럼프가 만류를 무릅쓰고 선택한 것이었다. 원래는 코모도어 호텔 부지를 매입해 아예 새로운 호텔을 지으려던 트럼프는 비용 절감과 동시에 화려한 데뷔를 해야겠다고 생각했다. 그가 주장한 열한 가지 인생철학 중 하나인 '희망은 크게, 비용은 적당히'를 실천한 순간이었다.

그의 선택은 탁월했다. 트럼프는《거래의 기술》에서 "우리는 그 누구도 시도한 적 없는 사면유리 레스토랑을 만들었다"고 밝히면서 호텔 인테리어에 화려한 감성을 더해 호텔의 매력을 살렸다고 자부한다. 같은 해 트럼프는 미국에서 가장 주목받는 건물이 된 '트럼프 타워'를 완공하며 뉴욕 맨해튼 중심가에 트럼프의 이름을 새겼다. 트럼프는 자신의 업적에 겸손하지 않고 오히려 마음껏 자랑했다.《트럼프의 부자 되는 법》에서 그는 "어떤 잡지는 나에 대한 기사를 보도하면서 헤드라인을 '그가 만지는 모든 것은 금으로 바뀐다'로 달았더라. 나도 그렇게 생각한다"며 "나는 와튼 졸업생에서 바로 백만장자가 됐다. 나는 적은 비용으로 입지를 사들여 돈을 엄청나게 벌었다"고 자랑했다.

트럼프의 사업이 유난히 돋보이는 이유는 그의 탁월한 사업가 마인드와 센스 때문만은 아니다. 바로 그의 이름으로 나타나는 브랜드 가치 때문이다. 미국 유명 뉴스 사이트 인베스토피아는 "트럼프라는 브랜드를 이해하는 것은 마치 '코카콜라'나 '나이키'를 이해하는 것과 같다"고 표현했다. 트럼프는 어떤 사업이든 자신의 이름 '트럼프'를 붙이는 데 주저하지 않는다. 물론 트럼프가 당선된 이후 트럼프에 반대하는 일부 입주민들의 반발로 트럼프 빌딩에서 '트럼프' 글자를 떼어버려야 했지만 말이다. 그런데 여기서 한 가지 흥미로운 것은 트럼프가 자신이 직접 관여하는 사업에만 '트럼프'라는 이름을 사용하도록 허가한다는 점이다.

〈워싱턴포스트〉는 트럼프의 천재성이 사실 사업이 아니라 '브랜드'를 건설하는 것이라고 표현했다. 그의 이 천부적 재능은 거의 전설과 같다고 했다. 트럼프 자서전을 집필한 마이클 D. 안토니오는 〈워싱턴포스트〉 인터뷰에서 "트럼프는 엄청나게 강한 트럼프 브랜드를 만들어냈다. 순수하게 자신이 주목받고 싶었던 것 같다"고 했다. 주목을 받고 외부에 노출되기를 즐기는 것이 한 개인의 천성이라고 해도 이를 이익으로 끌어내는 것은 아무나 할 수 없다. 그러나 트럼프는 그 일을 해냈다. 결국 그는 자신을 이용해 '사업'이라는 시장과 아주 성공적인 거래를 해낸 셈이다.

트럼프는 《거래의 기술》에서 살면서 얻었던 사업 교훈을 소개하며 조언을 아끼지 않는다. 하지만 그 와중에도 "독자들이 내 충고를 그대로 따르지 않았으면 좋겠다"고 말한다. 모두 자기와 같이 살다가는 자기처럼 성공하는 사람이 너무 많아질까봐 두렵다는 뜻이다. 어쩌면 수많은 이들이 자신을 비난할 때 트럼프는 속으로 이렇게 생

각했을지도 모르겠다. "역시 사람들은 내가 알고 있는 '거래의 기술'
을 다 터득하지 못했군."

　이제 한 나라를 이끄는 수장으로서 그가 어떤 '아름다운' 거래를
성사시킬지 주목해야 할 때다.

09

간결하게 핵심만 찔러라
TV 스타 트럼프

"트럼프 돌풍, 나는 왜 TV를 탓하는가."

NBC에서 앵커와 진행자로 활약했던 캠벨 브라운이 정치 매체 〈폴리티코〉에 기고한 글이다. 브라운은 방송사들이 시청률을 끌어올리는 데 혈안이 돼 있다면서 "트럼프가 대선 기간 중 했던 모든 막말과 행동은 방송이 원하는 그대로"라고 말했다. 이어 "대선 유세 기간 동안 트럼프는 속보와 생중계를 압도적으로 장악했다"며 "트럼프는 방송의 속성을 정확하게 파악하고 있다"고 강조했다.

이러한 배경에는 그의 방송인 경력이 있다. 트럼프는 대선 출마 직전까지 텔레비전에 출연했을 정도로 방송에 애정을 보였다. 그는 2004년부터 2015년까지 미국 NBC 리얼리티 쇼 〈견습생^{The Apprentice}〉을 10년 이상 진행한 프로 방송인이다. 뿐만 아니라 미국 프로레슬링에도 깜짝 출연을 했고, 각종 쇼에도 나와 '입담'으로 인기를 누렸다. 트럼프가 그만큼 '쇼'에 익숙하다는 이야기다. 미국 리얼리티 쇼는 시청률을 높이려고 별의별 방법을 다 동원하기 때문에 '주목받는 법'을 배우기에는 최적의 장소였다.

실제로 브라운은 "트럼프 유세장에 가면 기자가 할 일이 없다"고 했다. 뒷짐 지고 카메라만 고정시켜 놓으면 트럼프가 기삿거리를 빵빵 터뜨려주기 때문이다. 트럼프는 또 카메라만 들이대면 거의 반사적으로 의식했는데, 엄지손가락을 치켜들고 샤우팅하는 표정을 짓는 등 자세도 기가 막히게 잘 잡았다. 유세장에서 대본과 틀에 얽매이는 다른 후보들과 달리 청중과 실시간으로 호흡했다. 2015년 7월 유세 현장에서는 사우디아라비아와 한국에 일자리를 빼앗기고 있다고 말하던 중 누가 "말도 안 되는 소리다. 미쳤다"고 말하자 바로 "미쳤다고 하는데 사실이다. 미쳤다. 그들은 하루에 수십억 달러를 번다"고 맞장구를 쳤다.

이런 게 단순한 맞장구였다면 트럼프 열풍도 없었을 것이다. 트럼프는 감정을 온몸으로 표현한다. 감정 표현은 트럼프가 유권자들에게 공감하고 있다는 느낌을 줬고 유권자들은 이러한 표현에 집중한 나머지 '생각'을 놓친다. 방송을 보는 시청자들이 팩트보다는 화면의 극적인 장면에 집중하는 것과 마찬가지다. 때문에 발언의 사실성과 공약의 현실성은 애당초 중요하지 않았다. 중요한 것은 트럼프가 청중이 듣고 싶은 말을 해준다는 것이었고, 이에 유권자들이 열광했다는 것이다. 영국 〈가디언〉은 "연설의 목적은 정보 전달이 아니었다"며 "귀가 즐거운 청중들이 넋을 놓고 발언 검증 과정을 지나쳤다"고 설명했다.

이런 능력 덕분일까. 트럼프는 대선 후보 경선부터 우위를 점할 수 있었다. 정치판에서는 '초짜'나 다름없었는데도 트럼프는 시작부터 언론의 조명을 받았다. 〈폴리티코〉 분석에 따르면 공화당 대선 경선 기간 중 트럼프는 현직 상원의원이었던 테드 크루즈보다 여섯 배 이상 방송에 더 잡혔다. 또한 젭 부시 등 다른 후보 12명을 포함한 경선에서도 50% 이상 더 텔레비전에 노출됐다. 이를 포착한 언론들은 트럼프 효과로 대박을 터뜨렸다. 〈뉴욕타임스〉에 따르면 트럼프로 언론사에서 벌어들인 돈은 20억 달러(2조 3760억 원)에 이른다. 이와 관련해 레슬리 문베스 CBS 회장은 "트럼프 돌풍이 미국에게는 악재지만, CBS에게는 무척 좋은 일"이라고 자조하기도 했다. 전문가들은 결국 트럼프를 만들어낸 것은 언론이라는 데 뜻을 같이했다.

하지만 트럼프 돌풍을 방송 경력 하나만으로 설명하긴 힘들다. 방송 시스템을 간파했다고 해서 대통령 자리까지 오른다는 것은 상상할 수 없다. 트럼프의 '말'에는 또 다른 비밀이 숨어 있다.

2015년 12월 노스캐롤라이나 롤리에서 12세 꼬마 소녀에게 질문을 받았을 때다. 유세 현장에 있던 소녀는 트럼프에게 "저는 무서워요. 아저씨는 우리나라를 지키기 위해 무엇을 해줄 건가요?"라고 물었다. 그러자 트럼프는 "얘야, 그거 아니? 넌You 이제 두려움에 떨지 않을 거야. 이제 그들이 무서워할 거야. 너는 더 이상 무섭지 않을 거야"라고 답했다. 그러면서 자연스럽게 9·11 테러로 주제를 옮겨가더니 "우리는 그들을 쫓지 않았습니다. 우리는 아무것도 하지 않았습니다. 우리는 더욱 강력하게 보복해야 합니다. 우리는 더욱 경계를 늦추면 안 됩니다. 우리는 더욱 독해져야 합니다. 그러지 않으면 이러한 만행은 멈추지 않을 것입니다"라고 목소리를 높였다.

비밀은 바로 '여러분You', '우리We', '그들Them' 같은 단어를 되풀이하는 데 있다. 여기에 부정적 내용을 얹어 우리와 그들로 편을 가르면 트럼프 식 연설이 완성된다. '우리 대 그들'이라는 대립 구도 속에서, 트럼프는 '우리'를 지키기 위한 해결사로 등장하는 것이다. 여기서 '그들'은 실체도 불분명하기 때문에 누구나 대입이 가능하다. 무슬림, 이민자, 라틴계, 민주당 지지자 등 이 모든 집단이 트럼프의 이분법적 대립 구도에 놓이고, 반대로 트럼프와 지지자들의 결속력은 높아진다. 트럼프가 "우리는 멕시코 국경에 장벽을 설치해야 합니다"라고 말하면서 '내'가 아니라 '우리'라고 말하는 까닭도 여기 있다.

여기서 끝나지 않는다. 트럼프는 '나Me'와 '여러분You'을 교묘하게 결합해 '우리We'로 승화시킨다. 2015년 12월 오하이오 공약 발표 현장이 그 사례다. 이 자리에서 트럼프는 "모든 것은 커다란 선물 보따리에 포장돼 있습니다. 선물 보따리는 바로 여러분입니다. 그런데 그 포장은 제가 될 수도 있습니다. 그리고 여러분은 자랑스러울 것입니다. 여러분은 매우 행복할 것입니다. 우리는 승리할 것입니다"라고 말한다. 'You'가 'Me'로 연결되고 이것이 다시 'We'로 합쳐지는 구조다. 청중은 트럼프의 승리가 자신의 행복이 된다고 고개를 끄덕인다.

단어 'so'를 반복적으로 쓰는 것도 특징이다. 영어에서 'so'는 문장 어디에나 붙일 수 있는 강조형으로 우리말로 '그토록', '그렇게', '정말' 등을 뜻한다. 동시에 모든 사실을 얼버무릴 수 있는 장치이기도 하다. 2016년 2월 네바다에서 펼친 유세를 살펴보자. 트럼프는 "우리는 돈을 정말로[so] 많이 벌 것입니다. 우리는 정말로[so] 많은 것을 가져올 것입니다"라고 했다. 그런데 여기서 '정말로[so]'에 부연 설명은 없다. 얼마나 벌 수 있는지, 무엇을 가져올 수 있는지 전혀 알 길이 없다. 그래도 지지자들은 'so'가 주는 모호함에 취해 모든 것을 잊어버린다. 'so'는 부정적인 의미를 전달할 때도 유용한 '만능 부사'다. 부정적인 사실을 강조하면서도 세부적인 부분은 피해갈 수 있기 때문이다. 트럼프는 힐러리의 이메일 사태를 두고 이렇게 말한다. "힐러리가 저지른 행동은 정말로 범죄답습니다[so criminal]."

청중은 열광하고 또 열광한다. 유세장에 모인 지지자들은 트럼프가 힐러리를 비판하자 분위기가 달아오른다. 트럼프가 〈견습생〉을 진행하면서 외쳐댔던 구호가 곳곳에서 쏟아진다.

"당신은 해고야[You're fired]!"

하지만 트럼프는 바로 군중에게 다가가지 않는다. 무대를 향해 손을 뻗는 지지자들을 트럼프는 잡아줄듯 말듯 하며 지나간다. 마치 조련사가 물개를 다루는 것처럼. 그러면 물개들은 조련사 손에 들린 먹이를 먹기 위해 더 뛰어오르고 더 흥분하기 마련이다. 하지만 트럼프는 여전히 요지부동이다. 트럼프는 인파를 가로질러 유세장을 빠져나간다. 그리고 승용차에 타려는 순간, 한 지지자가 "오바마, 당신은 해고야^{Obama, You're fired}!"라고 외친다. 그러자 트럼프가 자신을 에워싼 카메라를 향해 미소를 지으며 말한다.

"미국을 다시 위대하게^{Make America Great Again}!"

10
"미국을 다시 위대하게 만들자!"
정치인 트럼프

"아름다웠던 미국의 모습이 사라졌다.", "미국인들을 자랑스럽게 만들었던 곳으로 되돌려놓자."

유별난 사업가로만 알려졌던 트럼프가 본격적으로 정치판에 뛰어들었다. 움츠려 있던 미국인들의 감정을 건드리기에 충분한 구호를 외치며 등장한 그가 정말로 정치인이 될 것 같지는 않았다. 사람들은 여전히 트럼프를 정치인이 아닌 사업가로 바라봤다. 정치에 나선 그의 행보를 마치 그가 진행한 TV 리얼리티 쇼의 연장선상쯤으로 여겼다. 트럼프의 숨은 표를 책임졌던 '샤이 트럼프스터Shy Trumpsters, 트럼프의 숨은 지지자들'들도 처음에는 그의 당선 가능성에 의문을 품었을 것이다.

사실 예전부터 트럼프가 대통령 후보가 될 것이라는 추측은 많았다. 대통령제 국가에서 눈에 띄는 인물에게는 '대통령감이다'라는 말이 따라오기 마련이다. 그만큼 미국 사회에서 트럼프의 존재감은 컸다. 그가 1980년대 후반 뉴욕 최고의 부동산업자로 주목받기 시작하자 '차기 미국 대통령'이 될 수도 있다는 말이 나오기 시작했다. 심지어 1987년 그의 저서 《거래의 기술》이 발간되자 우리나라 출판사들도 "미국 대통령감으로 지목받는 도널드 트럼프!"라는 문구를 내걸었다. 트럼프도 아예 생각이 없어 보이지는 않았다.

트럼프는 지지 정당을 자주 바꾸는 것으로도 유명했다. 1988년 대선 때는 공화당을 지지했다. 거래의 제왕답게 처음부터 대통령직에 도전하지는 않았다. 당시 공화당 대선 후보인 조지 H. W. 부시의 러닝메이트로서 부통령 후보 자리를 노렸던 것이다. 예상했다시피 실패로 돌아갔지만 트럼프가 대선이라는 미국 최대 이벤트에 발을 담근 첫 순간이었다. 이후 트럼프는 1999년 중도 진보 성향의 개혁당 당원이 된다. 개혁당에서는 대선 후보 자리를 노렸으나 역시 실패했다. 그는 3년을 채 버티지 못하고 2001년 탈당한다.

2001년에는 지금 그렇게 비난하는 '민주당' 당원으로 탈바꿈한다. 2006년에 뉴욕 주지사 선거에 도전했지만 실패했다. 한때 힐러리의 상원의원 재선 도전 캠프에 금전적인 지원을 하기도 했다. 2008년에는 돌연 민주당을 탈당하더니 당시 공화당 대선 후보였던 존 맥케인을 지지한다고 공식 선언을 한다. 도무지 알 수 없는 사람이었다.

하지만 주목할 점은 따로 있다. 트럼프는 많은 사람들이 알지 못했을 뿐, 정계에 조금씩 발을 들이고 있었다는 점이다. 어쩌면 트럼 프는 이때부터 워싱턴을 주름잡는 의원들의 단점을 간파하고 언젠 가는 대선 후보가 되어 이들에게 맹렬한 비난을 가하겠다고 생각했 을지도 모른다.

트럼프의 '감성 건드리기' 수법의 첫 실험 대상은 뉴욕 부유층이 었다. 트럼프는 "왜 서민들을 위한 건축 사업을 하지 않는가? 왜 부 유한 이들을 위한 건물만 짓는가?"라는 비판에 "뉴욕에 사는 사람 들은 호화로운 삶을 살 자격이 되는 사람들"이라며 뉴욕 시민들의 자부심을 한층 끌어올렸다. 또한 자신이 짓는 호화로운 건물들로 뉴 욕 수준이 한층 높아진다고도 했다. 거기에 부유한 사람들이 더 부 유해져야 뉴욕 전체가 더불어 부유해진다고 주장했다. 그는 화려한 뉴욕을 대표하는 아이콘이 됐다. 간단하고 때로는 유치하기까지 한 트럼프의 말과 행동에 계속 노출되면서 어느새 사람들은 그의 모습 에 익숙해진 것이다.

그리고 마침내 2015년 6월 15일 대망의 날이 밝았다. 트럼프는 온통 금색으로 둘러싸인 트럼프 타워 맨 꼭대기 층에 위치한 그의 집무실에서 '2016 대선 출마'를 공식 선언했다. 언론은 일제히 이 를 보도하기 시작했다. 리얼리티 쇼에서 "당신은 해고야!"를 외치던 '생각 없는' 사업가 트럼프가 대통령 출마 선언이라니, 언론의 관심 이 쏠릴 수밖에 없었다.

세상 사람들이 비난을 퍼붓고 언론이 그를 '미치광이'로 보도해도 트럼프가 아랑곳하지 않을 것은 30년 전 그가 쓴 자서전만 봐도 알 수 있었다. 저서《거래의 기술》에서 트럼프는 열한 가지 철학 중 하나로 "언론을 이용하라"를 꼽았다. "개인적으로 피해를 입는 보도라도 사업적인 측면에서는 크게 도움이 된다"고 말하는 그는 "일을 성공시키는 마지막 열쇠는 약간의 허세"라고 덧붙였다.

트럼프는 충분히 '준비된' 대선 후보였다. 지난 30년간 다소 먼발치에서 미국 정치지형을 지켜보며 워싱턴 상황을 파악하던 그는 대선 기간 내내 "나는 워싱턴 정치인들과 다르다"를 강조했다. 그의 대선 출사표로 알려진 저서《불구가 된 미국Crippled America》에서 트럼프는 "나는 수십 년 동안 정치인들이 해온 게임을 그대로 하지 않을 것"이고 "양당을 뿌리째 흔들 것이다"라고 못 박아 말한다. 미국은 민주당과 공화당, 이 어느 한쪽이 아니면 사실상 정치적 영향력을 펼칠 수 없는 정치 구도다. 이 양당 구도에 지친 많은 미국인들이 점점 "어느 당도 지지하지 않는다"는 입장을 보이고 있었다.

트럼프는 비록 공화당 소속 대선 후보였지만 공화당 의원들과도 대치하며 그만의 영역을 확보하고 있었다. 공화당 의원들이 자신을 대선 후보에서 쫓아내면 무소속으로라도 출마할 기세였다. 실제로 이번 대선에서 공화당과 민주당 어느 쪽에도 표를 던지지 않은 유권자 수는 2012년 대선에 비해 세 배나 증가했다.

트럼프는 미국의 'DNA'를 아예 바꿀 작정이었다. 그는 "워싱턴 정가의 오물을 빼내겠다Drain The Swamp"고 외치는 동시에 "아름다운 미국을 다시 되찾자"고 소리를 높였다. 아름다운 미국은 부패한 정치인이 없는 미국, 외국 인력 유입에도 미국인들의 일자리가 보장되는 미국을 의미했다. 여론조사도 차마 알아보지 못했던 트럼프의 숨은 지지자들은 그의 이런 모습에 주목하기 시작했다. 트럼프를 지지하는 핵심 계층의 성향을 살펴보면 백인 남성과 학사 학위 미만의 학력을 가진 사람들이 많았다. 이들의 주장(이민자 혐오, 정치인 혐오 등)이 옳다는 것은 아니지만 이들은 트럼프를 통해 자신의 목소리를 내는 법을 찾아냈다.

트럼프는 "나는 이미 태어난 날 세상에서 가장 좋은 복권에 당첨됐다. 미국에서 태어났기 때문이다"라고 말한다. 이는 미국을 다시 백인이 우위가 되는 나라, 미국인 '만'을 위한 나라로 만들 수 있다는 메세지를 강력하게 전달하기에 충분한 말이었다.

게다가 트럼프는 '테플론Teflon 트럼프'라는 별명까지 얻은 사람이었다. 말 그대로 얼굴에 철판을 깔고 부끄러워하거나 위축되는 일 없이 늘 당당한 모습을 유지한다는 뜻이다. 음식이 절대 눌어붙지 않는 테플론 코팅 프라이팬처럼 그는 미국을 흔들어놓고도 여전히 변함없이 이전의 트럼프 그대로였다.

영국 BBC는 '트럼프가 이길 수 있었던 이유'라는 제목의 기사에서 "그는 여러 사람과 싸움 붙이기를 좋아하고 늘 구설수에 올랐지만 그 어떤 것도 문제가 되지 않았다. 그의 지지율은 폭락하고도 언제 그랬냐는 듯이 다시 폭등했다. 이유가 뭐였든 그는 그 어떤 총알도 피해가는 사람 같았다"라고 했다.

이런 충격적인 신선함에 트럼프가 지닌 엄청난 자산도 그에게 도움이 됐다. 힐러리가 "'힐러리 재단'을 통해 대선자금을 끌어다 썼다", "미국 대기업을 구슬려 대선자금을 모았다"라는 식의 비판을 받을 때 트럼프는 평온했다. 그는 자금 면에서는 큰 도움이 필요 없었기 때문이다. 트럼프가 구설수에 휘말린 사안들은 대부분 그의 사생활과 관련되었을 뿐, 긴 정치인생에 따라붙는 온갖 자금 문제와 안보 문제에 시달릴 이유가 없었던 것이다.

트럼프는 처음부터 끝까지 당당했고 무엇에도 끄떡없는 사람이었다. 모두가 그에게서 등을 돌릴 때도 "미국을 다시 위대하게 만들자"라고 적힌 모자를 쓰고 미국 전역을 돌아다녔다. 그리고 마침내 전 세계의 예상을 뒤엎고 돌풍을 일으키며 미국의 45대 대통령으로 당선됐다.

"미국을 다시 위대하게 만드는 것은 어렵지 않다. 내가 말한 대로만 하면 된다."

트럼프가 자신이 '말한 대로'의 신화를 써내려갈지, 지금 전 세계의 관심이 그에게 쏠리고 있다.

트럼프 가계도

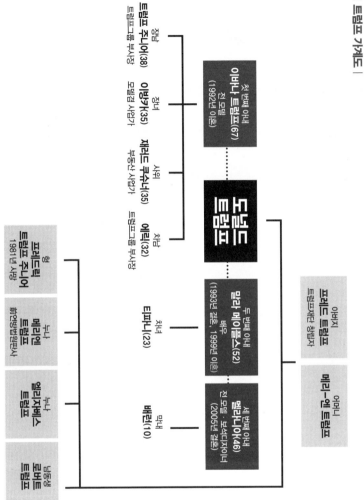

아버지
프레드 트럼프
트럼프제국 창업자

어머니
메리-앤 트럼프

첫 번째 아내
이바나 트럼프(67)
전 모델
(1992년 이혼)

도널드 트럼프

두 번째 아내
말라 메이플스(52)
배우
(1993년 결혼, 1999년 이혼)

세 번째 아내
멜라니아(46)
전 모델·보석디자이너
(2005년 결혼)

장남
트럼프 주니어(38)
트럼프그룹 부사장

장녀
이방카(35)
모델겸 사업가

사위
재러드 쿠슈너(35)
부동산 사업가

차남
에릭(32)
트럼프그룹 부사장

차녀
티파니(23)

막내
배런(10)

형
프레드릭 트럼프 주니어
1981년 사망

누나
메리앤 트럼프
前연방법원판사

누나
엘리자베스 트럼프

남동생
로버트 트럼프

6장

세계 대변혁 시나리오는 누가 쓰는가

: 트럼프의 파워엘리트들

The
Age of
Strong
Men

부통령
마이크 펜스

- 정치 경험 전무한 트럼프 대신 정계 영향력 클 듯
- 공화당 내 지지 탄탄한 정통 보수인사
- 인디애나 주지사, 인디애나 주 하원의원, 공화당 의원총회 의장(당 내서열 3위)

정치권에서 잔뼈가 굵은 마이크 펜스^{Mike Pence} 부통령은 공직 경험이 전혀 없는 트럼프를 대신해 정계에서 주도적인 역할을 맡을 것으로 전망된다. 펜스는 이번 선거에서 공화당 부통령 후보로 지명되기 전까지 자신의 정치 기반인 인디애나 주를 제외한 다른 지역 국민들에게는 친숙하지 않은 인물이었다. 그럼에도 6선 하원의원을 거쳐 지난 2009년에서 2011년까지 당 서열 3위인 공화당 의원총회 의장을 역임할 만큼 당 내부 핵심 세력의 지지가 탄탄하다. 공화당 내 강경 세력인 '티파티^{Tea Party}' 소속이며, 2008년과 2012년에는 공화당 대선 후보군으로 거론되기도 했다. 끊임없이 당내 신임 논란을 겪었던 트럼프의 약점을 보완해줄 맞춤형 러닝메이트라는 평가가 이어진 것도 이런 이력 덕분이다.

경선이 시작되기 4일 전 테드 크루즈 상원의원을 지지한다고 밝혔음에도 결국 트럼프가 그를 부통령 후보로 지명한 것만 봐도 펜스의 당내 영향력이 얼마나 대단한지 확인된다. 펜스는 그간 당내 경선에서 어떤 후보를 지지한다고 밝힌 적은 없었다. 그러다 이번 선거를 앞두고 궁금해하는 이들이 너무 많다 보니 마지못해 크루즈 지지를 밝힌 것이다. 다만 펜스는 "어떤 후보도 반대하지는 않는다"고 덧붙여 여지를 뒀다. 공교롭게도 펜스의 정치 기반인 인디애나 주 경선에서 트럼프가 20%포인트 차이로 승리한 날, 크루즈는 경선을 이탈했고 곧장 트럼프 지지를 선언했다. 펜스는 인디애나와 함께 오하이오·펜실베이니아·위스콘신 등 중부 지역 지지율을 끌어올리는 데 큰 역할을 한 것으로 전해졌다.

펜스는 2016년 인디애나 주지사로서 종교자유회복법안Religious Freedom Restoration Act에 서명하며 전국적인 이목을 끌기도 했다. 이 법안은 사업주가 동성애자 고객의 요구를 거절하더라도 그것이 종교의 자유에 의거했다면 처벌하지 않는다는 내용을 담고 있다. 비난 여론이 거세지자 동성애자 차별에 악용되지 않도록 개정 절차를 밟았다. 하지만 이것이 처음은 아니었다. 이전에도 펜스는 동성결혼금지법을 공동 발의하고, 최저임금 인상에 반대한 적이 있다.

아일랜드계 이민자 후손인 펜스는 인디애나 주에서 나고 자랐다. 어릴 때는 아일랜드계·가톨릭이란 공통점이 있는 존 F. 케네디를 존경하는 민주당 지지자였다. 펜스는 1986년 인디애나 대학교 로스쿨을 졸업했고 1994년부터 〈마이크 펜스 쇼〉라는 라디오 프로그램을 진행했다. 2001년 인디애나 주 연방 하원의원으로 정계에 입문한 뒤로 2009년부터 2011년에 걸쳐 공화당 의원총회 의장을 역임하는 등 공화당 주류로 자리 잡았다. 2012년 중간 선거에서 인디애나 주지사로 당선됐다.

펜스는 2016년 10월 부통령 후보 TV 토론회에서 "점증하는 북한 위협에 맞서 핵전력 현대화를 포함해 미군을 재건해야 한다"며 "아시아·태평양 지역 등의 국가들과 협력해 북한 김정은이 핵 야욕을 포기하도록 압박을 강화해야 한다"고 역설했다. 동맹국들이 안보를 분담해야 한다는 의사를 넌지시 내비친 것이다. 이는 한국, 일본 등의 핵무장까지 거론하며 아시아·유럽 동맹국들에게 미국의 안보 부담을 덜어줄 것을 요구해온 트럼프 노선과 일치하는 주장이다.

트럼프의 선택 1_ 내각

국무부 장관

렉스 틸러슨

- 엑손모빌 CEO 출신의 협상의 대가
- 친러 외교정책의 선두 역할 기대
- 엑손모빌 미국 중부지부 지사장, 엑손모빌 예멘 지사장, 엑손모빌 개발 부사장, 엑손모빌 수석부사장

렉스 틸러슨^{Rex Tillerson}은 생산 기술자로 시작해 시가 총액 기준 세계 5위(2016년 12월 30일 기준)에 해당하는 기업 엑손모빌 최고경영자 자리에 오른 입지전적인 인물이다. 41년간 전 세계 50여 개 국가에서 유전 개발 등 석유 관련 사업을 개척한 '석유왕'으로 통한다. 특히 러시아와 관계가 친밀해서 대러 관계 개선의 선두에 설 것으로 기대되고 있다.

미국 텍사스 주 출신의 틸러슨은 1975년 엑손모빌에 입사해 2006년 CEO 자리에 올랐다. 그 전에는 엑손모빌 미국 중부지부 지사장, 예멘 지사장, 엑손모빌개발 부사장직을 거쳤다. 골수 공화당 지지자이긴 하지만 트럼프에게 정치헌금을 내지는 않은 것으로 알려져 있다. 지난 2008년 8월에는 조지 W. 부시 대통령과 함께 경남

거제에 있는 삼성중공업을 방문해 엑손모빌이 주문한 LNG 선박 건조 현황을 점검하기도 했다.

나이지리아, 카타르 등 수많은 국가 지도자들과 협상을 진행해왔다는 점이 틸러슨 국무부 장관의 장점으로 꼽힌다. 해외 정상들과 두루 친하며 그들을 잘 이해하고 있다는 평가다. 그가 다뤄온 협상 의제 또한 토지 이용부터 운송 체계, 노동 문제 등에 이르기까지 다양하다. 일반적인 정치인, 학자, 외교관 등에 비해 경영 관리 경험이 많은 것이 확실한 장점이다.

거친 협상 방식이 많은 부분에서 트럼프와 닮았다고 평가된다. 2007년에는 협상을 위해 날아간 리비아에서 예멘 정부가 자신들의 조건만 계속 고집하자 그 자리에서 물건을 내던지고 박차고 나간 일화가 있다. 2011년 이라크 쿠르드 지역 유전을 개발할 때는 당시 국무부의 허가도 받지 않은 채 독자 협상을 벌이는 저돌적인 면모를 보이기도 했다.

틸러슨의 인선 배경에는 로버트 게이츠 전 국방부 장관, 딕 체니 전 미국 부통령, 콘돌리자 라이스 전 국무부 장관 등 공화당 거물들의 추천이 있었다. 게이츠 전 장관은 틸러슨 국무부 장관을 가리켜 "세계 각 정부와 지도자들을 다룰 방대한 지식과 경험을 갖추고 있다"고 치켜세웠다.

틸러슨 국무부 장관은 내정됐을 때부터 그의 친러 성향이 문제시됐다. 특히 국영 석유회사인 로스네프트를 포함한 러시아 기업은 물론이고 러시아 정부와도 수많은 합작 사업을 성사시킨 공로를 인정받아 2012년에는 러시아 정부로부터 훈장을 받을 만큼 러시아와 긴밀한 관계를 유지하고 있다. 푸틴 대통령과도 17년 동안 인연을 이어올 정도로 각별하다. 다만 그만큼 미국의 이해에 맞게 대러 정책을 이끌 수 있겠다는 기대도 있다.

틸러슨 국무부 장관은 환태평양경제동반자협정^{TPP}을 지지하는 열렬한 자유무역 옹호론자다. 이는 보호무역주의자인 트럼프와 반대다. 기후변화에 대해서도 "인간 때문에 기후가 변화한 것은 맞다"고 인정하는 모습을 보였다. 다만 석유회사 CEO답게 "좋든 싫든 인류는 당분간 석유에 의존할 수밖에 없다"고 덧붙이는 것도 잊지 않았다. 그의 엑손모빌은 2015년 체결된 파리기후변화협정에 지지 성명을 발표하기도 했다.

재무부 장관
스티븐 므누신

- 골드만삭스 17년을 거쳐 헤지펀드 설립
- 골드만삭스에서 17년을 보낸 금융통
- 트럼프 정부의 친기업 경제정책 수립
- 골드만삭스 최고정보책임자(CIO), 듄캐피탈매니지먼트 설립

스티븐 므누신Steven Mnuchin은 미국 최대투자은행 골드만삭스에서만 17년을 근무한 전형적인 월가 엘리트다. 선거 캠프에서 재무를 담당하며 선거자금 모금과 경제정책 수립에 앞장섰으며, 트럼프 정권 출범 이후 친親기업·월가 정책을 이끌 적임자로 평가받고 있다. 선거 기간 내내 엘리트주의를 비판하며 서민들의 표를 끌어 모은 트럼프가 월가 최고의 엘리트에게 경제 운영을 맡긴 셈이다.

므누신이 골드만삭스에 입사한 것은 지난 1985년이다. 1994년 파트너로 승진했으며, 골드만삭스 초대 최고정보책임자CIO까지 올랐다. 1999년 골드만삭스가 증시에 상장하며 막대한 부를 거머쥐었다. 므누신은 클린턴 정권의 로버트 루빈, 조지 부시 정권의 헨리 폴슨에 이어 세 번째 골드만삭스 출신 재무부 장관이 된다. 그와 골드만삭스의 인연은 이에 그치지 않는다. 아버지인 로버트 므누신 역시 골드만삭스에서만 30년을 근무했으며, 형제인 앨런 므누신도 이 회사를 거쳤다.

2002년 골드만삭스를 떠난 므누신은 잠시 조지 소로스가 세운 펀드사에서 근무했다. 2004년에는 골드만삭스 출신 동료들과 함께 듄캐피탈매니지먼트라는 헤지펀드를 세웠으며, 이후 할리우드 영화 투자에 나서 〈엑스맨〉과 〈아바타〉 등 흥행 대작을 지원했다.

서브프라임 모기지 사태가 미국을 휩쓴 2009년에는 파산한 모기지 업체인 인디맥IndyMac을 17억 달러에 인수, 명칭을 원웨스트OneWest 은행으로 바꿔 정상화한 후 2015년 중소기업 대출 전문은행 CIT에 34억 달러를 받고 매각했다. 므누신의 화려한 경력 중에도 최고로 평가받는 거래다. 그러나 파산 상태였던 업체를 재활시키는 과정에서 채무자들의 주택을 가혹하게 압류했던 사실이 알려져 논란이 됐다. CNN에 따르면 27센트를 미상환한 채무자의 주택까지 압류했다고 전해졌다. 이에 므누신은 "문제는 부실 대출에 있었다. 부실 대출은 내가 만든 것이 아니다. 내가 아니었어도 누군가가 그들을 집에서 내쫓았을 것"이라 항변했다. 원웨스트 은행은 대출 시 인종을 차별하고 사기를 벌인 혐의까지 받고 있다.

므누신은 재무부 장관으로 지명된 직후인 2016년 11월 말 CNBC와의 인터뷰에서 친기업 정책과 규제 완화를 골자로 한 향후 경제정책의 청사진을 밝혔다. 그는 "트럼프 선거 캠프에서는 법인세·개인소득세 인하를 지속적으로 논의해왔다"며 "레이건 이후 최대의 세금 개혁이 될 것이다. 이를 통해 3~4% 경제성장률을 기대한다"고 밝혔다. 오바마 정부가 도입한 강력한 금융규제인 도드-프랭크법에 대해서는 "자금이 필요한 중소기업들만 어렵게 한다"며 대폭 완화 의사를 내비쳤다. 그는 또한 생산 시설의 해외 이전을 진행하던 기업들과 개별 협상까지 벌이며 미국 내에 붙잡아둔 트럼프의 행보를 언급하며 "이런 협상은 지속될 것이다. 로스(상무부 장관)와 나도 협상에 나설 것이다. 이를 통해 기업들을 미국에 머물게 하겠다"고 말했다.

그는 공화·민주당을 가리지 않고 유력 정치인들에게 후원금을 내왔다. 그중에도 트럼프의 경쟁 상대였던 힐러리 클린턴을 후원한 이력이 눈길을 끈다. 힐러리의 2006년 상원의원 선거와 2008년 대통령 선거 모두를 후원했다. 므누신은 이를 두고 "(민주당 정치인들을) 후원한 것이지 지지한 것은 아니다"라며 "트럼프 역시 과거 힐러리를 후원한 경력이 있고, 사업을 진행할 때 양당 유력 후보들을 모두 후원하는 일은 중요하다고 밝힌 적이 있다"며 큰 문제가 아니라고 설명했다.

국방부 장관

제임스 매티스

• 사병에서 4성 장군까지 오른 해병의 전설

• 호전적 성향의 '미친 개', 문무겸장 '승병' 별칭도

• 1 · 2차 이라크전 및 아프가니스탄전 참전, 중부사령관

제임스 매티스^{James Mattis}는 국방부 장관에 지명되기 전부터 미국은 물론이고 해외까지 명성이 자자했던 인물이다. 그는 1990년대 걸프 전부터 미군이 펼친 주요 전쟁마다 늘 최전선에서 해병대를 이끌었다. 아프가니스탄 · 이라크 전쟁에서 큰 명성을 쌓았으며, 특히 이라크전 가운데서도 가장 치열했던 것으로 꼽히는 2004년 팔루자 전투에서 맹활약했다. '한국전 이후 미국이 낳은 가장 위대한 전투 지휘관', '이 시대 가장 존경받는 해병 장군' 등 현지 언론들은 그를 칭송하는 데 온갖 미사여구를 아끼지 않는다.

장교로서 부대 바닥까지 소통하려는 자세로도 유명하다. 아프가니스탄에 파병됐던 연대장 시절 병들을 재우고 측근 참모들과 불침번을 선 일화나, 사단장으로 참전한 이라크전에서 국경을 넘기 전에 모든 부대원들에게 편지를 돌린 일화 등이 잘 알려졌다. 이라크전을 소재로 한 드라마에서 인상적으로 묘사된 덕에 대중들에게 더욱 친숙해졌다.

북대서양조약기구 전략 사령관, 합동군사령부[USJFC] 사령관 등을 거쳐 중부사령관으로 전역했다. 1969년 해병대에 사병으로 입대, 센트럴워싱턴 대학교 학군단[ROTC]을 거쳐 1972년 소위로 임관한 뒤 2013년 전역할 때까지 군 생활만 44년에 달한다.

미국에는 군 출신 인사가 국방부 장관이 되려면 전역 후 7년이 지나야 한다는 규정이 있다. 따라서 전역 5년차인 매티스는 임명을 위해 상원 인준을 거쳐야 했다. 민주주의 국가에서는 민간인이 군대를 통제해야 한다는 원칙하에 생긴 규정이다. 역대 국방부 장관 대부분이 정치인이나 교수 출신이었던 것도 이 규정 때문이다.

그러나 매티스는 1950년대 임명됐던 조지 마셜 이후 첫 장성 출신 국방부 장관이 됐다. 1950년대가 한국전쟁이 한창이던 특수한 상황이었다는 것을 감안하면, 이번 매티스의 취임은 더욱 의미가 깊다. 민주당 측 의원들과 안보 관계자들까지 매티스를 반대하지 않은 것을 보면 그에 대한 신뢰가 당을 뛰어넘는 것을 알 수 있다.

매티스는 호전적인 성향과 거침없는 발언들로 '미친 개[Mad Dog]'라는 별칭이 있다. 매티스의 지지자들은 이라크 팔루자 전투 당시 그를 따르던 병사들이 칭송하는 뜻에서 붙인 별칭이라고 말한다. 한편에서는 매티스가 공개석상에서 "현지인과 전투를 벌이며 총 쏘는 것은 대단히 즐거운 일"이라고 실언했던 것에서 알 수 있듯 그의 과격함을 드러내는 별명이라 주장한다. 또 다른 별명은 '승병^{Warrior} ^{Monk}'이다. 전장에서도 책을 놓지 않는 문무겸장의 모습이 반영된 표현이다. 그는 평소 셰익스피어와 손자의 말을 인용하기 좋아하며, 도서관에 기증하기 전까지 한때 서적 7,000권을 갖고 있었던 것으로 알려졌다. 독신을 유지하며 가족 없이 사는 모습도 이 별명에 일조했다.

주로 중동에서 근무한 탓에 북한과 관련된 언급은 많지 않았으나, 한반도 정세에 지대한 영향을 끼치는 국방부 장관에 임명된 만큼 앞으로 가장 주목해야 할 미국 내각 구성원이다.

트럼프의 선택 1 _ 내각

법무부 장관
제프 세션스

- **트럼프 지지한 최초 상원의원, 선거 캠프와 인수위 거치며 승승장구**
- **트럼프보다 강경한 이민 반대론자**
- 앨라배마 주 검찰총장, 미 연방의회 상원의원(앨라배마 주)

제프 세션스^{Jeff Sessions}가 트럼프 지지를 선언한 것은 공화당 경선이 시작되고 한 달여가 흐른 2016년 2월 말이다. 〈워싱턴포스트〉는 "세션스가 트럼프 유세 현장의 연단에 뛰어올라 '미국을 다시 위대하게' 모자를 눌러쓰는 모습에 기성 정치권은 적잖이 당황했다"고 당시 분위기를 묘사했다. 이때만 해도 공화당 주류 정치인 중 트럼프를 지지하는 이가 아무도 없었기 때문이다. 트럼프가 경선 초반 1위를 달리고 있었지만, 이틀 뒤 '슈퍼화요일' 결과에 따라 단숨에 역전도 가능한 상황이었다. 그러나 세션스는 모든 불안 요소를 떠안고 트럼프를 지지한 최초의 상원의원이 됐다.

이후 세션스는 트럼프가 경선과 대선에서 압승하는 과정을 함께하며 그의 곁에서 전방위적 활약을 펼쳤다. 선거 기간에는 캠프에서 국가안보 참모회 의장을 맡았고 마이크 펜스가 부통령 러닝메이트에 지명되도록 조언했다. 트럼프가 당선되고는 인수위원회 공동부위원장을 맡았으며 결국 법무부 장관에 지명돼 막강한 실력자라는 것을 증명했다. 이런 성공을 거둘 수 있었던 것은 트럼프 진영에 빠르게 합류한 덕분이다.

그러나 세션스가 출세만을 위해 전략적으로 트럼프를 지지했다는 해석은 옳지 않다. 오히려 세션스는 평생 추구해온 가치를 실현하기 위해 트럼프를 선택했다고 평가해야 한다. 세션스는 트럼프의 상징이 된 이민 반대 정책을 그보다 훨씬 오래 전부터 견지해왔다. 상원의원으로 재직한 20여 년 동안 불법 이민자의 시민권 취득을 늘릴 수 있는 모든 법안에 반대해왔다. 합법적인 방문노동자와 이공계 근로자까지 반대하고 나선 적도 있는데, 이는 고급 인력 이민에는 호의적인 트럼프보다 한 단계 더 강경한 모습이다. 2007년에는 불법 이민자를 고용한 연방정부 계약업체를 10년간 추방하는 법안을 통과시키는 데 앞장섰다. 이런 행보 덕에 일부 언론에서는 그를 '앰네스티(국제인권기구) 최대의 적'이라 묘사한다.

세션스는 인종차별 발언으로 여러 번 구설수에 오르기도 했다. 1986년 39세의 나이로 연방지방법원 판사 후보에 올랐지만 인종차별 논란으로 상원에서 임명동의안이 부결되고 말았다. 백인 변호사가 흑인을 변론한 사건을 두고 "인종의 수치disgrace to his race"라 평한 적이 있으며, 백인우월주의 단체인 큐 클럭스 클랜KKK을 가리켜 "대마초를 피우다 걸리지 않는 한 문제없다고 본다"고 발언한 사실 등이 확인됐기 때문이다. 흑인 인권 운동을 벌이는 '전미흑인지위향상협회NAACP'나 '미국시민자유연맹' 같은 단체를 향해 "미국적이지 않다"고 평가하기도 했다. 헌팅던 대학교에서 인문학 학사, 앨러배마 대학교에서 법학박사를 취득하고 20여 년의 검사 생활을 통해 주 검찰총장까지 지내며 능력은 충분히 검증됐으나 극단적 인종주의가 그의 발목을 잡은 것이다.

　의원 활동을 하면서는 국가부채에 특히 큰 관심을 갖고 채무 감축을 적극 주장했다. 강경 우파로 분류되면서도 민주당과 관계가 나쁘지 않은 것으로 유명하다. 마약 규제와 예산 논의에 민주당 정책에 표를 던지거나 민주당 의원과 함께 입법에 나선 일도 있다.

내무부 장관
라이언 징크

- '에너지 독립' 위한 환경 규제 철폐론자
- 20여 년 군 경력, 트럼프 주니어와 친분
- 몬타나 주 상원의원, 2차 이라크전 참전

공화당 내에서도 트럼프를 반대하던 목소리가 높았던 2016년 5월부터 라이언 징크Ryan Zinke는 일찌감치 트럼프를 지지했다. 연방 하원의원 재임 시절부터 각종 환경보호정책을 반대해왔으며, 앞으로 미국 연방에 속한 광대한 공유지와 천연자원을 담당하는 내무부 장관으로서 지난 8년간 오바마 정권이 추진한 환경정책을 뒤집는 데 앞장설 것으로 보인다. 내무부는 연방정부 관할 토지와 물 관리, 에너지, 광산, 연안 석유 시추, 국립공원 등을 관장한다.

징크는 하원의원 선거에서 미국의 에너지 독립을 공약으로 내세워 당선됐다. 그 후 하원 천연자원위원회에서 에너지 개발에 방해되는 환경 규제 철폐를 위해 헌신했다. 석탄 채굴 · 가스 굴착 등의 현안을 두고 환경운동가들과 대립했으며, 인류 때문에 지구온난화가 닥쳤다는 주장에 대해서도 "기후변화가 완전 날조된 것은 아니지만, 인간의 영향 말고 해양 온도 상승 등 다른 요인이 더 크게 작용했다"고 반대 목소리를 높인다. 풍력발전 등 재생에너지산업에 대한 세제 혜택이 잘못됐다고 비판하는 반면, 화석연료에 기반을 둔 신재생에너지·셰일에너지 등에는 우호적이다. 이는 징크가 하원의원 선거 때 공약한 에너지 독립과 같은 선상에서 해석할 수 있다.

미국에서 많은 논란이 일었던 '키스톤 XL 파이프라인 프로젝트'에는 지지를 보내는 입장이다. 이 프로젝트는 서부 캐나다에서 생산된 원유를 미국 텍사스 주 포트아더까지 이동시키는 파이프라인 건설이 목적인데, 환경보호 논란이 거세게 일자 2015년 오바마 정부가 거부권을 행사해 좌절시켰다. 징크는 몬타나 주 탄광 사업도 지지하며, 오바마 정부 산하 환경보호청EPA의 친환경에너지 개발 계획에는 반대했다. 탄소 공해를 줄이는 친환경에너지 개발계획이 오히려 일자리와 소득을 줄일 것이라고 주장했다.

징크는 오리건 대학교에서 지질학을 전공하고 미식축구 선수로 활동했다. 1986년부터 2008년까지 미 해군 최정예 특수부대인 실SEAL에서 복무했으며 이라크전 참전 경력이 있다. 군 생활 중 10여 개의 훈장을 받았다.

징크는 오는 2018년 몬타나 주 상원의원 선거에 나설 강력한 후보로 꼽혔다. 그래서 공화당 상원 원내대표인 미치 매코널 의원은 징크의 내무부 장관 선임을 반대하기도 했다(현재 몬타나 주 상원의원은 민주당의 존 테스터다).

당초 내무부 장관으로 케이시 맥모리스 하원의원이 유력하게 거론됐었다. 그러나 트럼프의 장남인 도널드 트럼프 주니어와 징크의 친분이 인선에 영향을 줬다는 〈워싱턴포스트〉 보도가 있었다. 사냥과 낚시를 즐기는 트럼프 주니어는 징크와 취미를 공유해온 오랜 사이로 전해졌다.

상무부 장관
윌버 로스

- '기업 사냥꾼', 한국 최대 관심사인 통상정책 담당
- 선거 캠프부터 보호주의 무역정책 수립에 기여
- 투자은행 로스차일드 회장, 사모펀드 WL 로스앤드컴퍼니 설립

'기업 사냥꾼', '파산의 왕', '억만장자 투자가', '구조조정의 대가' 등 윌버 로스^{Wilbur Ross}를 부르는 별칭은 하나같이 월가 자본주의의 냉혹한 측면을 드러낸다. 트럼프 대선 캠프에서 경제 분야 자문을 맡았으며, 트럼프 당선 이후에는 상무부 장관에 지명돼 보호주의 무역 기조를 이끌 것으로 전망된다. 트럼프가 주장해온 환태평양경제동반자협정 탈퇴, 북미자유무역협정 재협상, 중국에 대한 고율 관세 부과 등이 모두 로스의 손을 거칠 것이다.

그와 트럼프의 인연은 1980년대로 거슬러 올라간다. 당시 뉴저지 주 애틀랜틱시티에 소재한 트럼프 카지노가 도산하지 않도록 도와주면서 인연을 맺는다. 이후로 트럼프와 꾸준히 교분을 유지했으며, 대선 때 경제정책 수립은 물론이고 칼 아이컨·조너선 그레이 등과 함께 선거자금 모금에 앞장섰다.

상무부 장관은 한국 입장에서 가장 중요한 미국 정부의 무역정책을 담당하는 자리다. 우리로서는 로스에게 관심이 갈 수밖에 없다. 트럼프의 고립주의 무역정책 수립에 관여한 로스가 상무부 장관에 오르자, 한미자유무역협정 재협상 등을 거론하며 강경 자세로 나올 것이란 우려가 제기됐다. 장관 지명을 받고 CNBC 인터뷰에서 "보호주의 무역이라는 용어 자체가 잘못됐다. 합리적 무역이라는 표현이 맞다. 그동안 미국은 멍청한 무역을 해왔고, 우리는 이를 고쳐나갈 것이다"라고 밝혀 불안감은 증폭됐다. 중국에 45%의 관세를 적용하겠다던 트럼프의 엄포를 두고 당선 직후 "실제로는 그러지 않을 것이다. 중국과의 협상 전략에 가깝다"고 평한 적도 있다.

로스는 한국이 외환위기를 맞았을 당시 국제 채권단과의 협상 자문 및 중재 역할을 맡기도 했다. 당시 한라시멘트, 만도기계, 한라중공업, 한라엔지니어링 등의 구조조정으로 큰 이익을 봤다. 외환위기 극복의 공로로 김대중 정부로부터 표창도 받았다. 그러나 외자 도입 10억 달러(1조 2000억 원)를 약속한 뒤로 그 절반도 안 되는 금액만 들여온 채 나머지는 정부 구조조정기금을 조달해 반사이익을 취했다는 주장도 있다.

로스는 세계적 금융그룹 로스차일드에서 24년간 근무하며 회장까지 지냈다. 이후 자신의 이름을 딴 사모투자펀드 'WL 로스앤드컴퍼니'를 설립했으며, 주로 철강·석탄·섬유산업에서 경영위기에 처한 기업들을 사들인 뒤 구조조정을 거쳐 되파는 식으로 많은 수익을 거뒀다.

　로스는 억만장자 내각으로 유명한 트럼프 행정부 안에서도 손에 꼽히는 갑부다. 2016년 12월 〈포브스〉 집계 기준 그의 재산은 25억 달러(약 2조 9,860억 원)로 미국 부자 순위 284위에 올랐다.

　한편 '지일파'로도 유명하다. 일본 아베 총리가 트럼프 당선 이후 2016년 11월 17일 바로 트럼프를 만날 수 있었던 것도 로스의 공으로 전해졌다. 트럼프가 당선되고 나서 면담한 해외 정상은 아베 총리가 유일하다. 로스는 미국 내 일본 인맥 모임인 '재팬소사이어티Japan Society' 회장까지 맡고 있다..

　로스는 뉴저지 주 위하큰 출신으로 예일 대학교와 하버드 경영전문대학원을 졸업했다. 지난 2004년 세 번째 부인인 힐러리 로스와 결혼했다. 두 번째 부인은 공화당 소속 뉴욕 주 부지사였던 벳시 매코이다. 로스는 메코이가 결혼생활 중 당적을 바꿔 민주당 뉴욕 주지사 선거 경선에 출마하자 2억 2,500만 달러를 후원했으나 피터 발론에게 패하고 말았다.

트럼프의 선택 1_ 내각

노동부 장관
앤드루 푸즈더

- CEO 출신, 임금 인상 · 초과근무 수당 확대 반대론자
- CKE 레스토랑 CEO, 자산운용사 피델리티 부사장

앤드루 푸즈더가 노동부 장관으로 지명되자 당시 진보 진영은 격렬히 반발했다. 패스트푸드 체인인 하디스와 칼스 주니어 등의 모회사인 CKE 레스토랑의 최고경영자로서 노동자들과 상반되는 주장을 펼쳐온 그의 이력 탓이다. 패스트푸드 체인을 경영하는 만큼 저임금 노동자들을 많이 상대해온 경험과 노동법에 정통한 전문성은 인정되지만 지나치게 친기업적인 정책을 펼치지 않을까에 대한 우려가 높다.

푸즈더는 2015년 미국 전역을 뜨겁게 달군 최저임금 인상 논란에서 반대 입장을 펼친 대표적 인물이다. 임금이 인상되면 그 비용이 결국 소비자에게 돌아가며 일자리 감소로 이어지면 결국 노동 환경이 악화될 수 있다고 주장했다. 오바마 정부가 추진해온 '오버타임 페이(초과근무 수당)' 지급 대상 확대에도 반대 입장을 나타냈다. 대신 정부 규제를 완화하고 기업 세금을 인하해서 더 많은 일자리를 창출할 수 있게 하는 것이 노동자들에게도 더 보탬이 된다고 주장했다.

그의 이런 주장은 트럼프 철학과 궤를 같이한다. 대선 상대였던 힐러리 클린턴은 최저임금을 15달러까지 인상할 것을 포함해 노동자 생활 여건을 직접적으로 향상시키는 정책들을 약속했었다. 반면 트럼프는 최저임금 인상에 부정적이다가 소폭 인상으로 입장을 선회하는 수준이었다. 한편 푸즈더는 건강보험개혁법^{Affordable Care Act,} ^{일명 오바마 케어}에도 반대 입장을 표명했다.

상황이 이렇다 보니 푸즈더 지명으로 "선거 과정에서 반^反기득권 기조를 앞세웠던 트럼프가 노동계층을 저버렸다"는 비판이 곳곳에서 제기됐다. 더욱이 한 노동단체 인사가 "캐리어(에어컨 제조업체) 일자리 1,100개를 지켜냈다는 트럼프의 주장은 과장됐다. 800개 수준"이라고 비난하며 트럼프와 설전을 벌인 바로 다음 날 푸즈더가 노동부 장관으로 지명되자 노동계와 트럼프의 갈등구도는 한층 더 부각됐다.

푸즈더는 부인 디애나와 함께 트럼프 캠프와 공화당전국위원회에 33만 2000달러(약 3억 9,000만 원)를 기부한 것으로 알려져 있다. 1978년 워싱턴 대학교에서 법학 박사학위를 받았으며, 이후 법률회사에 재직했다. 지난 2000년 최고경영자로 임명되기 이전에는 자산운용사 피델리티에서 부사장으로 일했으며, 트럼프 선거 캠프에서는 재정 및 경제고문 역할을 맡았다.

보건복지부 장관
톰 프라이스

- '오바마 케어 반대법' 발의한 대표적 비판론자
- 트럼프식 보건복지정책 선보일 전문가
- 의료계의 탄탄한 지지
- 미 연방의회 하원의원(조지아 주), 그레디 메모리얼 병원 정형외과
  의사

보건복지부 장관에 지명된 톰 프라이스^{Tom Price}는 대표적인 오바마 케어 비판론자로 트럼프 정권에서 보건복지 정책 개정에 앞장설 것으로 보인다. 프라이스는 오바마 케어의 대항마인 '환자권한우선법 Empowering Patients First Act'을 2009년 처음 발의한 뒤로 이를 매년 개정하며 오바마 케어를 강도 높게 비판하고 있다.

명칭에서 드러나듯 환자권한우선법은 보험에서 환자의 선택권을 넓혀주는 내용을 골자로 한다. 오바마 케어는 보장 범위가 넓은 보험에 가입하는 것을 강제하고 이를 어길 시 벌금을 내야 한다. 그러나 환자권한우선법에서는 상대적으로 보장 범위가 좁고 가격이 저렴한 보험에 가입해도 무방하다. 진료를 받을 수 있는 병원과 의사도 환자권한우선법이 오바마 케어에 비해 폭넓다. 결국 더 많은 국민들에게 보험을 제공할지, 아니면 국민의 선택권을 보장할지를 두고 두 법이 대립하는 구도다. 올해 실시된 몇몇 여론조사에서는 대부분 비슷하거나 선택권을 근소한 차로 더 지지하는 것으로 집계됐다.

프라이스는 오바마 케어뿐만 아니라 노년층을 대상으로 하는 공공의료보험 메디케어와 저소득층을 대상으로 하는 공공의료보험 메디케이드에도 손을 댈 의사를 밝혔다. 폴 라이언 하원의장이 2016년 여름에 내놓은 개혁안 '더 나은 길a better way' 중에서 의료보험 부문에 참여해 메디케어의 대상 연령을 높이는 정책안을 내놨으며, 메디케이드에 들어가는 예산을 감축하자고 주장하기도 했다.

프라이스는 미국의학협회American Medical Association, 조지아의학협회와 손잡고 의사들의 이익을 대변하는 활동도 활발히 하고 있다. 자연스레 의료계의 탄탄한 지지를 받고 있으며 유착 혐의 논란이 일기도 했다. 오바마 케어를 반대하는 것 역시 이 제도로 피해를 입은 의사들의 목소리를 반영하는 것으로 해석하기도 한다. 그가 보건복지부 장관에 임명되자 미국의학협회는 성명을 통해 "프라이스는 보건정책 발전을 이끌어왔다. 환자의 선택을 다양하게 하고 시장 원칙에 근거한 답을 제시했으며, 과도한 규제로 인한 부담도 줄였다"고 환영의사를 밝혔다. 정치후원금 대부분도 의료인·의약업체·보험업체들에게서 유입된 것으로 알려졌다.

미시간 대학교 의학박사를 거쳐 애틀랜타 에머리 대학교에서 레지던트 생활을 했다. 애틀랜타에서 20여 년간 민간 의료기관을 거치며 경력을 쌓았고 모교인 에머리 의과대학교에서 잠시 교수 생활을 하기도 했다. 이후 조지아 주 상원 선거에서 당선돼 정계에 진출한 뒤 10년간 주 상원의원으로 재직했다. 지역 기반이 탄탄한 인물로 애틀랜타 상공회의소를 비롯해 각종 봉사단체 등 지역 단체 고위직을 거쳤다. 2009년부터 2010년까지는 하원 강성 보수파 의원 모임으로 오랜 역사를 가진 공화당 연구위원회Republican Study Committee 회장을 지냈다. 조지아 주 하원 6선 의원인 프라이스는 폴 라이언 하원의장의 뒤를 이어 하원 예산위원장을 맡고 있다. 의회에서는 세제, 의료, 교육 등의 분야에 역점을 두고 활약했으며, 낙태 시술을 한 병원에 지원금을 끊어야 한다는 주장까지 내놓는 등 낙태 반대 운동에도 열성적이다. 부인인 베티 프라이스는 2015년 조지아 주 하원의원에 당선됐다.

주택도시개발부 장관
벤 카슨

- 세계 최초 샴쌍둥이 분리 수술을 성공시킨 전설적 의사
  위인전 · 드라마까지 제작돼
- 일찌감치 트럼프 지지 선언
- 미국 존스홉킨스 대학병원 및 호주 찰스가이드너경 병원 신경외과
  의사

벤 카슨Ben Carson은 1987년 세계 최초로 샴쌍둥이 분리 수술에 성
공하며 의사로서 신적인 추앙을 받기 시작했다. 33세의 젊은 나이
로 모교 존스홉킨스 대학병원 소아신경외과 과장이 된 지 3년 만에
이룬 성과였다. 편모 밑에서 극심한 가난을 극복하며 자란 성장기
까지 알려지면서 의료계뿐 아니라 대중들도 그에게 열광했다. 카슨
은 이미 위인전에 이름을 올렸고 지난 2009년에는 그의 삶을 다룬
영화 〈타고난 재능: 벤 카슨 스토리〉가 인기를 끌기도 했다. 2014년
갤럽 설문조사에서는 (생존 인물 중) 미국인들이 가장 존경하는 남성
6위에 올랐다. 그보다 순위가 높았던 인물이 전직 대통령 3인(버락
오바마, 빌 클린턴, 조지 부시), 종교계 인사 2인(프란체스코 교황, 빌리 그레
이엄 목사)이었다는 점을 보면 그의 명성이 얼마나 대단한지 가늠할

수 있다.

이러한 인기에 힘입어 카슨은 정계에 진출했으나 인상적인 모습은 보여주지 못했다. 지난 대통령 선거를 앞두고 공화당 경선에 출마했지만 극우 성향을 드러내며 물의만 일으켰다. 소득 분배·성소수자 문제 등에 보수적 견해를 드러냈으며, 무슬림을 멸시하는 인종차별 발언까지 내뱉었다. 한때 트럼프와 지지율 1위를 놓고 다투기도 했지만, 정작 경선이 시작된 뒤에는 트럼프나 테드 크루즈 등 더 보수적이고 자극적인 후보가 즐비했던 탓인지 큰 두각을 나타내지 못했다. 결국 2016년 3월 경선에서 조기 이탈하고 만다. 이후 발 빠르게 트럼프 진영에 합류해서 흑인 유권자들에게 트럼프 지지를 호소하는 역할을 맡았다. 본인부터 인종차별 논란에 휩싸였던 것을 생각하면 모순된 일이다. 트럼프가 당선되고 카슨이 보건복지부 장관에 지명될 것이란 관측이 많았지만 결과적으로 주택도시개발부 장관을 맡았다.

민주당과 진보 언론들은 주택 개발 경험이 전혀 없는 카슨의 지명에 강하게 반발했다. 이에 어떻게든 주택부와 연결고리를 만들어 보려는 보수 진영 변론은 처량할 지경이었다. 뉴트 깅리치 전 하원의장은 "가난을 극복하고 어마어마한 성공을 이룬 점, 그의 인생을 관통하는 도덕성 등이 강점"이라 주장했다. 주택도시개발부 장관이 저소득층에 대한 정부지원 주택 사업을 관장한다는 점을 염두에 둔 발언이다. 또 안정적인 정부지원 주택 보급이 공공보건에 큰 역할을 할 것이라며 그의 의료계 경력을 두둔하는 논리까지 있었다.

그러나 자서전에서 "가난을 극복하려면 정부 지원보다 개인의 노력이 우선이다"라는 신념을 밝히기도 했던 카슨의 어린 시절이 주택도시개발 업무에 어떻게 발현될지는 미지수다. 지난 2015년 경선 주자 토론에서는 북한 정권을 가리켜 "국민 안전에도 관심이 없고 군비 증강에만 힘쓴다"며 비난하기도 했다.

교통부 장관
일레인 차오

- 최초의 아시아계 여성 장관
- 미치 매코널 상원 원내대표가 남편
- 노동부 장관, 교통부 부장관

일레인 차오$^{Elaine\ Chao}$는 교통부 장관으로서 관련 경험도 풍부하고 의회와 관계도 돈독하다. 트럼프가 경기부양을 위해 대규모 인프라 사업을 펼치겠다고 공언한 만큼 경제정책에서 중임을 맡을 것으로 보인다.

차오는 조지 W. 부시 전 대통령이 취임한 2001년부터 정권이 교체된 2009년까지 노동부 장관을 역임했다. 미국 최초의 아시아계 여성 장관이기도 한 그는 조지 H. W. 부시 행정부에서는 1989년부터 1991년까지 교통부 부장관을 지낸 이력도 있다. 이번 트럼프 정권에서 교통부 장관직에 오르며 최근 세 번의 공화당 정부에서 모두 고위직에 임명되는 기록을 세웠다. 특히 1조 인프라 투자를 내세운 이번 정부에서 교통부는 계획의 중심에 선 부서로 교통부 장관직은 가장 중요한 요직으로 꼽힌다.

차오는 공화당 중진인 미치 매코넬 상원 원내대표의 부인이기도 하다. 1993년 결혼했으며 차오는 2014년 남편의 상원의원 선거 선대위원장을 맡아 후원금 내역을 직접 챙기는 등 곁에서 적극 활동하기도 했다.

현지 언론들은 오바마 대통령 재임 중 공화당을 이끌며 이름을 높인 매코넬 의원의 부인을 교통부 장관에 발탁한 것을 두고 의회의 확실한 지원을 받기 위한 트럼프의 전략이라는 평가를 내놓기도 했다. CNN은 "차오의 발탁은 일종의 'BOGO(Buy One Get One, 하나 사면 덤으로 하나 더 주는 것)' 거래"라고 평가했다.

차오는 트럼프 정부의 유일한 동양계 인사다. 1953년 대만 타이베이에서 출생해 8세 때 중국인 부모와 두 언니를 따라 미국으로 왔다. 라인스 프리버스 백악관 비서실장과 더불어 트럼프 정권에서 주목받는 친대만 인사 중 하나다. 아시아계의 차세대 인재 양성을 목표로 하는 국제리더십재단(대표 칠링 퉁)의 명예회장으로 지난 17년 간 활동해왔다. 라인스 프리버스 비서실장과 함께 트럼프 정권의 대중정책에도 영향을 끼칠 것으로 보인다.

트럼프의 선택 1_ 내각

에너지부 장관
릭 페리

- 주지사 시절 에너지부 폐지 주장
- 환경 규제 철폐론자, 경선 출마해 트럼프와 설전 후 2016년 5월 지지 선언
- 텍사스 주 하원의원, 텍사스 주 농무부 장관, 텍사스 부지사, 텍사스 주지사

2011년 11월 열린 공화당 대선 후보 경선 TV 토론에서 릭 페리^{Rick} Perry 당시 후보 차례가 돌아왔다. "미국에 없어져야 할 부처가 세 개 있습니다. 첫째 상무부, 둘째 교육부, 셋째는…… 음, 뭐였더라. 이런, 죄송합니다." 페리는 이날 이후 전국적인 웃음거리가 됐으며 대통령 후보 자격마저 의심받고 결국 중도 탈락했다. 추후 인터뷰에서 페리는 그 세 번째 폐지해야 할 부처가 에너지부였다고 밝혔다.

그 사건이 페리에게 굴욕만 안긴 것은 아니다. 그는 이 발언으로 전국적인 유명세를 탔다. 도널드 트럼프가 페리를 눈여겨본 것도 이 사건 때문이다. 트럼프는 페리가 에너지부 폐지론자라는 사실을 기억하고 있다가 이번에 에너지부 장관으로 지명했다. 페리는 오바마 정권의 온난화 방지 및 재생에너지 개발 정책을 크게 후퇴시키고,

환경 규제 완화와 석유·화석연료 개발에 집중할 것으로 예상된다.

페리는 미국 석유·에너지산업의 중심지인 텍사스 주에서 15년간 역대 최장수 주지사를 지냈으며 재임 기간 동안 석유산업을 옹호했다. 트럼프와 마찬가지로 지구온난화의 원인이 온실가스 배출 등 인위적인 것이 아니라는 견해를 보이고 있다.

주지사 시절인 지난 2011년에는 친환경에너지가 기후변화를 막는 데 실제로 효과가 있는지 의문을 제기하며, 관련 연구를 진행하는 과학자들이 프로젝트 자금을 끌어 모으려는 목적으로 데이터를 조작한다고 비판하기도 했다. 환경보호와 기후변화 문제를 제기해 전 세계에 경각심을 일깨운 엘 고어 전 부통령을 가리켜 '거짓 선지자'라 비난했다.

2012년과 2016년에는 두 차례 공화당 대선 후보 경선에 나섰다. 이번 경선에서는 트럼프를 "보수주의의 암적인 존재"라고 비판했다. 이에 트럼프도 "페리는 경선에 도전하기에 앞서 아이큐 테스트부터 받아야 한다"고 맞섰다.

그러나 경선 초반 페리는 지지율 상위 10위에도 들지 못해 첫 TV 토론에 얼굴도 비추지 못했고 선거자금 확보에도 난항을 겪었다. 결국 선거 운동을 시작하고 3개월 만에 사퇴하고 말았다. 그러다 2016년 5월 트럼프의 공화당 경선 승리가 확실시되자 입장을 바꿔 "할 수 있는 한 트럼프를 돕겠다"며 지지를 선언했다.

벳시 디보스^{Betsy DeVos}는 학교별로 정부지원금에 차등을 둬 교육 경쟁력을 향상시켜야 한다는 '선택권' 옹호론자다. 이는 '평등'을 강조한 오바마 정부의 교육 정책과는 대비되는 논리다. 교육부 장관으로 디보스가 지명된 것은 앞으로 트럼프 정부가 나아갈 교육정책의 방향을 짐작하게 한다.

디보스는 대표적 학교 선택권 제도인 '바우처'와 '차터 스쿨(자율형 공립학교)'의 확대를 주장하는 단체에서 일하면서 막대한 지원금을 내기도 했다. 미국은 주^州별로 교육정책을 선택할 수 있기 때문에 선택권을 옹호하는 교육제도의 종류도 다양하다. 하지만 양질의 교육을 제공해 더 많은 학생들이 선택하는 학교에 더 많은 지원금이 가야 한다는 기본 방침을 공유한다. 디보스는 수월성교육재단

Foundation for Excellence in Education 이사와 학교선택연맹Alliance for School Choice 의장을 역임했으며 남편과 함께 '모든 어린이가 소중하다All Children Matter'라는 교육후원단체를 설립하는 등 선택권 옹호 제도를 지지해왔다. 그는 '미국어린이연맹American Federation for Children' 회장도 맡고 있다.

디보스는 장관 지명을 계기로 미국 교육계의 또 다른 쟁점인 '공통교육과정Common Core, 커먼 코어'에 대한 기존 입장을 바꿨다. 커먼 코어는 수학·영어 등의 과목에 대해 초등학교에서 고등학교까지 학년별 학습 목표를 정하고, 이를 달성하기 위해 모든 공립학교 학생의 실력을 동일하게 끌어올린다는 정책이다. 디보스는 당초 높은 수준의 학습 목표를 정하고 그에 맞춰 교육을 발전시켜야 한다는 차원에서 커먼 코어를 지지했다. 그가 속했던 수월성교육재단이 커먼 코어 확대를 주장하는 단체이기도 하다.

그러나 커먼 코어가 교육의 자율성과 다양성을 해친다며 반대해온 트럼프가 그를 교육부 장관으로 지명하자 바로 반대 입장으로 돌아선 것이다. 이처럼 의문점이 남는 행보로 다수의 현지 언론은 여전히 디보스의 입장이 불분명하다고 평가한다.

또한 디보스는 미시간 주에서 공화당 위원장까지 올랐던 열렬한 공화당 지지자다. 이번 경선에서는 칼리 피오리나 전 휴렛팩커드 최고경영자와 젭 부시 전 플로리다 주지사를 후원했으며 이후에는 마르코 루비오 상원의원을 지지했다. "공화당을 대표할 인물이 아니다"라고 하며 트럼프에 비판적인 입장이었지만, 학교 선택권 확대

를 위해 활발하게 활동한 마이크 펜스가 부통령 후보로 낙점되며 반
감이 줄어든 것으로 전해진다.

디보스는 미시간 주 홀랜드에서 나고 자랐으며 홀랜드 기독고등
학교와 캘빈 대학교를 졸업했다. 아버지는 자동차 부품업체인 프린
스 코퍼레이션의 창업자 에드가 프린스, 남편은 미국 건강기능식품
업체 암웨이의 상속자 딕 디보스다. 딕 디보스는 미시간 주지사 선
거에 공화당 후보로 도전했다 탈락한 경험이 있다. 트럼프가 꾸린
정부가 부자들로 구성된 '억만장자 내각'이란 주목을 받을 때 벳시
디보스도 한몫 톡톡히 했다.

국토안보부 장관
존 F. 켈리

- 해병대 4성 장군 출신
- 관타나모 수용소 폐지하려는 오바마 대통령에 반기, 아들은 아프
  간전서 전사
- 1 · 2차 이라크전 참전, 남부사령관

국토안보부는 24만 명의 직원을 거느린 초대형 부처로, 국내 안보 문제와 테러, 재난재해 대응을 아우르는 조직이다. 이런 중요한 부서를 맡은 존 F. 켈리^{John F. Kelly}는 2016년 퇴역한 미국 해병대 4성 장군 출신이다. 퇴역 직전 카리브해 및 중남미 32개국을 관할하는 남부사령관으로 재임했는데, 이는 멕시코와 맞닿은 남부 국경의 세관 · 이민 등을 관리하는 국토안보부 장관의 업무와 연관성이 높다. 트럼프도 성명을 통해 켈리가 불법 이민자 차단, 국경 치안 확보, 각종 사정기관 공조 등을 주도할 수 있다고 판단해 그를 지명했다고 인선 이유를 밝혔다.

멕시코 불법 이민자 처리 문제는 지난 대선에서 가장 뜨거운 감자였다. 장벽 설치까지 거론하며 불법 이민자 차단을 외쳤던 트럼프인 만큼, 일선에서 국경을 관리하는 국토안보부 장관직은 정권 출범 이후 가장 이목이 집중되는 자리일 수밖에 없다. 켈리 본인도 국경 안보에 강경한 입장을 밝힌 적이 있다. 지난 2015년 의회에서 켈리는 "테러범들은 밀수 경로를 활용해 미국인들을 해치려는 첩보원을 보낼 수도 있고 미국에 대량 파괴 무기를 반입할 수도 있다"며 멕시코를 비롯한 중앙아메리카 밀수입 조직의 위험성을 경고했다.

남부사령관 재임 당시 오바마 대통령이 쿠바에 위치한 관타나모 미 해군기지 테러 용의자 수용시설을 폐쇄하려고 하자 극렬하게 반대하기도 했다. 각종 인권단체가 "무고한 사람을 잡아 가두고 고문까지 한다"는 비난의 목소리를 높이자 오바마 정권은 관타나모 수용소 폐쇄를 추진했다. 그러나 공화당과 켈리와 같은 국가안보 관련 인사들은 풀려난 수감자들이 다시 미국을 공격할 수 있다는 이유를 들어 강하게 반대했다. 2015년 12월 공화당이 장악한 상·하원이 관타나모 수용소 폐지 금지법을 가결, 결국 수용소는 유지됐다. 국토안보부 장관으로서 테러 대응 업무를 맡은 켈리에게는 여러모로 희소식이다.

보스턴 출신인 켈리는 1970년 미국 해병대에 입대해 1972년 부사관으로 전역했다. 이후 대학교를 졸업하고 1976년 해병 장교로 임관했다. 이라크 전쟁에서는 제1해병원정군 사령관으로 참전했다. 2003~2004년에 걸쳐 바그다드, 티그리트, 팔루자 공격을 각각 지휘했으며, 2008~2009년까지 이라크 서부 지역에 주둔한 다국적군 사령관으로 재임했다.

그의 아들 로버트 켈리 해병 중위는 2010년 아프가니스탄 남부 헬만드 주에서 소대원과 전투 순찰 임무를 수행하다 폭탄 공격에 전사했다. 당시 켈리 중위는 겨우 29세였다. 〈뉴욕타임스〉는 "켈리의 이런 가슴 아픈 개인사가 트럼프 당선인의 최종 결심에도 영향을 미쳤다"고 보도했다.

백악관 비서실장
라인스 프리버스

- 공화당 내 탄탄한 입지, 백악관–의회 연결고리
- 위스콘신 지역에서 각종 선거 승리 이끌며 RNC 의장 도약
- 공화당 전국위원회 위원장

공화당전국위원회^{RNC} 위원장 출신인 라인스 프리버스$^{Reince\ Priebus}$는 경선 과정에서 당내 지지 기반이 약한 트럼프를 든든하게 지원하며 백악관 비서실장 자리까지 오르는 데 성공했다. 트럼프 당선 이후 각종 인선 작업과 재계 인사 회담 등에서 주도적 역할을 맡았다.

트럼프가 프리버스를 비서실장으로 임명한 건 자신의 정치적 약점을 보완할 최적의 선택으로 평가된다. 역대 최고령인 70대 대통령이 된 트럼프에 비해 프리버스는 '40대 기수'로 주목받는 인사다. 거기에 '아웃사이더'가 즐비한 트럼프 내각에서 공화당전국위원장을 지낸 명실상부한 공화당의 주류로서 그 역할이 클 전망이다.

또한 프리버스는 백악관과 공화당을 잇는 가교 역할에 최적의 인물로 평가된다. 트럼프의 장녀 이방카 트럼프와 사위 재러드 쿠슈너, 마이크 펜스 부통령 등과도 친분이 두터운 것으로 알려졌다. 특히 2016년 7월 공화당 전당대회를 앞두고 당내 지도층이 트럼프 후보 선출을 반대하고 나설 때 강력하게 트럼프를 지지하면서 전당대회를 성공적으로 이끈 공이 크다. 트럼프가 대선 과정에서 폴 라이언 하원의장 등 공화당 주요 인사들과 계속 갈등을 일으킬 때도 프리버스는 트럼프에게 끝까지 변함없는 지지를 보내 그의 신뢰를 얻었다.

뉴저지에서 태어난 프리버스는 16세라는 어린 나이에 선거 운동을 경험했다. 이후 위스콘신 대학교와 마이애미 대학교 로스쿨을 우수한 성적으로 졸업했으며, 재학 중 각종 학생단체에서 활발하게 활동했다. 졸업 후에는 주 법원과 법률회사 등에서 근무했으며 2004년 위스콘신 주 상원의원 선거에 출마해 정계에 발을 들였다. 선거운동에 통달한 인물로 평가받지만 정작 자신이 출마했던 이 선거에서는 로버트 워치 상원의원에게 패하고 만다. 이후 당내 요직을 선출하는 선거에서는 수없이 승리했지만 정작 민주당 후보를 꺾은 경험은 아직 없다.

프리버스는 2007년 위스콘신 주 최연소 공화당 의장으로 선출된 뒤로 위스콘신에서 펼쳐진 선거 대부분을 승리로 이끌었다. 위스콘신에 지역구를 둔 폴 라이언과 스콧 워커 위스콘신 주지사 등 당내 거물들과 친분을 맺게 된 것도 그 덕분이다. 2010년에 38세의 나이로 RNC 위원장에 올라 비서실장으로 발탁되기 전까지 활약했다.

프리버스는 친대만파로, 트럼프 정권의 대중정책에 적잖은 영향을 끼칠 전망이다. 공화당 내에는 여전히 민주국가인 대만을 전통적 우방으로 여기는 중역들이 상당수 포진해 있다. 프리버스는 2015년 10월 대만을 찾아 대중 강경노선을 주장하던 당시 차이잉원 대선 후보를 직접 만나고 왔다. 트럼프 당선 이후 미국과 대만 간 정상 통화에도 깊이 관여한 것으로 알려졌다.

환경보호청장
스콧 프루이트

- 화석연료 발전의 강력한 옹호자
- 이민 개혁 반대 등 대표적인 '안티 오바마'
- 오클라호마 주 상원의원, 오클라호마 주 법무장관

스콧 프루이트^{Scott Pruitt} 환경보호청^{EPA} 청장은 대표적인 기후변화 정책 반대론자로, 트럼프 정권에서 오바마 전 대통령의 기후정책을 폐기하는 데 최전선에서 앞장설 것으로 예상된다.

변호사 출신인 프루이트는 1998년부터 2006년까지 오클라호마 주 상원의원을 지냈다. 2011년부터는 주 법무부 장관으로 재직 중 이다. 과거 선거 당시 화석연료와 이해관계가 있는 단체로부터 30만 달러(약 3억 6000만 원) 상당의 후원금을 받아 환경론자들의 거센 비 판을 받기도 했다. 또 석유산업을 강력하게 옹호하는 공화당 주지사 협회 회장을 맡고 있다.

지금껏 프루이트는 온실가스 감축을 의무화하는 청정발전계획 Clean Power Plan을 막고자 에너지 기업들과 집단소송을 주도했다. 석유·가스산업의 메탄가스 배출을 줄이려는 최근 규제에도 소송을 제기했다. 또 수질 오염 방지 등을 규정한 미국 수자원 보호 규정 Waters of the United States의 보호 범위를 축소하고자 노력했다. 이렇게 EPA를 상대로 그가 제기한 소송은 현재 대부분 패소했다.

그밖에도 프루이트는 미국의 국민건강보험인 '오바마 케어' 반대, 트렌스젠더 공중화장실 이용 차별 금지 반대, 이민 개혁 반대 등 오바마 전 대통령이 추진했던 주요 행정명령 대부분을 앞장서 비판했다. 그야말로 '안티 오바마'의 대표 인사인 셈이다. 계속되는 반대에 〈가디언〉은 그를 '석유산업의 꼭두각시'라고 평가하기도 했다.

트럼프는 프루이트를 EPA 청장으로 임명하면서 "프루이트는 규제가 환경과 경제에 어떤 영향을 미치는지 깊이 이해하고 있는 인물"이라며 "그가 환경보호 규제의 흐름을 뒤집을 것"이라고 선언했다.

프루이트는 EPA 청장에 내정되고 "미국인들은 불필요한 EPA 규제로 수십 억 달러가 우리 경제에서 빠져나가는 모습에 지쳐 있다"며 "나는 EPA를 환경에 대한 책임 있는 보호와 미국 비즈니스의 자유, 이 모두를 보장하는 방향으로 이끌고자 한다"고 포부를 밝혔다.

프루이트 청장은 기후변화에 회의적 입장을 보이는 라이언 징크 내무부 장관, 친 화석연료주의자 릭 페리 에너지부 장관과 함께 환경 규제 철폐에 보조를 맞출 것으로 보인다. 그의 일관된 성향과 강력한 개혁 의지로 볼 때 환경보호 규제를 옹호해온 민주당 의원들과 마찰이 불가피할 전망이다.

백악관 예산관리국장
믹 멀베이니

- 당적을 초월한 예산 원리주의자
- 사우스캐롤라이나 주 하원의원, 사우스캐롤라이나 주 상원의원,
  미 연방의회 하원의원(사우스캐롤라이나 주)

믹 멀베이니Mick Mulvaney 백악관 예산관리국OMB 국장은 당적을 초월한 '예산 원리주의자'로 통한다. OMB는 행정부의 예산 사용 우선순위를 정하는 부처로 예산편성권을 가진 국회를 견제하는 역할도 겸하고 있다.

멀베이니는 내정 전 사우스캐롤라이나 하원의원으로 활동할 당시 국방부 예산과 관련해 민주당과 뜻을 같이해 공화당 의원들의 지탄을 한 몸에 받기도 했다. 2012년 하원 금융위원회 위원장이던 바니 프랭크 전 민주당 의원과 손을 잡고 국방 예산을 동결하는 법안에 서명했기 때문이다. 2015년 11월에는 "내가 속한 정당이 바란다고 지출 증가를 좋아하고 다른 정당이 바란다고 지출을 싫어할 수는 없다"며 예산 증가에 극도의 거부 반응을 보였다.

멀베이니 또한 트럼프 고위 내각 인사 대부분이 그러하듯 '안티 오바마'다. 2011년에는 국가부채 한도를 올리려는 오바마 정부에 앞장서 반기를 들었다. 2013년에는 '오바마 케어'에 제동을 걸어 연방정부 셧다운^{Shutdown}을 주도하기도 했다.

트럼프가 멀베이니를 OMB 국장에 지명한 것은 국방 예산조차도 효율적으로 써야 한다는 의중이 반영된 것으로 보인다. 트럼프는 2016년 12월 멀베이니를 국장으로 임명하며 "국가부채가 20조 달러인 상황에서 멀베이니는 나라의 재정을 책임 있게 쓸 수 있는 인물"이라며 인선 배경을 설명했다.

트럼프의 선택 2_ 백악관 등

무역대표부 대표

로버트 라이시저

- 국제무역 40여 년간 다룬 전문가
- 보호무역, 반중주의자로 분류
- 무역대표부(USTR) 부대표, 법무법인 스캐든 파트너 변호사

로버트 라이시저Robert Lighthizer 미국 무역대표부USTR 대표는 지난 40
여 년간 민관을 오가며 국제무역을 다룬 무역 전문가다. 강경한 보
호무역주의자로 특히 중국과의 무역으로 미국의 피해가 크다고 주
장한다. 이런 성향 때문에 중국산 저가품 공세를 막기 위해 수입장
벽을 높이겠다는 트럼프의 공약을 실현하기에 적임자로 평가된다.

라이시저는 상원 재무위원회 수석보좌관을 거쳐 1980년대 로널
드 레이건 정부에서 USTR 부대표를 역임했다. 당시 20여 개의 양자
무역협정을 다뤘으며, 일본산 자동차·철강 제품에 '슈퍼301조(불
공정한 무역상대국에 보복조치를 취할 수 있게 하는 법)'를 적용해 보호무역
강화를 손수 실천한 이력도 있다.

이후 미국 정부 소속 개발도상국 협력금융기관인 해외민간투자공

사OPIC에서 일했으며, 1996년 대선에 출마한 공화당 소속 밥 돌 전 상원의원의 회계 담당을 맡았다. 이번 대선 때는 일찌감치 트럼프 지지를 선언하고 자문 역할을 했던 것으로 알려졌다.

1980년대부터 민간 분야에서 활동했다. USTR 대표로 지명되기 전에는 미국 유력 법률회사 중 하나인 스캐든 압스에서 통상법 전문 파트너 변호사로 근무했다. 주로 미국 철강산업을 대변하는 일을 맡았으며 중국을 상대로 반덤핑 제소를 담당한 적도 있다. 미국과 중국은 오바마 전 대통령 재임 기간 중에도 철강 제품을 두고 치열한 관세전쟁을 벌인 적이 있다.

보호무역주의를 주창하는 발언과 기고문도 많다. 라이시저는 2008년 〈뉴욕타임스〉 기고에서 "자유무역주의자들이 도그마dogma 에 빠져 있다"며 "일자리를 얼마나 많이 잃고 있는지, 무역적자가 얼마나 늘고 있는지 보지를 않는다"고 꼬집었다. 2010년에는 미국 의회에 출석해 "미국의 정책결정자들이 수년간 수동적이고 목적성 없이 움직인 탓에 대중 무역적자가 경제를 위협하는 수준에 이르렀다"고 발언하기도 했다. 2011년 〈워싱턴타임스〉 기고에서는 "미국 산업을 보호하기 위해 관세정책을 사용하는 것은 공화주의자의 당연한 교리"라며 "현대 보수주의자의 아이콘인 레이건 전 대통령은 일본산 철강에 과감히 관세를 부과해 미국의 철강산업을 지켰다"고 평했다.

라이시저는 조지타운 대학교에서 학사와 법학박사를 취득했다.

트럼프의 선택 2_ 백악관 등

국제연합 주재 미국 대사
니키 헤일리

- '공화당의 오바마'로 불리던 차세대 기수
- 사우스캐롤라이나 주 하원의원, 사우스캐롤라이나 주 주지사

니키 헤일리Nikki Haley 국제연합 주재 미국대사는 40대 젊은 나이에 사우스캐롤라이나 주지사로 활약하며 공화당의 차세대 기수로 불린 인물이다.

인도계 이민 가정 출신인 헤일리는 1972년 사우스캐롤라이나 주에서 태어났다. 어릴 적 가족이 운영하던 의류점에서 회계 일을 하던 경험을 살려 사우스캐롤라이나 주 클렘슨 대학교에서 회계학을 전공했다. 이런 평범한 어린 시절 때문에 중산층 출신이었던 마거릿 대처 전 영국 총리와 비교되기도 한다.

이후 지역 상공회의소에서 기업활동 환경 개선을 위해 일하다 2004년 사우스캐롤라이나 주 하원의원에 당선되면서 정계에 첫발을 디뎠다. 2010년에는 주지사에 당선되었으며 2014년에는 연임에 성공했다. 이로써 헤일리는 사우스캐롤라이나 주 최초의 여성 주지사이자 소수인종 출신 주지사가 됐다.

주지사 시절인 2015년 6월, 사우스캐롤라이나 주에서 총기난사 사건이 발생했다. 범인이 백인우월주의자로 밝혀지자 그는 공공장소에서 남부연합기 게양을 금지시키는 강력한 조치를 내려 전국적인 주목을 받았다. 남부연합기란 미국 남북전쟁 당시 노예제 존치를 주장하던 남부군이 사용하던 깃발로, 백인우월주의자들이 종종 상징적으로 사용했다.

대선 초기 헤일리는 트럼프와 대립관계였다. 트럼프가 2016년 1월 헤일리의 이민정책을 "약하다"고 평가하자 헤일리도 트럼프를 가리켜 "주지사 입장에서 원하지 않는 모든 것을 갖춘 대선 주자"라고 맞받아쳤기 때문이다. 그러나 트럼프가 당선된 이후 "당연히 흥분되는 일"이라고 입장을 바꿨고 그 덕분인지 한때 부통령 혹은 국무부 장관 후보로까지 거론됐다.

헤일리가 대사로 내정되자 미국 언론들은 "무역박람회 참석을 제외하면 사실상 경험이 전무하다"며 그의 빈약한 외교 경력을 우려했다. 반면 국제연합 전문가들 중에서는 주지사 경험이 있는 국제연합 대사라는 점에서 협상에 도움이 될 수 있다는 긍정적 반응도 보인다고 〈워싱턴포스트〉가 전했다.

한편 〈폴리티코〉는 헤일리의 대사 인선이 러시아와 협력을 강화하겠다는 신호가 아니냐는 관측을 전했다. 외교 경험이 없는 헤일리를 대사로 발탁한 것이 트럼프가 대러 관계를 자신의 뜻대로 주도하겠다는 의지가 아니겠냐는 주장이다.

지금까지 알려진 헤일리 대사의 외교정책에 대한 견해는 공화당 주류에 가깝다. 헤일리 대사는 2015년 9월 버락 오바마 전 대통령의 이란 핵협상을 반대해 공동 서한을 보낸 공화당 소속 주지사 15명에도 속해 있다. 다만 북한이나 러시아에 대한 입장은 아직까지 잘 알려지지 않았다.

중소기업청장
린다 맥마흔

• 선거 초기부터 트럼프를 지지해온 레슬링계의 대모
• 미국 프로레슬링엔터테인먼트(WWE) 공동소유자

린다 맥마흔Linda Marie Edwards-McMahon 중소기업청장은 남편 빈스 맥마흔과 함께 미국 프로레슬링엔터테인먼트WWE의 공동소유자로 트럼프 내각을 통해 처음 정계에 발을 딛는 신진 인사다.

노스캐롤라이나의 침례교 가정에서 나고 자란 맥마흔은 13세에 남편 빈스를 만나 17세에 결혼했다. 그 후 이스트캐롤라이나 대학교에서 프랑스어를 전공했고 1982년 남편과 세계레슬링연맹WWWF을 창설해 레슬링 업계에 본격적으로 뛰어들었다.

이후 레슬매니아 등 대형 프로젝트가 잇따라 성공하며 맥마흔 부부가 이끄는 단체는 특급 프로레슬링 단체가 됐다. 1997년 정식으로 WWE의 최고경영자가 되었으며 레슬링 관련 상품 판촉에 주력, 1984년에는 레슬링 캐릭터 장난감 업체인 '레슬링 슈퍼스타'를 창업하기도 했다.

2000년대에 들어서면서 린다 맥마흔은 정치 쪽으로 눈을 돌린다. 2009년 WWE 본사가 있는 코네티컷 주의 교육위원회 위원으로 임명되며 정치생활을 시작했다. 이후 2010년과 2012년 공화당 후보로 연방 상원의원 선거에 도전했지만 연거푸 고배를 마셨다.

맥마흔 부부의 재산은 1억 370만 달러(약 1,200억 원)에서 3억 5,500만 달러(약 4,200억 원)로 추정된다. 맥마흔은 선거 초기부터 트럼프를 적극 지원했으며 선거 기간 중 캠프에 600만 달러(약 70억 원)를 기부한 것으로 알려졌다. 트럼프 당선 이후 한때 상무부 장관 후보에 오르기도 했다. 트럼프는 2016년 12월 7일 맥마흔을 중소기업청장으로 지명하며 "린다 맥마흔은 우리 일자리를 되찾고 중산층을 해치는 부담스러운 규제 철폐를 목표로 삼을 것"이라고 밝혔다. 맥마흔 또한 트럼프가 추구하는 규제 철폐 움직임에 앞장설 것으로 예측된다.

트럼프의 선택 2_ 백악관 등
백악관 국가안보보좌관
마이클 플린

- 대중동 강경파 선봉장
- 현장에 맞는 대테러 전쟁 개념 개발
- 2차 이라크전 및 아프가니스탄전 참전, 국방정보국(DIA) 국장

대선 당시 트럼프 진영의 주된 선거 전략 중 하나는 이슬람국가[IS] 창
궐의 원인을 오바마 정권의 실패한 중동정책으로 몰아가는 것이었
다. 오사마 빈 라덴 사살 이후 승리감에 도취된 오바마 정권이 잔존
세력을 경시하며 IS가 확장할 기회를 제공했다는 것이다. IS가 미국
국민들의 피부에 와닿는 위협으로 성장한 것은 물론이고, 대선 상대
였던 힐러리 클린턴이 국무부 장관으로 재직하며 깊게 개입했던 쟁
점인 만큼 민주당 진영에 깊은 상처를 내는 논리였다.

이 전략의 선봉에 바로 마이클 플린[Michael Flynn]이 있었다. 아프가
니스탄과 이라크 파병을 거쳐 3성 장군에 국방정보국[DIA] 국장까지
올랐던 인물이다. 향후 백악관 국가안보회의[NSC]의 보좌관으로서 중
동에서 이슬람 세력에 강경한 정책을 이끌 것으로 전망된다.

플린은 중동 파병 시절 포로 심문 업무를 주로 맡았다. 이를 통해 '이슬람 극단주의 세력의 본질은 수뇌부가 아닌 종교다. 수뇌부를 제거해도 종교로 권위를 부여받은 새로운 리더가 반드시 등장한다'는 인식이 생겼다고 인터뷰를 통해 밝힌 적이 있다. 이슬람 무장 세력에 대해서는 최고전문가라는 표현이 걸맞을 만큼 이런 논리를 밝히는 데도 자신감이 넘쳤을 것이다. 플린은 중동 합동특수전사령부 JSOC에 근무하며 현장에 맞는 대테러 전쟁 개념을 개발했다. 또한 알카에다가 위계 중심이 아닌 세포 조직으로 구성됐다는 사실을 밝혀낸 장본인이기도 하다.

DIA 국장을 맡고 있던 2013년에도 9년 전보다 이슬람 무장단체 수가 두 배 가까이 늘었다는 분석을 내놓는 등 중동의 위험을 수차례 경고했다. 2016년 7월 출간한 저서 《전장The Field of Fight》에도 이런 인식이 명확히 드러난다. "우리는 세계대전 속에 있다. 하지만 이걸 아는 미국인이 별로 없고 어떻게 이겨야 하는지 아는 사람도 거의 없다", "정치적 올바름을 옹호하는 자들 때문에 우리를 파괴하려는 적대국들을 제대로 인지하기 어려워진다"고 밝혔다.

이런 그의 눈에 빈 라덴 사살 이후 "새 시대가 열렸다"고 승리를 선언한 오바마 대통령이 성에 찼을 리 없다. 플린은 오바마 대통령의 군사정책을 가리켜 "소극적"이라고 공개 비판하는 등 갈등을 이어간 끝에 비교적 이른 나이인 56세에 퇴역했다. DIA 국장에 오른 지 18개월 만이다. 공교롭게도 플린의 퇴역 행사가 있던 날인 2014년 8월 7일, 오바마는 미국 공군의 IS 공습을 승인한다고 발표했다. 이라크에서 철군한 지 3년 만이다.

현지 언론은 플린을 묘사할 때 '분노'라는 단어가 자주 등장한다. 그의 어투가 거칠고 호전적일 뿐만 아니라 "힐러리를 감옥에 보내야 한다"는 주장도 가장 적극적으로 펼친 탓이다. 그의 이력을 감안하면 이는 단순히 보여주기 위한 분노가 아닐 수도 있다. 북한에 대해서도 2016년 10월 "북한의 현 체제를 오래 존속시켜서는 안 된다"며 "김정은과 경제적 거래를 할 생각은 없다"고 명확하게 밝혔다.

아일랜드 출신으로 플린 부자 세 명이 군에 몸을 담았다. 아버지 프랜시스 플린은 2차 세계대전과 한국전에 참전했으며 동생인 찰리 플린은 지난 2011년 형을 이어 육군 장군이 됐다.

백악관 국가안보회의 부보좌관
캐슬린 맥팔랜드

- 3개의 공화당 정부를 거친 강경파 관료
- 대북 제재 강도를 높여야 한다고 주장하는 매파
- 로널드 레이건 행정부 국방홍보국 수석 부차관보 및 국방부 대변인, 폭스뉴스 안보 분야 평론가

국가안보회의 부보좌관에 임명된 캐슬린 맥팔랜드^{Kathleen T. McFarland}는 3개의 공화당 정부를 거친 강경파 관료다. 같은 강경파인 마이클 플린 국가안보 보좌관과 함께 매파적 외교안보 정책의 밑그림을 그려나갈 것으로 보인다.

위스콘신 태생으로 조지워싱턴 대학교를 졸업하고 백악관에서 비정규직으로 일하며 인연을 맺었다. 리처드 닉슨, 제럴드 포드 정부를 거치며 경험을 쌓은 그는 로널드 레이건 정부에서 국방홍보국 수석 부차관보와 국방부 대변인으로 활약했다.

2006년 상원의원 선거에서 당시 힐러리 클린턴 뉴욕 주 상원의원에게 도전하려고 했으나 공화당 내 경선에서 패해 뜻을 이루지 못했다. 내정되기 직전에는 공화당 성향의 폭스뉴스에서 안보 분야 평론가로 활동했다.

맥팔랜드는 플린과 마찬가지로 오바마 정부의 테러 전쟁 방식에 아주 부정적인 시각을 보였다. 2014년 9월, 미국 언론인 두 명이 IS에 납치됐을 때 "오바마 대통령이 모래밭에 머리를 처박고 있다"고 정면 비판하기도 했다.

맥팔랜드는 2015년 8월 폭스뉴스에 출연, "북한 핵 문제를 해결하기 위해서는 중국이 북한에 영향력을 행사하도록 압박해야 한다"고 주장해 중국을 활용해야 한다는 대북관을 드러냈다. 또 대북 제재 강도를 높여야 한다고 주장하는 강경파이기도 하다.

백악관 국가안보회의 사무총장
키스 켈로그

- 외교 · 안보 분야 노련한 조율사
- 장성 출신 각료 중 최고 연장자
- 예비역 육군중장, 오라클 최고운영책임자(COO)

도널드 트럼프의 국방정책은 키스 켈로그^{Keith Kellogg}의 머리에서 나왔다고 해도 지나친 말이 아니다. 국방 예산과 병력을 확대해야 한다는 구상도 켈로그에게서 나왔다.

트럼프가 대선 출마를 선언한 초기부터 선거 캠프에 합류해 국방 분야 자문위원으로 트럼프의 국방정책 참모 역할을 했다. 대선에 승리한 이후에는 정권인수위원회 국방분과로 자리를 옮겨 국방정책 초안 마련에 참여했다. 그리고 드디어 외교 · 안보 분야에서 대통령의 두뇌 역할을 하는 국가안보회의 사무총장으로 지명됐다. 캠프 때부터 해오던 일을 그대로 백악관으로 가져가는 모습이다.

이로써 트럼프 외교 · 안보 라인 요직은 모두 예비역 중장이 차지했다. 마이클 플린 국가안보보좌관, 제임스 매티스 국방부 장관, 존 켈리 국토안보부 장관 등이 그 주인공이다. 켈로그 역시 예비역 중장 출신으로 이들 중에서 가장 나이가 많다. 국가안보회의 내 서열로는 이들보다 아래지만, 이들의 의견을 조율하고 관리해야 하는 중요한 자리인 만큼 사무총장으로 가장 연장자인 켈로그를 지명한 것은 트럼프의 '신의 한 수'다.

오하이오 데이튼 출신으로 사관학교가 아닌 산타클라라 대학교 ROTC 출신이다. 제101공수사단 소속으로 베트남전에 참전했으며 1996년 제82공수사단장에 올랐다.

2003년과 2004년에는 연합군의 이라크 임시행정처CPA 책임자를 지내며 행정 경험과 조직 간 커뮤니케이션 능력을 쌓았다. 30여 년의 군 생활을 마치고 퇴임한 이후에는 소프트웨어 기업 오라클로 자리를 옮겨 안보 분야 고문으로 일했다.

백악관 대변인
션 스파이서

- 21년 경력의 공보 베테랑
- 공화당 전국위원회(RNC) 공보국장 및 수석전략가

'트럼프의 입'을 맡은 션 스파이서Sean Spicer 백악관 대변인은 21년 간 공화당에서 공보 관련 분야만 전담해온 공보 전문가다. 트럼프의 잇단 돌출 발언을 관리하는 한편, 공보 경력을 살려 언론인들과의 호흡도 잘 맞춰갈 것으로 보인다.

로드아일랜드 출생으로 코네티컷 컬리지를 졸업했다. 조지 W. 부시 행정부에서 미국 무역대표부 미디어홍보부에서 근무한 것을 시작으로 공화당 의원총회 홍보비서관을 거쳤다. 2011년부터는 공화당전국위원회RNC 공보국장으로 임명돼 6년간 일했으며, 2015년부터 2년간은 수석전략가도 겸했다. 대언론 네트워크 구축, 공화당 경선 토론 준비, 공화당 후보 선거 캠페인 지원 등 당내 안방 살림을 전방위로 책임진 것으로 알려졌다. 이런 경력을 인정받아 이후 트럼프 정권인수위원회에 발탁돼 선임 공보 고문 역할을 수행했다.

무엇보다 스파이서는 오랜 공보 이력 덕에 워싱턴 언론계와 친분이 깊다고 알려져 있다. CNN은 "트럼프와 관계가 껄끄러운 언론인들에게 스파이서 지명은 긍정적 신호"라며 "스파이서는 백악관과 언론인 사이에서 열린 대화를 지향할 가능성이 높다"고 전했다.

스파이서는 라인스 프리버스 백악관 비서실장과도 가까운 사이다. 대변인 선임에는 프리버스 비서실장의 입김이 강하게 작용했다는 후문이다.

백악관 전략공보국장
호프 힉스

- 모델 출신의 이방카 트럼프 측근
- 트럼프그룹 홍보 직원, 트럼프 캠프 언론 담당

호프 힉스Hope Hicks 백악관 전략공보국장은 1988년생으로 트럼프의 장녀이자 '핵심 실세'인 이방카 트럼프의 여성 측근이다.

코네티컷 주 출신으로 이방카처럼 모델 활동 경험이 있다. 11세의 어린 나이에 패션 기업 랄프 로렌 모델로 채용돼 활동했다. 고등학교에서는 수영, 조정, 라크로스 팀 등에서 활약하며 다재다능한 능력을 보여주기도 했다.

텍사스 서던메소디스트 대학교를 졸업하고 홍보회사에서 일하다 2012년 이방카의 패션 사업 홍보 담당으로 채용되며 트럼프 가문과 본격적인 인연을 맺었다. 2014년 트럼프그룹에 정식으로 채용된다.

힉스는 2015년부터 트럼프의 언론 담당으로 일하기 시작했다. 트럼프가 첫 번째 경선에서 승리하고 힉스는 트럼프그룹에 남을지 선거 캠프로 완전히 옮길지 결정이 필요했다. 그는 트럼프그룹에 잔류할 것을 선택했지만, 그 능력을 알아본 트럼프가 캠프 쪽으로 옮겨 올 것을 설득했다고 한다.

젊은 인재 힉스는 선거 기간 동안 캠프에서 언론 담당 비서관을 맡았다. 이방카의 측근이라는 배경과 이에 버금가는 출중한 능력 덕분에, 이른바 '문고리 권력'으로 부상하며 선거 캠프를 쥐락펴락했다고 알려졌다. 트럼프 정권인수위원회에서도 대변인으로 활약하며 막강한 영향력을 과시했다.

육군 장관

빈센트 비올라

- 공수부대 장교 출신, 초단타매매의 귀재
- 2013년 NHL 구단 '플로리다 팬더스' 사들여
- 금융회사 버투파이낸셜 설립자, 뉴욕상업거래소(NYMEX) 의장

빈센트 비올라Vincent Viola 육군 장관은 군복무 경험이 있는 억만장자 사업가로서 트럼프 행정부에 맞춤형 이력을 갖추고 있다.

비올라는 브루클린에서 자랐고 1977년 미국 육군사관학교인 웨스트포인트를 졸업했다. 이후 육군 제101공수사단의 보병 장교로 근무했으며, 전역 이후에는 육군 예비군에 편입됐다. 뉴욕상업거래소NYMEX에서 1980년대 중반부터 근무하며 월가 금융인으로 명성을 높였다. 당시 NYMEX 회장이었던 리처드 셰퍼는 "비올라의 군 경력이 월가 업무를 수행하는 데 큰 보탬이 됐다. 그는 규율과 지능, 실행력 등을 두루 갖췄다"고 평가했다.

걸프전이 있던 1990년 전후로 국제유가 움직임을 예민하게 읽어낸 덕분에 수백만 달러를 벌어들이기도 했다. 2001년에는 마침내

NYMEX 회장에 올랐으며 2004년까지 재임했다.

초단타 매매 전문 금융회사인 버투파이낸셜을 창업해 막대한 부를 거머쥐었다. 초단타 매매를 다룬 마이클 루이스의 베스트셀러 《플래시 보이즈Flash Boys : A Wall Street Revolt》에 등장할 정도다. 177억 달러의 자산을 보유해 2016년 12월 〈포브스〉 기준 미국 부자 394위에 이름을 올렸다.

비올라는 북미 아이스하키리그NHL 구단인 '플로리다 팬더스'의 구단주이기도 하다. 2013년 NHL 하키팀 '플로리다 팬더스'를 1억 6,000만 달러에 사들였다. 군인 출신답게 선수들에게 군대식 훈련을 시키고, 사관학교에서 시범경기를 펼치는 등의 일화가 전해진다.

2003년에는 미국 육군사관학교 산하 연구기관인 대테러센터 Combating Terrorism Center 설립에도 기여했다.

백악관 국가무역위원장
피터 나바로

- 신설 국가무역위원회 이끌 반중론자
- 선거 때부터 트럼프 경제정책 조언
- 캘리포니아 어바인 대학교 교수

트럼프가 신설한 국가무역위원회 초대 수장을 맡은 피터 나바로 Peter Navarro는 중국에 부정적 인식을 강하게 품고 있다. 백악관 무역 정책을 반중 경제학자가 이끌면서 트럼프 정권과 중국의 통상 전쟁은 격화될 것으로 보인다. 중국 관영 매체들과 학자들은 나바로가 지명되던 바로 그날 우려 섞인 발언을 쏟아냈다.

나바로는 중국의 경제패권주의를 꼬집으며《슈퍼파워 중국》,《웅크린 호랑이》,《중국이 세상을 지배하는 그날》 등의 책을 저술하기도 했다. 그는 중국의 경제이기주의 탓에 미국 일자리와 경제가 크고 심각한 타격을 입었다고 주장한다. 중국이 환율을 조작하고 있으며, 중국 제조업 발달로 미국 제조업이 쇠퇴했다는 것이다. 나바로는 "그들(중국)이 만들면 미국은 일자리를 잃을 것이고, 우리가 만들면 일자리는 돌아올 것"이라 주장한다. 이는 미국 내 생산시설 유지를 위해 수단과 방법을 가리지 않는 트럼프의 행보와 맥락이 같다.

나바로의 반중 감정은 경제에 국한되지 않는다. 그는 미국이 양안 문제에 깊이 관여할 것을 주장하며 중국이 내세우는 '하나의 중국' 원칙을 반대한다. 2016년 12월 중국의 격한 반발을 불러온 트럼프 당선자와 차이잉원 총통 통화에도 관여했다고 알려져 있다.

나바로는 트럼프 선거 캠프의 정책 자문위원으로 2016년 8월 합류했다. 이후 윌버 로스 상무부 장관 등과 함께 트럼프 경제정책의 초안을 마련했다. 특히 중국을 비롯한 아시아 외교정책과 통상 분야에 주력했다.

트럼프 선거 캠프에 합류하기 전 나바로는 공화당이 아닌 민주당 소속이었다. 시장과 하원의원 선거 등 1990년대에 네 차례나 당직에 도전했지만 지금껏 한 번도 당선되지 못했다.

백악관 수석전략가
스티브 배넌

- 트럼프 여론전 이끈 1등 공신
- 별명은 지킬 박사와 하이드
- 극우언론 브레이트바트 설립, 미디어투자전문사 배넌앤드코퍼레이션 설립, 골드만삭스 근무

스티브 배넌Steve Bannon은 기성 정치권에 대한 불신을 자극해 트럼프 열풍을 일으킨 이번 대선의 일등공신이다.

미국 사회에 만연한 엘리트 혐오를 사회적 현상으로 끌어내 '아웃사이더' 트럼프를 대통령으로 만드는 데 성공했다. 그 과정에서 워낙 많은 적을 만들고 트럼프에 버금가는 막말 어록을 남긴 탓에 그가 내각이나 행정부 요직까지는 오르지 못할 것이라는 관측이 있었다. 그러나 트럼프는 인선 작업을 시작하고 일찌감치 배넌을 '대통령의 오른팔'에 해당하는 백악관 수석전략가로 임명해 그에 대한 깊은 신뢰를 나타냈다.

배넌은 극우 언론인 브레이트바트 뉴스Breitbart News와 비영리 정부감시기구인 정부책임연구소Government Accountability Institute, GAI를 양날개 삼아 여론전을 펼쳤다. 브레이트바트 뉴스는 루머를 퍼뜨리며 대중을 선동하는 역할을, 정부책임연구소는 사실 근거가 충분한 논리로 주류 계층을 설득하는 역할이었다. 〈블룸버그〉는 상황에 따라 감성과 논리를 능수능란하게 동원하는 그의 모습에 '지킬 박사와 하이드'라는 표현을 사용했다.

브레이트바트 뉴스는 지난 대선 트럼프의 핵심 지지층인 대안우파Alt-Right의 인종차별과 이민자 유입 반대 의견을 표출하는 창구 기능을 했다. 자극적 보도를 쏟아내는 것으로 유명하며, 배넌은 이런 외부 평가를 도리어 반겼다. 막무가내로 일삼는 행동 때문에 《기네스북》에 가장 겁 없는 동물로 등재된 '벌꿀 오소리Honey Badger'를 매체의 상징으로 삼을 정도다. 지난 2014년 오바마 정부의 로레타 린치 법무부 장관에 대해 오보를 낸 기자가 휴직을 요청하자 "우리는 벌꿀 오소리다. (오보 따위는) 거들떠보지 않는다"며 도리어 해당 기자에게 더 많은 기사를 맡겼다는 일화도 있다.

한편 정부책임연구소는 《클린턴 현금Clinton Cash》이라는 책을 출간해 선거 초반부터 힐러리 대세론을 엎어버렸다. 이 책은 힐러리가 공직에 있으면서 업무와 관계된 단체와 국가로부터 받은 막대한 돈에 의혹을 제기하며 그의 명성에 큰 타격을 입혔다. 출간 전부터 〈뉴욕타임스〉를 비롯한 주류 언론들까지 이 책의 내용을 대대적으로 보도하며 여론을 들끓게 만들었다.

배넌은 힐러리와 민주당을 집요하게 괴롭혔을 뿐만 아니라 공화당 주류 정치인들을 흠집 내는 데도 열을 올렸다. 공화당의 역대 최장수 하원 원내대표인 존 베이너에 대한 당내 반발 여론을 집요하게 자극해 지난 2015년 그가 사임하는 데 결정적 역할을 했다. 경선에 출마한 젭 부시와 마르코 루비오, 폴 라이언 하원의장과도 적대적인 관계다. 이들의 반대급부로 부각시킨 정치인이 바로 트럼프와 테드 크루즈 등이다.

배넌은 버지니아 대학교에서 학사, 조지타운 대학교에서 석사를 마치고 해군에 입대했다. 전역 후 하버드 비즈니스스쿨 MBA를 수료한 뒤 골드만삭스에서 근무했다. 1990년 골드만삭스를 나와 투자자문사를 설립하고 영화 사업에도 뛰어들었다. 2004년 레이건 전대통령을 소재로 제작한 다큐멘터리 〈악을 마주 보고In the Face of Evil〉 덕에 앤드루 브레이트바트와 연을 맺고, 훗날 그의 이름을 따 온라인 매체 브레이트바트 뉴스를 창립한다. 앤드루의 급작스런 사망 이후 2012년부터 대표를 맡아 최근까지 운영 중이다.

백악관 선임고문
켈리언 콘웨이

- 힐러리 클린턴 공격의 최선봉
- 트럼프 캠프 후발주자였지만 실세로 자리 매김
- 트럼프 캠프 선거대책본부장, 여론조사기관 우먼트렌드 회장,
  CNN · 폭스 정치평론가

켈리언 콘웨이Kellyanne Conway는 트럼프 참모들 중 대중에게 가장 친숙한 인물이다. 트럼프의 대변인으로서 대선 캠프의 '입' 역할을 맡았는데, 구설수가 많았던 트럼프의 뒷수습을 하느라 진땀 빼는 모습이 유독 언론에 많이 노출된 덕이다. 진보 성향 언론에서는 콘웨이에게 '최고 거짓말쟁이liar-in-chief'란 별명까지 붙일 정도였다.

그러나 콘웨이가 합류한 뒤로 절망적이던 트럼프와 언론의 관계가 그나마 개선됐다는 평가다. 트럼프의 막말과 돌출 행동도 누그러졌다. 콘웨이는 트럼프를 설득해 대립관계에 있던 〈워싱턴포스트〉와 〈폴리티코〉 등 유력 언론에 취재허가증을 재발급해주기도 했다. 힐러리 클린턴의 이메일 스캔들과 클린턴재단 의혹 등을 공격할 때도 최전방에 섰다.

선거 과정에서 트럼프는 성차별 발언과 성추행 논란이 끊이지 않았다. 그래서 여성 유권자들을 대상으로 한 여론 작업이 특히 중요했다. 오랜 기간 여성을 대상으로 여론조사를 수행해온 콘웨이의 역할이 돋보이는 순간이었다.

트럼프가 당선 이후 초대 국무부 장관 후보에 '정적' 미트 롬니 전 매사추세츠 주지사를 올려놓았을 때도 기존 측근들을 이끌고 반대에 나섰다. 트럼프에게 일종의 '반기'를 든 셈인데, 이 일을 계기로 두 사람이 멀어질 것이라는 관측도 나왔다. 그러나 콘웨이는 "(트럼프가 자신의 발언에) 화를 내지도, 놀라지도 않았다"는 말로 곧장 진화에 나섰다. 도리어 트럼프가 "켈리언이 나에게 와서 이 사안에 대해 자신의 견해를 가지고 대중 앞에 나서도 되냐고 물었고, 나는 그렇게 하라고 격려했다"고 말한 것이 알려지면서 캠프 내 콘웨이의 막강한 영향력이 확인됐다.

선거 기간 대변인으로 맹활약한 덕분에 백악관 대변인 후보로도 거론됐다. 대통령 선거 이후 트위터로 백악관 보직을 제안받았다는 사실을 밝히면서 대변인 내정설은 더욱 신빙성이 높아졌다. 일각에서는 콘웨이가 보수 풀뿌리 운동과 관련된 일을 오랫동안 수행해왔을 뿐만 아니라 보수 계열 기업인·의회와 두루 가까운 점을 들어 외곽 조직을 맡기는 것이 제격이라는 주장도 나왔다. 콘웨이가 강점을 가진 여론 조성 업무를 수행하기에도 외곽 조직에 몸을 두고 활동하는 것이 좋다는 분석이다.

지난 공화당 경선에서는 테드 크루즈 상원의원을 지지했다. 크루즈를 지지하는 단체 '킵 더 프라미즈'에 들어가 활동했다. 트럼프를 가리켜 "극단적"이고 "보수주의자라 할 수 없다"고 비판하기도 했다. 그러나 경선에서 트럼프가 승리하면서 트럼프 지지로 돌아섰고 2016년 8월, 트럼프 캠프의 선대 본부장으로 선거 전반에 관여하기 시작했다. 여성으로서 공화당 대선 캠프 최고위직을 맡은 것은 콘웨이가 처음이다.

콘웨이는 세 차례의 공화당 경선에서 활약하며 다양한 정치인들을 보좌했다. 2008년에는 프레드 톰슨의 대선 캠프, 2012년에는 뉴트 깅리치 하원의장 대선 캠프 등에서 일했다. 그밖에도 잭 캠프 하원의원과 댄 퀘일 전 부통령의 선거 운동에 도움을 주기도 했다. 특히 선거를 도우면서 마이크 펜스 부통령과 막역한 사이로 알려졌다.

트리니티 대학교를 졸업하고 조지워싱턴 대학교에서 법학박사를 취득했다. 이후 워싱턴 D.C. 법원에서 짧게 근무한 경력을 갖고 있다.

트럼프의 선택 2_ 백악관 등

중앙정보국(CIA) 국장
마이크 폼페오

• 대북·대이란 초강경 매파, '힐러리 저격수'로 명성 쌓아
• 사관학교-하버드 로스쿨 거쳐 정계 데뷔 후에도 엘리트 코스
• 미 연방의회 하원의원(캔자스 주), 군수업체 세이어 우주항공 창업자

마이크 폼페오Mike Pompeo는 해외 전략에 '초강경 매파' 노선으로 유
명하다. 주로 중립적 인사들이 취임했던 중앙정보국CIA 국장을 그가
차지하며 향후 미국의 외교안보정책이 강경 일변도로 흐를 가능성
이 높아졌다. 역시나 군 출신인 마이클 플린 백악관 국가안보회의
보좌관이나 제임스 매티스 국방부 장관 등과 더불어 트럼프 초대 외
교안보 라인이 강경노선 일색으로 채워졌다.

　폼페오는 2015년 이란 핵합의에 반대하는 목소리를 높였던 인물
이기도 하다. 이란 핵합의는 이란이 국제원자력기구IAEA 사찰을 허
용해 핵무기 개발 의혹을 해소하고 서방 국가들이 10여 년간 이어
온 이란 경제제재의 해제를 골자로 한다. 폼페오는 2016년 9월 정
치외교 전문지 〈포린폴리시〉 기고를 통해 "오바마 대통령이 세계 최

대 테러 지원국인 이란과 돈거래를 허용하려는 모습이다"라며 "이란혁명수비대^{IRGC}의 실상을 제대로 파악하지 못하고 있다. IRGC는 이란의 신권정치를 강화하고 밖으로는 혁명을 수출하는 군사 집단"이라고 혹평했다. 오바마 정권이 심혈을 기울여 이루어낸 이란 핵협상은 지난 대선에서 트럼프가 당선되며 발효 1년 만에 폐기 수순을 밟을 위기에 놓여 있다.

폼페오가 세간의 주목을 끈 계기 역시 '벵가지 청문회'에서 강경 보수로 펼친 맹활약에 있다. 힐러리 클린턴이 국무부 장관으로 재임하던 시절 리비아 벵가지 주재 미국 영사관에 테러 공격이 일어나 크리스토퍼 스니븐슨 대사 등 4명이 사망하는 사건이 발생했다. 이 벵가지 사태의 진상을 밝히기 위해 마련된 청문회 자리에서 폼페오가 힐러리를 가혹하게 몰아붙이는 모습에 '마녀사냥'이라는 평가까지 나왔다. 당시 신참 의원이었던 폼페오가 존 베이너, 마이크 펜스 등의 뇌리에 각인된 순간이었다. 벵가지 특위가 활동을 종료한 후에도 폼페오는 힐러리에게 비판을 이어갔으며 2016년 5월 트럼프 지지를 선언할 때까지도 "민주당 힐러리 클린턴이 대통령이 되면 안되기 때문에 공화당 후보를 지원하겠다"고 말하며 '힐러리 저격수'로서 본색을 잃지 않았다.

폼페오는 특히 북한에도 강경한 모습을 보인다. 북한이 4차 핵실험을 한 2016년 1월 성명을 통해 북한을 "광신 정권"이라 칭하며 "이란과 북한은 악마의 파트너십"이라고 비난했다. 1994년 북·미 제네바 합의를 '명백한 실패'라고 규정했으며, 2016년 2월에도 한 인터뷰에서 "전 세계에는 여러 가지 위협이 있는데 그중 제일은 북한이다"라고 말하며 "북한 지도자는 미사일 기술을 발전시켜 미국 서해안에 도달시킬 것이 분명하다. 폭군을 제압하기 위한 조치가 필요하다"고 주장했다.

2014년 CIA 고문 문제가 제기되자 "(CIA는) 고문자가 아니라 애국자다. (구금과 신문) 프로그램은 합법적"이라고 옹호했다.

폼페오는 1986년 웨스트포인트 사관학교를 수석 졸업했다. 걸프전 파병을 거쳐 대위로 예편했으며, 하버드 대학교 로스쿨에 진학해 재학 시절에는 〈하버드 로리뷰Harvard Law review〉 편집장까지 지냈다. 이후 워싱턴에 있는 법률회사 '윌리엄스앤드코널리'에서 근무했다.

국가정보국(DNI) 국장
댄 코츠

- 정보기관 불신하는 베테랑 정치인
- 미 연방의회 하원의원(인디애나주), 상원의원(인디애나주), 주독일 미
  국대사

댄 코츠^{Dan Coats} 국가정보국^{DNI} 국장은 미국 연방의회 정보위원회에서 활동한 베테랑 정치인으로 정보기관에 강한 불신을 가진 인물이다. 트럼프의 지원을 받아 향후 정보기관을 개혁하는 데 앞장설 것으로 예측된다.

국가정보국은 2001년 9·11 테러가 일어난 이후 신설된 기관으로, 중앙정보국^{CIA}, 국가안보국^{NSA}, 연방수사국^{FBI} 등 미국의 17개 정보기관을 총괄한다. 국가정보국 국장은 매일 대통령에게 기밀정보와 관련해 요약 보고를 하는 것으로 알려져 있다. 전 세계에 걸쳐 막강한 영향력을 자랑하는 미 정보기관의 '왕'인 셈이다.

이 막강한 자리에 정보기관을 불신하는 것으로 알려진 코츠가 오른 것이다. 이는 정보기관에 대해 본격적으로 구조조정을 하겠다는

트럼프의 의사라고 볼 수 있다. 2017년 1월 〈월스트리트저널〉은 트럼프가 CIA 본부 직원을 대폭 줄이고 현장 인력을 늘리는 방안을 고려 중이라고 보도했다. 이에 인수위 소식통은 "트럼프는 정보기관이 과도하게 정치화됐다고 생각한다"며 "취임하면서 대규모 구조조정을 단행할 가능성이 높다"라고 내다봤다. 정보기관을 바라보는 코츠의 부정적인 시각이 트럼프가 기대하는 역할과 잘 맞아떨어진 셈이다.

코츠는 미 연방의회 하원의원 4선 출신에 상원의원으로서도 16년간 활동하다 2016년에 은퇴한 베테랑 정치인이다. 은퇴 전까지 상원 정보위원회에서 활동하며 관련 업무 경험을 쌓았다. 조지 W. 부시 전 대통령 시절인 2001~2005년에는 독일주재 미국대사를 지내기도 했다. 이라크 전쟁이 벌어질 당시엔 미독 관계가 악화될 수 있다며 전쟁에 찬성하라고 독일 정부에게 압력을 가하기도 했다.

백악관 국가경제위원회 위원장
게리 콘

- 골드만삭스에서 27년간 근무
- 친기업 성향의 거래 전문가
- 골드만삭스 최고운영책임자(COO)

게리 콘Gary Cohn 백악관 국가경제위원회NEC 위원장은 이전까지 골드만삭스에서 명실상부한 2인자로 꼽히던 인물이다. 스티븐 므누신, 스티브 배넌 등 골드만삭스 출신이 요처마다 자리한 트럼프 정부에서도 게리 콘이 골드만삭스와 가장 오래 인연을 맺었다. 트럼프에게 경제 전반에 걸쳐 조언하며 친기업 정책에 일조할 것으로 전망된다.

콘은 1990년 골드만삭스 원자재·통화 거래Trading사업부에 입사할 때부터 로이드 블랭크페인 골드만삭스 최고경영자와 호흡을 맞췄다. 8년 앞서 발을 들여놓은 블랭크페인과 더불어 승승장구하며 골드만삭스의 정점까지 올라갔다. 두 사람이 함께하던 기간에 거래사업부는 골드만삭스가 올리는 이익에서 가장 큰 비중을 차지할 만큼 성장했다. CEO인 블랭크페인과 휴기를 함께 보내고, 자식들까지 같은 학교에 진학시킬 정도로 친분이 깊다. 2006년부터 골드만삭스 사장 겸 최고운영책임자^{COO}로 일했다.

콘은 저돌적이고 모험을 두려워하지 않는 성격으로 알려져 있다. 키도 190센티미터에 달하며 행동도 거칠다는 평판이다. 주변 사람들은 이런 기질이 콘의 전문 분야인 거래와 잘 맞는다고 평가한다. 자산관리 · 투자 등 골드만삭스의 다른 사업부에서는 고객이나 사업 파트너를 정중하게 응대하지만, 거래사업부는 협상이 필요한 상대와 마주 앉는 일이 일상이기 때문이다.

무작정 뉴욕상품거래소를 찾아가 거짓말로 면접 기회를 따내고 취업에 성공해 월가에 진출한 일화로도 유명하다.

트럼프의 최측근 실세로 알려진 재러드 쿠슈너와도 친분이 두텁다. 콘은 본디 민주당 당원이었으나 당적과 상관없이 워싱턴 정계 인사들과 두루 가깝게 지낸 것으로 알려졌다.

트럼프의 선택 3_ 측근 그룹

뉴저지 주지사
크리스 크리스티

- 트럼프 인수위 부위원장
- 뉴저지 주 연방검사, 뉴저지 주 주지사

도널드 트럼프를 당선시킨 일등공신의 한 사람으로 크리스 크리스
티[Chris Christie] 뉴저지 주지사를 꼽는다. 크리스티는 대선 출마를 선
언하고 공화당 대선 후보 경선에 나섰다가 2016년 2월 일찌감치
뜻을 접고 트럼프 지지로 돌아서면서 트럼프의 최측근으로 부상했
다. 트럼프가 여성 비하 발언과 납세내역 공개 거부, 트럼프 대학교
사기 의혹 등으로 악재에 휘청거릴 때 든든하게 곁을 지킨 몇 안 되
는 정치인 중 한 명이다. 한때 부통령 후보로 거론됐으며 트럼프가
전당대회에서 공화당 대선 후보로 확정되자 곧바로 정권인수위원
장으로 내정되기도 했다. 유력한 차기 법무부 장관 후보로도 물망에
올랐다.

　하지만 행운은 여기까지였다. 트럼프 당선이 확정되자 크리스티

는 인수위 부위원장으로 강등됐고 그에게 줄을 섰던 사람들도 떠나기 시작했다. 입각이 좌절된 것은 물론이고 공화당전국위원회 위원장 도전도 실패했다.

크리스티가 실각한 원인으로 크게 세 가지가 거론된다. 트럼프 가장 가까이에서 조언하는 인물로 재러드 쿠슈너가 있다. 쿠슈너는 트럼프의 '비밀병기'로 불리는 장녀 이방카의 남편이다. 크리스티가 검사 시절 쿠슈너의 부친을 유죄로 기소한 적이 있는데, 그때의 악연으로 쿠슈너가 크리스티에게 정치적 보복을 한다는 분석이다.

또 다른 이유로는 크리스티가 캠프 안팎에서 '2인자'로 부상하면서 인수위원회에 자신의 측근들을 대거 영입해 트럼프 눈 밖에 났다는 분석이 있다.

브릿지게이트도 악재였다. 브릿지게이트는 2013년 9월 민주당 소속 포트 리 시장을 곤경에 빠뜨리려고 크리스티 주지사가 고의로 뉴욕과 뉴저지를 잇는 조지 워싱턴 다리 일부를 차단해 교통체증을 유발했다는 의혹이다.

현재 트럼프 정부에서 아무런 공직을 맡지 못한 크리스티는 2018년 1월까지 남은 뉴저지 주지사 임기를 모두 채우겠다는 의지를 보이고 있다.

트럼프의 선택 3_ 측근 그룹

전 뉴욕 시장
루돌프 줄리아니

- 맨해튼 '범죄와의 전쟁' 주인공
- 9·11 수습 진두지휘
- 미국 연방검사, 뉴욕 시장, 2008년 공화당 대선 후보

뉴욕 맨해튼은 1980년대와 루돌프 줄리아니^{Rudolf Giuliani}가 시장을 맡은 1990년대로 양분된다. 1994년 취임한 줄리아니 시장은 맨해튼 지하철 화장실 폐쇄 작업에 착수했다. 지하철 화장실에서 마약 밀거래와 상습 투약이 이루어지고 이 과정에서 총격과 범죄가 끊이지 않았기 때문이다. 줄리아니 시장은 여세를 몰아 뉴욕경찰국^{NYPD}에 힘을 실어주면서 '범죄와의 전쟁'을 밀어붙였다. 그 결과 센트럴파크 남단인 맨해튼 미드타운과 로어맨해튼에서 범죄가 자취를 감추기 시작했다.

트럼프 당선 이후 줄리아니 전 시장이 유력한 법무부 장관 후보로 거론된 것도 그런 이유에서였다. 강력한 리더십을 바탕으로 뉴욕 시장 임기 마지막 해에 발생한 9·11 테러 수습을 성공적으로 이끈 것도 그의 공로로 인정받고 있다.

　뉴욕 브룩클린의 이탈리아계 가정에서 태어난 줄리아니 전 시장은 뉴욕 대학교 로스쿨을 졸업하고 검사로 활약했으며 마피아 조직을 소탕해 명성을 떨쳤다. 1989년 뉴욕 시장 선거에 공화당 소속으로 나섰다가 민주당의 데이비드 딘킨스에게 근소한 차이로 패하고 1993년 재도전에 성공했다. 민주당 텃밭인 뉴욕에서 공화당 소속으로 시장에 당선된 것은 미국 정치사에서 손꼽히는 이변이었다. 이후 1997년 연임에도 성공했다. 화려한 정치 경력을 발판으로 미국의 유력 대통령 후보로 꼽혔고 2008년 대통령 선거에서는 가장 인기 있는 공화당 후보로 평가받기도 했다. 그러나 예비 선거에서 눈에 띄는 득표를 거두지 못해 중도 사퇴했으며 사퇴 후에는 존 매케인 후보를 지원했다.

　2016년 대선에서는 일찌감치 트럼프를 지지해 트럼프 대통령 당선의 일등공신으로 주목을 받았다. 특히 트럼프의 무슬림 비하 논란을 최전방에서 방어했다.

　법무부 장관 1순위로 꼽히기도 했지만 본인이 국무부 장관을 희망해 인선에 혼선이 생겼다. 또 외국 정부와 기업을 위해 일했던 전력, 고액 강연 논란 등이 겹치며 연방의회 상원 인사청문회를 통과하기 어렵다고 판단, 내각 입성의 꿈을 접었다.

트럼프의 맏사위
재러드 쿠슈너

- 트럼프 정부 최고 실세
- 백악관, 내각 밑그림 그려
- 선거 캠프부터 백악관까지 가장 강력한 '문고리' 권력
- 부동산 개발업, 트럼프 캠프 선거 전략 및 자금 모금 지휘

트럼프가 대통령 당선수락 연설을 할 때도, 공화당 전당대회에서 연설을 할 때도, 또 주요 인사를 접견할 때도 그 곁에는 늘 트럼프의 자녀들이 함께했다. 도널드 트럼프 주니어와 에릭 트럼프, 이방카 트럼프, 그리고 이방카의 남편이자 트럼프의 사위인 재러드 쿠슈너 Jared Kushner. 이중에서도 쿠슈너가 가장 많이 그의 곁을 지켰다.

쿠슈너는 트럼프의 최측근이자 가장 강력한 '문고리' 권력이다. 때와 장소를 가리지 않고 트럼프와 통화하거나 만날 수 있는 사람인 것이다. 가족의 조언을 중시하는 트럼프에게 쿠슈너는 '분신'이나 다름없다. 트럼프는 "재러드는 멋진 사위고 우리 사이는 아주 가깝다"며 "그는 나만큼 대담한 전략가이자 협상가"라고 칭찬했다.

대선 직후 트럼프가 오바마 대통령의 초청을 받아 백악관에 갔을 때, 큐슈너가 오바마 대통령의 비서실장인 데니스 맥도너와 백악관 남쪽 잔디밭을 산책하며 대화하는 모습이 포착됐다. 때문에 초대 비서실장 물망에 오르기도 했다. 트럼프 스스로 국가기밀 정보를 전달받는 '대통령 일일 보고'를 사위 큐슈너와 함께 듣겠다고 주장할 정도다.

'친족등용금지법'에 따라 큐슈너에게 아직 공식 직함은 없다. 그러나 이미 그의 영향력은 백악관과 내각 전반에 막대하게 미치고 있다. 각료 인선은 물론이고 조직 개편에도 그의 입김이 작용했다. 트럼프의 정책 입안과 외교 판단에도 큐슈너가 개입한 것으로 알려졌다. 대선 기간에도 공보 담당자를 구하고 온라인으로 선거자금을 모금했으며 트럼프 연설문 초안도 그의 손에서 작성됐다. 심지어 부통령 후보를 고르는 작업에도 관여했다.

이렇듯 큐슈너가 트럼프의 절대적 신임을 받는 이유는 여러 면에서 큐슈너가 트럼프와 닮아 있기 때문이다. 트럼프와 큐슈너 모두 아버지로부터 부동산 사업을 물려받아 이를 확장시킨 경력이 있다.

큐슈너의 아버지는 뉴저지의 유명한 부동산 개발업자인 찰스 큐슈너다. 조세 회피와 차명 기부 혐의로 2005년 수감되는 바람에 로스쿨에 다니던 큐슈너가 갑자기 아버지 사업을 물려받았다. 이후 2006년 잡지 〈뉴욕옵저버〉를 100억 원에 사들여 상류층을 핵심 독자로 하는 고급 잡지로 변모시켰다. 26세이던 2007년에는 뉴욕 맨해튼 5번가 666번지 오피스 빌딩을 18억 달러에 매입해 화제가 됐다.

2009년 트럼프의 장녀 이방카와 결혼했다. 부동산 재벌 트럼프의 사위로 자신이 주목을 받은 것은 물론이고, 이방카가 그를 따라 유대교로 개종한 것도 화제를 불러일으켰다.

큐슈너가 트럼프의 신임을 얻은 결정적 계기는 공화당 대선 후보 경선이 한창이던 2016년 3월이다. 트럼프가 "이스라엘-팔레스타인 분쟁에서 중립을 취하겠다"고 밝히면서 미국 내 유대계로부터 집중적인 비난을 받을 때였다. 홀로코스트 생존자의 손자이자 정통 유대교 가문 출신인 큐슈너는 유대인 지도자들에게 일일이 전화를 걸어 해명하고 설득해 사태를 진정시켰다. 이때부터 트럼프의 신임이 더욱 확고해졌다.

큐슈너는 이스라엘 정보기관인 모사드 수장이 트럼프를 접견하도록 했고 론 더머 주미 이스라엘 대사를 트럼프에게 소개하는 역할도 했다. 트럼프의 친이스라엘 중동정책도 큐슈너의 영향인 것으로 알려져 있다.

1981년 1월 뉴저지 주 리빙스턴에서 태어난 큐슈너는 하버드 대학교 사회학과를 졸업하고 뉴욕 대학교 로스쿨과 MBA 과정을 거쳤다. 다만 하버드 대학교에 250만 달러를 기부한 사실이 드러나면서 기부입학 논란이 있다.

트럼프 선거대책본부장

코리 루언다우스키

- 트럼프 방출에도 변함 없는 충성
- 워싱턴에서 컨설팅업체 창업
- 공화당 상·하원 선거캠프, 공화당 슈퍼팩 '번영을 위한 미국인들
  (Americans for Prosperity)' 지국장

"트럼프를 트럼프답게 Let Trump be Trump."

코리 루언다우스키 Corey Lewandowsk가 트럼프의 선거대책본부장을 맡던 시절 선거본부 화이트보드에 적혀 있던 문구다. 트럼프의 행동을 제어하기보다는 그의 장점이 잘 드러날 수 있도록 보좌하자는 그의 선거 전략이 압축돼 있다. 막말과 돌발 행동으로 구설수가 끊이지 않던 후보의 참모로서 꽤나 위험한 전략이기도 했다.

그러나 그가 선거 캠프를 이끄는 동안 그저 '엔터테이너' 취급을 받던 트럼프는 일약 공화당의 경선 선두주자로 올라섰다. 트럼프를 지지하는 민중 심리를 정확히 읽어낸 전략이라는 것이 증명된 셈이다. 루언다우스키가 젊은 시절 보좌했던 밥 니 의원도 "(루언다우스키는) 아이디어를 잘 내놓기보다는 실행력이 돋보인다"고 평했는데,

이 또한 '트럼프 방임' 전략과 맞아떨어지는 부분이 있다.

트럼프의 부상과 함께 그의 최측근인 루언다우스키 역시 언론의 많은 관심을 받았다. 트럼프의 백악관 비서실장 1순위로 가장 많이 입에 오른 인물이기도 하다. 그러나 2016년 3월 여기자 폭행 논란에 휩싸이며 급락하기 시작했다. 트럼프의 신임은 두터웠지만, 트럼프의 가족을 비롯해 공화당 주류계를 모두 적으로 두고 있던 탓에 추락을 멈출 길이 없었다. 2016년 5월 트럼프가 공화당 대선 주자로 확정되자 결국 캠프 1인자 자리를 공화당 선거 전문가인 폴 매나포트에게 넘겨줬다. 그러다 결국 6월에는 캠프에서 방출돼 CNN의 정치 해설가로 활동했다.

그러나 이 모든 일을 겪으면서도 루언다우스키는 트럼프를 향한 변함없는 충성심을 드러냈다. 여기자 폭행 논란 당시에도 "트럼프에 대한 충성심 탓에 오판을 하곤 한다"고 말했으며, 선거 캠프에서 불명예스럽게 물러나면서도 "트럼프 선거 캠프에서 일할 수 있었던 것은 특권이고 영광이었다. 트럼프는 위대한 후보이고 민주당의 힐러리 클린턴보다 더 낫다는 사실을 지지한다"고 했다. CNN에 있는 동안에도 트럼프의 입장을 대변하는 데 힘썼다.

트럼프가 당선된 직후인 2016년 11월 11일 CNN을 사직하며 그가 트럼프 행정부에 참여할 것이라는 관측이 봇물을 이뤘다. 캠프를 떠난 뒤에도 트럼프에게 영향력을 행사했다고 알려졌기에 더욱 신빙성 높은 주장이었다. 내각 참여가 어렵다면 적어도 공화당전국위원회 위원장 자리라도 앉으리라 예상했다.

그러나 루언다우스키는 아무런 직위도 받지 못했다. 트럼프 당선 이후에도 가족과 측근들이 그의 복귀를 막은 것으로 전해진다. 결국 루언다우스키는 컨설팅업체 창업으로 제 갈 길을 정했다. 사무실이 백악관과 근접한 거리에 위치한 만큼 정권 주요 인사들과 활발히 교류할 것으로 보이지만, 그의 공헌도에 비하면 실망스러운 결과다.

루언다우스키는 대학교를 졸업하고 공화당에 소속돼 밥 니 전 하원의원, 로버트 스미스 전 상원의원 등의 선거 운동을 도왔다. 이후 PR회사인 '슈어츠 MSL'에서 9년간 근무했으며, 코흐 형제가 배후에서 지원한 공화당 성향의 보수 단체인 '번영을 위한 미국인들 Americans for Prosperity' 지국장을 역임했다. 트럼프와는 2014년 4월 처음 만나 그 해 12월 영입 제의를 받고 일하기 시작했다.

전 하원의장
뉴트 깅리치

- 트럼프에게 쓴소리 마다않는 보수 진영의 거두
- 트럼프 호위무사 또는 힐러리 저격수
- 미 연방의회 하원의원(조지아 주), 공화당 하원 원내총무, 미 연방
  의회 하원의장

"우리는 지금 한심하기 짝이 없는 '꼬마 트럼프'를 상대하고 있다. 우리의 적은 폴 라이언 하원의장이 아니라 힐러리 클린턴 민주당 후보라는 사실을 알아야 한다."

2016년 10월 뉴트 깅리치^{Newt Gingrich}가 언론 인터뷰에서 도널드 트럼프 후보를 향해 날린 '돌직구'다. 당시 트럼프가 공화당 지도부를 비판하면서 공화당이 그의 지지를 두고 분열된 상태였다.

뉴트 깅리치 전 하원의장은 이처럼 트럼프에게 '쓴소리'를 할 수 있는 몇 안 되는 측근 중 한 사람이다. 무슬림 비하 발언이 터졌을 때는 "이대로는 안 된다. 똑바로 하라"며 트럼프를 정조준했다. 미트 롬니 전 매사추세츠 주지사가 국무부 장관 후보로 부상하자 "롬니보다는 줄리아니가 낫다"며 트럼프에게 직언했다.

대선 과정에서 깅리치의 공식 역할은 캠프 안보정책 자문이었지만 그는 트럼프 '호위무사'를 자처했다. 트럼프가 무슬림 입국금지 발언으로 곤경에 처했을 때는 "이슬람법을 믿는 미국 내 무슬림은 추방하는 것이 마땅하다"고 거들었고, 트럼프의 성추문이 불거졌을 때는 "정작 성범죄자라고 불러야 할 사람은 빌 클린턴"이라고 맞불을 놓았다.

한때 트럼프의 부통령 후보이자 국무부 장관 후보로도 거론됐던 깅리치는 미국 보수 진영의 거두다. 민주당 소속의 빌 클린턴 대통령이 펼친 자유주의 정책을 비판하면서 '미국과의 계약'이라는 보수주의 공약을 설계, 1994년 치러진 중간 선거에서 '공화당 혁명'을 일으킨 주역이다. 이듬해인 1995년에는 하원의장으로 선출돼 40년 만에 공화당 출신 하원의장으로 활약했기도 했다.

깅리치는 펜실베이니아 해리스버그 출신으로 에모리 대학교와 툴레인 대학교에서 석·박사학위를 받았다. 1974년과 1976년 두 차례 연방 하원의원 선거에 낙선했으나 1978년에 당선되었고 이후 1979년부터 20년간 하원의원으로 재직했다.

트럼프의 선택 3_ 측근 그룹

트럼프의 맏딸
이방카 트럼프

- 미모 · 지략 · 언변을 갖춘 트럼프의 비밀병기
- 트럼프 대선 승리 일등공신이자 핵심 배후 실세
- 전 〈세븐틴 매거진〉 · 베르사체 패션모델, 트럼프그룹 수석부사장

미모·지략·언변, 이 삼박자를 갖추고 있어 '트럼프의 비밀병기'라 불리는 '퍼스트 도터' 이방카 트럼프$^{Ivanka Trump}$는 트럼프 당선의 일 등공신으로 꼽힌다. 향후 트럼프 정권에도 변함없이 막강한 영향력 을 떨칠 것이라는 전망이다.

트럼프와 체코 출신의 첫 번째 아내 이바나 사이에서 태어난 이방 카는 펜실베이니아 대학교 와튼 스쿨을 졸업했다. 장남 트럼프 주니 어가 체코어를 유창하게 구사하는 반면, 이방카는 체코어보다는 프 랑스어를 더 능숙하게 구사한다. 선거 이전부터 전직 모델이자 성공 한 사업가로 미국 사회에서 주목을 받고 있었다. 대학교를 졸업한 뒤 로는 〈세븐틴 매거진〉·베르사체 등의 패션 모델로 활동했으며 현재 는 트럼프그룹의 수석부사장을 맡고 있다. 보석·핸드백·패션 등에서 자신의 이름을 내건 브랜드를 운영 중이기도 하다. 이방카의 재산은 1억 5,000만 달러(약 1,800억 원)에 이를 것으로 추산된다.

정치를 시작하기 전 이방카는 "내 동세대와 마찬가지로 나는 민주당이나 공화당, 어느 한쪽 성향으로 분류되지 않는다"는 발언처럼 특정 정치 성향에 얽매이지 않는 모습을 보였다. 2007년에는 민주당 경선에서 당시 뉴욕 주 상원의원이었던 힐러리 클린턴에게 소액을 기부하기도 했다.

이방카의 정치 경력은 2015년 트럼프의 대권 출마를 공개 지지하며 캠프에 합류하는 것으로 출발했다. 아름다운 외모와 달변으로 트럼프의 비호감 이미지를 희석하고 백인 남성의 표를 결집시켰다는 평가다. 특히 선거 기간 막판에 터진 성추문 파문으로 트럼프가 휘청거리자 전면에 나서서 "아버지의 발언은 명백히 부적절하고 공격적이었다"고 사과를 구하는 등 구원투수 역할을 톡톡히 해냈다. 트럼프는 이방카를 가리켜 "내 딸이 아니었다면 데이트했을 것"이라고 말하기도 했다.

이방카는 단순히 얼굴 마담 역할을 넘어 캠프의 정책 조언자로서 여성 관련 정책을 직접 기획하고 선전했다. 보육비 세금공제, 출산휴가 6주 등 트럼프의 주요 여성 관련 정책에는 이방카의 입김이 작용했다.

'모성'이라는 제목의 대선 TV 광고에도 직접 출연해 '일하는 엄마' 이미지로 여성 표심을 공략했다. 또 여기자 폭행 사건을 일으킨 코리 루언다우스키 선거대책본부장을 경질시키는 등 트럼프 측근

인사에도 영향력을 발휘했다.

이방카는 이처럼 막강한 영향력을 행사하고 있지만 트럼프 정권에서 공식적인 직함을 맡을 생각은 없다고 밝혔다. "공식적으로 행정부에 자리를 맡을 생각은 없다"며 "나는 아버지의 딸이 될 것"이라고 정치 참여 가능성을 일축했다.

그러나 이방카는 트럼프 당선 후에도 활발히 정치 활동을 이어가고 있다. 2016년 11월 아베 신조 일본 총리와 대담하는 자리에 트럼프와 함께했고, 기후변화 전도사 앨 고어와 면담도 하는 등 여전히 왕성한 활동을 이어가고 있다.

또 아들이 초등학교를 마칠 때까지 백악관에 가지 않겠다는 의붓어머니 멜라니아를 대신해 퍼스트레이디 집무실에 입성하며 앞으로도 명실상부한 배후 실세로 자리할 것으로 보인다. 백악관 출입기자 출신인 케이트 안데르센 브로워는 〈워싱턴포스트〉에 기고한 글에서 "이방카는 참모 · 지지자 · 안주인 역할을 모두 담당할 것"이며 "배우자가 아닌 퍼스트레이디 중 역대 가장 영향력 있는 인물이 될 것"이라고 내다봤다.

그러나 정치에 개입하는 한편 자기 사업까지 챙기는 행보를 비판적으로 바라보는 시선도 있다. 실제로 이방카는 트럼프가 당선되고 출연한 인터뷰에서 자신이 운영하는 브랜드의 팔찌를 차고 나갔으며 그 후 기자들에게 팔찌 홍보성 이메일을 보내 비판에 휘말렸다. 2016년 12월에는 자신과의 '커피 타임'을 자선경매에 부쳐 다시 한 번 구설수에 올랐다.

트럼프의 장남
도널드 트럼프 주니어

• 트럼프 의사결정에 영향력
• 트럼프그룹 수석부사장

도널드 트럼프 주니어Donald Trump Jr.는 트럼프의 장남으로 부동산회사 트럼프그룹의 부사장직을 맡고 있다. 아버지 뒤를 이어 회사 경영에 몰두하겠다고 공언했지만, 트럼프 정권에서 배후 실세로 활동하며 트럼프에 대한 지원을 이어나갈 것으로 보인다.

트럼프 주니어도 트럼프와 첫 번째 아내 이바나 사이에서 태어났다. 체코 출신인 어머니 이바나와 줄곧 가깝게 지내고 있으며 체코어도 능숙하게 구사한다. 펜실베이니아 대학교 와튼 스쿨에서 경제학을 전공했다.

트럼프 주니어는 다른 가족들과 마찬가지로 트럼프 당선의 일등공신으로 꼽힌다. 〈워싱턴포스트〉는 '아버지보다 빛나는 아들들'이라는 기사로 트럼프의 자녀들을 칭찬했다. 기사에 따르면 트럼프 주니어는 처음에는 다른 여자와 바람을 피우다 결국 어머니와 이혼한 아버지 트럼프에게 반감이 있었다. 1993년 부모의 이혼 이듬해 당시 15세이던 트럼프 주니어는 다섯 살, 여섯 살 아래인 동생 이방카, 에릭과 함께 "우리는 어머니와 외할머니와 함께할 것"이라는 공동 성명을 내놓았다. 트럼프 주니어는 당시 "아빠는 우리는 물론이고 자신조차 사랑하지 않는다. 그저 돈만 챙길 뿐이다"라고 비난했다.

그러다 트럼프 주니어가 아버지와 관계를 회복하고 최측근 참모까지 된 데는 어머니의 고향 체코에서 보낸 시간이 결정적이었다. 트럼프 주니어는 어린 시절 어머니의 고향인 체코의 소도시 즐린에서 외할머니, 외할아버지와 함께 여름방학을 보냈다. 여기서 트럼프 주니어는 항상 겸손할 것과 금욕적 자세, 가정에 대한 헌신을 강조하는 체코식 덕목을 깊이 체득했다. 덕분에 장성한 뒤에는 아버지의 충실한 협력자가 되어 아들로서 책임을 다하고 있는 것이다.

트럼프 주니어를 비롯해 트럼프 곁을 지키는 그 자녀들의 모습을 선거 기간 중 힐러리 클린턴 전 민주당 대선 후보가 칭찬하기도 했다. 클린턴은 2016년 10월 2차 TV 토론에서 "트럼프의 자녀들은 능력 있고 헌신적으로, 그것이 트럼프가 어떤 사람인지를 보여준다"고 평가했다.

트럼프 주니어는 트럼프가 중요한 결정을 앞두고 조언을 구하는 핵심 참모로 알려져 있다. 트럼프 정권인수위에서도 활약하면서 트럼프가 라이언 징크 하원의원을 내무부 장관으로 지명하는 데 핵심적인 영향을 행사했다는 후문이다. 2016년 12월 실리콘밸리 기업

거물들과 트럼프가 함께한 회동에도 참석해 여전히 막강한 영향력을 확보하고 있는 것으로 드러났다.

그러나 선거 기간 동안 잇단 실언으로 논란에 휩싸이기도 했다. 2016년 9월에는 언론의 민주당 봐주기 행태를 비난하면서 "만약 공화당이 민주당처럼 했으면 언론은 당장 가스실을 예열했을 것"이라는 말로 독일 나치의 유대인 학살을 연상시켜 구설수에 올랐다. 또 오바마 대통령이 자신의 연설 중 일부 구절을 표절했다고 주장했다가 과거에도 수차례 오바마가 그 표현을 사용했던 것이 확인되면서 역공을 당하기도 했다.

트럼프 주니어는 지난 2010년 〈매일경제신문〉이 주최한 제11회 세계지식포럼에 참석해 '트럼프식 기업가 정신'을 주제로 강연한 적이 있다. 이때 트럼프 주니어는 당시 아버지에게 전수받은 인생철학을 전하면서 "많은 사람들이 깜짝 놀랄 정도로 너무 쉽게 포기한다"며 "어떤 대가를 치르든지 끝까지 포기하지 말아야 한다"고 강조했다. 또 "결코 'No'라는 말을 듣는 걸 두려워하지 말라"며 "처음에는 'No'라는 말을 듣더라도 끊임없이 두드리다 보면 'Yes'를 들을 날이 분명히 있다"고 했다.

TRUMP 트럼피안들이 만들어갈 미국, 그리고 세계의 미래
경제·통상 분야

• 규제 개혁 · 보호무역으로 성장 · 일자리 챙긴다

미국 우선주의를 표방하는 트럼프노믹스의 목표는 '미국인을 위한 일자리 창출'로 압축된다. 이를 위해 선택한 두 가지 대표적인 수단이 바로 규제 개혁과 보호무역이다. 규제를 없애 미국 기업들을 활성화시켜 일자리를 창출하고 보호무역을 통해 해외로 빠져나가는 일자리를 보호한다는 것이 트럼프노믹스의 양대 축이다.

트럼프노믹스의 사령탑을 맡고 있는 것은 백악관의 게리 콘 국가경제위원장과 내각의 스티븐 므누신 재무부 장관이다. 트럼프 대통령은 "콘 위원장과 므누신 장관이 미국 노동자들의 임금을 높이는 경제정책을 만들고 일자리 해외 유출을 막아 미국인들에게 새로운 기회를 만들어줄 것"이라고 밝혔다.

므누신과 콘, 두 사람에게는 공통점이 있다. 둘 다 골드만삭스 출

신이며 공직 경험도 거의 전무하는 점이다. 트럼프는 규제 개혁을 관료에게 맡길 수 없다고 믿는다. 관료는 태생적으로 규제를 만들고 관리하는 역할이기 때문에, 규제 철폐는 현장에서 규제가 일으키는 폐해를 몸소 겪은 기업인들이 맡아야 한다는 것이다. 트럼프 정부에서 의회 인준을 받아야 하는 경제 분야 각료를 비롯해 백악관의 장관급 인사 10명 중 7명이 기업인 출신이라는 점이 트럼프의 생각을 극명하게 보여준다. 당선 후 첫 공약으로 월가 금융규제 완화를 약속한 것과 트럼프 내각에 월가 출신이 대거 입성한 것도 서로 무관하지 않다.

앤드루 푸즈더 노동부 장관, 릭 페리 에너지부 장관, 린다 맥마흔 중소기업청장은 각 분야에서 규제 개혁을 진두지휘할 수장들이다. 먼저 푸즈더 노동부 장관은 패스트푸드 체인 최고경영자 출신이다. 노동자의 이익을 대변하는 노동부 장관이 아닌, 기업 입장에서 노동 관련 규제를 없애라는 특명을 받고 장관직을 수락했다. 푸즈더는 이전부터 최저임금 인상에 반대했으며 초과근무 수당 확대에도 부정적인 입장이었다.

에너지부를 맡은 릭 페리 장관은 에너지부 폐지를 외쳤던 장본인이다. 4년 전 대선에 출마해 상무부, 교육부, 에너지부를 폐지해야 한다고 주장하면서 트럼프 눈에 들었다. 에너지부 폐지론자에게 에너지부를 맡겼다는 것 자체가 에너지 관련 규제를 대폭 없애라는 트럼프의 지시로 볼 수 있다. 페리는 텍사스 주지사 시절 화석연료 사용 제한 규제를 완화해 기업의 부담을 덜어준 인물이다. 여기에 백악관에서는 칼 아이칸^{Carl Icahn} 규제개혁 특보가 정부 각 부처의 규제개혁을 총괄, 조정하는 데 조언을 맡을 것이다.

미국 프로레슬링협회^{WWE} 대표이자 억만장자로 알려진 린다 맥마흔을 중소기업청장에 앉힌 것은 트럼프 인선의 백미다. 트럼프는 13명으로 이루어졌던 WWE를 800명의 거대 조직으로 탈바꿈시킨 맥마흔의 역량에 주목했다. 트럼프는 WWE 회원으로서 맥마흔의 경영 능력을 곁에서 지켜보았다. 미국 중소기업을 키우는 데 맥마흔의 경험과 역량을 접목하겠다는 심산이다.

이러한 규제개혁과 함께 트럼프노믹스의 다른 한 축인 보호무역은 피터 나바로 국가무역위원장이 지휘하고 윌버 로스 상무부 장관과 무역대표부가 집행하는 구조로 추진될 전망이다. 기존에는 없었던 국가무역위원장직을 백악관 내에 신설한 것은 보호무역에 대한 트럼프의 강한 의지를 보여준다. 그리고 그 자리에 나바로 교수를 낙점한 것은 중국과 무역전쟁을 벌이겠다는 신호탄으로 풀이된다.

나바로 교수는 대표적인 반反중국 강경파로, 중국에 대한 고율의 보복관세를 주장했으며 중국의 환율 조작과 불공정 무역을 강하게 비판해왔다. 특히 중국이 제너럴모터스^{GM} 중국 합작법인에 반독점 위반 혐의로 350억 원의 벌금을 부과한 것이 트럼프 내각의 반중국 성향을 더욱 부채질할 것으로 보인다.

보복관세 부과는 상무부 권한이다. 상무부를 맡은 로스 장관은 나바로 위원장과 논문을 함께 쓰기도 한 가까운 사이다. 나바로 위원장의 반중국 성향이 상무부에서 집행하는 정책에 고스란히 반영된다는 데 의심할 여지가 없다. 로스 장관과 나바로 위원장은 트럼프 선거 캠프에서 경제정책 자문을 맡아 함께 호흡을 맞추며 보호무역 정책을 마련했다.

또 트럼프가 공언해온 자유무역협정 재검토는 미국무역대표부 소관이다. 예산관리국장에 낙점된 믹 멀베이니 사우스캐롤라이나 하원의원은 트럼프의 감세정책을 관리할 인사로 주목된다. 트럼프는 공약에서 대대적인 감세를 약속했다. 그만큼 인프라 투자, 국방예산 확대 등 재정 지출 공약도 적지 않다. 따라서 세율을 낮추면서도 세수를 늘려야 하는 멀베이니 예산관리국장의 책임이 더욱 막중하다.

트럼피안들이 만들어갈 미국, 그리고 세계의 미래
외교·안보 분야

- 군인·강경파가 외교안보 요직 장악
- 친러·반중 성향 뚜렷, 북한·중동에 고강도 압박 예고
- 막후 실세 깅리치는 '핵 강화' 옹호, 친이스라엘 행보 지속

2016년 성탄절 아침, 트럼프 진영 외교안보 분야에서 막후 실세로 알려진 뉴트 깅리치 전 하원의장은 폭스뉴스에 출연해 "트럼프가 '핵능력을 강화해야 한다'고 올린 트윗은 아주 적절한 발언"이라고 평가했다.

핵능력 강화가 자칫 세계적인 핵무기 경쟁으로 이어질 수 있다는 비판에 직면해 트럼프조차 이를 주워 담고 있는 와중에 나온 깅리치의 진단은 트럼프 외교안보 진영이 '매파' 성향을 지니고 있음을 매우 극명하게 보여준다. 트럼프의 국가안보 고문인 제임스 울시[R. James Woolsey Jr.] 전 중앙정보국 국장도 트럼프의 핵 관련 발언을 옹호했다.

트럼프 정부의 외교안보 라인에 강경파가 득세하면서 미국의 대

외정책이 '시계 제로' 상황에 직면했다. 무엇보다 오바마 정부까지 지속적으로 이어온 기존 기조를 뒤엎고 '친러·반중' 성향으로 전환할 기세다. 이 과정에서 북한과 이란에는 강경한 압박 기조가 유지될 것으로 보인다.

미국 외교안보 정책의 사령탑은 백악관의 국가안보보좌관과 내각의 국무부 장관, 국방부 장관, 이렇게 3두 체제다. 마이클 플린 국가안보보좌관은 네오콘 출신 예비역 중장으로 아프가니스탄과 이라크 전쟁에 참여했다. 국방정보국장을 지내며 대 테러전에 군사정보를 최대한 활용하자고 주장해온 인사다.

렉스 틸러슨 국무부 장관은 다국적 석유기업 엑손모빌 최고경영자 출신이다. 국무부 장관에 공직 경험이 전혀 없는 기업인을 기용한 것은 유례없는 일이다. 트럼프는 다국적 석유기업을 경영하면서 복잡다단한 국제정세에 밝은 점과 주요 산유국 고위층과 탄탄한 네트워크를 갖고 있다는 점에 주목했다. 외교 경험은 없으나 딕 체니 전 부통령과 콘돌리자 라이스 전 국무부 장관, 제임스 베이커 전 국무부 장관, 로버트 게이츠 전 국방부 장관 등 공화당 주류 외교안보 인사들의 추천을 받았다는 점에서 강경 색채를 띨 가능성이 높다.

다만 그의 친러시아 성향이 부담스럽다. 틸러슨은 '푸틴의 친구'로 불릴 만큼 러시아와 가깝다. 러시아에서 석유사업을 한 탓에 오바마 대통령이 러시아의 우크라이나 침공을 이유로 러시아에 경제제재를 가했을 때도 강력하게 반발했다. 러시아에서는 같은 이유로 훈장을 받기도 했다.

제임스 매티스 국방부 장관은 이라크 전쟁 당시 바그다드 진격을 이끈 해병1사단 출신으로 중부사령관을 지냈다. '미친 개'라는 별명이 말해주듯이 적에게는 예외가 없다. 매티스가 바라보는 적에는 IS 세력과 이란, 북한 등이 해당한다. 아프가니스탄에서 "약자인 여성들에게 폭력을 휘두르는 탈레반들을 총으로 쏘는 것이 나의 소명"이라고 밝힐 만큼 강직하고 강경하다. 미혼인데 "나는 해병대와 결혼했다"고 말할 만큼 군인정신이 투철하다.

이런 인사를 감안할 때 미국의 향후 외교안보정책은 러시아와 협력해 IS, 이란, 북한 등을 강하게 압박하면서 군사력을 과시하는 모습을 보일 것이다.

특히 정권 초기부터 북한에 고강도 압박을 가할 것으로 예상된다. 플린 국가안보보좌관은 2016년 12월 한국 대표단을 만나 "한미 동맹은 변함없이 확고하다"고 했지만 2016년 10월에는 "북한의 현체제를 오래 존속시켜서는 안 된다"고 말한 적이 있다. 매티스 국방부 장관은 과거 청문회에서 "북한과 이란의 협력이 미국의 안보를 위협하고 있다"고 지적했다.

외교안보 라인 주요 보직에 군 출신을 배치한 것은 군사적으로도 '강한 미국'을 외치는 트럼프의 주장이 반영된 인사다. 국토안보부를 맡은 존 켈리 장관 또한 남부사령관 출신으로 멕시코 국경에 장벽을 건설하자는 트럼프의 반이민정책을 옹호한다. 이렇게 국가안보보좌관과 국방부 장관, 국토안보부 장관 모두가 예비역 중장 출신이다. 우리에게는 군 출신 국방부 장관이 자연스럽지만 미국에서는

60년 만에 처음 있는 인사다.

백악관 국토안보 및 대테러 담당 보좌관에는 조지 W. 부시 대통령 시절 국토안보 부보좌관을 지낸 토머스 보설트^{Thomas Bossert}가 지명됐다. 보설트는 백악관 국가안보보좌관으로 지명된 마이클 플린과 호흡을 맞춰 백악관 내 안보 사령탑 역할을 하게 된다. 플린이 국제 안보 문제에 중점을 두는 반면, 보설트는 테러 위협에서 국가 안전을 유지하는 데 초점을 맞춘다.

2선에서 외교안보 정책을 보좌할 인사들도 강경파 일색이다. 마이크 폼페오 중앙정보국 국장은 2016년 1월 "북한 핵문제 해결에 경제력과 군사력을 모두 동원해야 한다"는 강경론을 펼쳤다. 국가안보회의 부보좌관 캐슬린 맥팔랜드 또한 과거 공화당 정부에서 네오콘으로 일한 뒤 폭스뉴스에서 안보 평론가로 활동하는 '매파' 여성이다. 북한과 거래하는 중국 기업을 겨냥해 '세컨더리 보이콧^{Secondary boycott}'을 강력하게 요구했다.

또한 이스라엘과 끊임없이 삐걱거렸던 오바마 정부와는 달리 트럼프 진영은 친이스라엘 행보를 시작했다. 트럼프의 최측근 실세인 사위 재러드 쿠슈너가 유대인인 영향이 크다. 유엔 안전보장이사회가 팔레스타인 자치령 내 이스라엘 정착촌 건설 중단을 촉구하는 결의안을 채택한 것과 관련, 베냐민 네타냐후^{Benjamin Netanyahu} 이스라엘 총리는 미국 대사를 불러 정식으로 항의했으나 트럼프 진영과는 변함없이 소통을 이어가고 있다.

니키 헤일리 유엔 주재 미국 대사의 행보도 주목받고 있다. 헤일리 대사는 사우스캐롤라이나 주지사 출신의 40대 여성으로 '공화당의 오바마'로 불리며 공화당 내에서는 온건파로 분류된다. 2015년 6월 백인우월주의자들이 일으킨 총기 난사 사건 이후 남부연합기를 공공장소에서 게양하지 못하도록 하는 입법을 통해 '공화당의 샛별'로 떠올랐다. 인도계 이민 가정 출신이기도 한 그녀는 '통합의 아이콘'으로 발탁됐지만 연방정부 경험과 외교 분야 경력이 전혀 없다는 약점을 안고 있다.

트럼피안들이 만들어갈 미국, 그리고 세계의 미래

정무·사회 분야

- 오바마 '대못 뽑기' 정조준한 트럼프 내각
- 오바마 케어·기후변화 반대론자, 보건·환경·내무부 장관으로 지명
- 공화당 출신 강경 보수주의자 백악관 곳곳에 배치

트럼프 대통령의 정책 공약을 관통하는 중요한 축은 오바마 대통령
의 업적 지우기다. 민주당 소속인 오바마 대통령이 심어놓은 진보
정책의 '대못'을 뽑겠다는 각오다. 정치·사회 분야를 차지한 트럼
피안들을 묶는 가장 큰 특징은 바로 '오바마 반대론자'라는 점이다.

보건복지부 장관 톰 프라이스는 대표적인 오바마 케어 반대파다.
조지아 주 하원의원 시절부터 오바마 케어가 환자의 의료결정권을
제한하고 보험료 부담을 높인다고 줄곧 비판했다. 프라이스는 무턱
대고 반대하는 다른 공화당원들과 달리, 2009년부터 오바마 케어를
대체할 법안도 마련해 내놓았다. 트럼프는 이 대목에 주목했다.

장관급인 환경보호청장에 앉은 스콧 프루이트는 화석연료 이익단
체로부터 후원금을 받아 활동하는 '뼛속까지 화석연료주의자'다. 오

바마 대통령이 추진한 화력발전소 온실가스 감축 의무화, 수질 오염 방지 규제 등을 저지하기 위한 집단소송을 주도하기도 했다. 새 정부가 출범하면 오바마 대통령이 기후변화 관련 대책으로 내놓은 규제들을 하나 둘 제거할 방침이다. 오클라호마 주 법무부 장관을 지내며 오바마 정부의 이민 개혁과 트랜스젠더 공중화장실 이용 차별 금지 등을 비판하기도 했다.

라이언 징크 내무부 장관도 화석연료주의자다. 하원 천연자원위원회 소속으로 연방정부가 소유한 토지와 용수를 화석연료 개발에 이용하자는 법안을 주창했다. 미국 내무부는 연방정부에서 소유한 토지와 이곳에서 나오는 천연자원을 관리한다. 징크는 미 해군 특수부대인 '네이비씰' 출신으로 군인을 선호하는 트럼프 성향에도 맞아떨어진다.

억만장자로 여성 교육활동가 출신의 벳시 디보스 교육부 장관은 오바마 대통령이 추구해온 공교육 정상화에 반대하는 인물이다. 트럼프와 사사건건 대립했던 젭 부시 전 플로리다 주지사마저 트럼프 인선에서 교육부 장관만큼은 탁월한 선택을 했다고 칭찬할 정도로 보수주의 교육의 대표주자다. 오바마 대통령은 모든 미국인들이 동등한 수준의 교육을 받을 수 있도록 공교육 상향평준화를 추구했다. 반면 디보스는 자율형 공립학교 옹호자로 능력과 선호에 따라 학생과 학부모가 다양한 학교를 선택할 수 있어야 한다고 주장한다. 그런 이유로 공립학교 공동교과과정에도 반대했다.

트럼프는 백악관과 내각 곳곳에 강경 보수주의자들을 심어놓았다. 그 대표적인 인물이 스티브 배넌 수석전략가와 켈리언 콘웨이 선임고문이다. 배넌과 콘웨이는 각각 트럼프 대선 캠프에서 최고경영자와 선거대책본부장을 맡았던 최측근이다. 배넌은 극우 보수 색채를 띤 인터넷 매체를 경영했고, 여론조사 전문가인 콘웨이 역시 강경 보수파로 분류된다.

라인스 프리버스 비서실장은 공화당전국위원장 출신으로 공화당의 트럼프 지지를 이끈 인물이다. 공화당 경선 당시 트럼프에 반대하는 공화당 의원들이 대선 후보 경선 방식 변경을 요구했으나 이를 거부하고 트럼프 당선에 혁혁한 공을 세웠다.

교통부 장관 일레인 차오는 대만계 여성으로 트럼프가 당선인 신분으로 차이잉원 대만 총통과 통화를 하는 데 영향을 미쳤다는 분석도 있다. 차오는 미치 매코널 공화당 상원 원내대표의 부인으로 아버지 부시 정부에서 교통부 부장관, 아들 부시 정부에서 노동부 장관을 지내기도 했다.

트럼프의 '입' 역할을 할 공보 라인에는 측근들을 대거 등용했다. 백악관 대변인은 공화당전국위원회에서 공보국장을 지냈고 정치전략가로 이름을 떨친 션 스파이서가 낙점을 받았다. 스파이서는 백악관 비서실장인 라인스 프리버스 라인으로 알려져 있다. 트럼프의 돌출 발언을 막고 트럼프의 뜻을 정확하게 국민에게 전달하는 중책을 맡았다.

정권인수위원회에서 트럼프 당선인 대변인을 맡은 호프 힉스는 백악관 전략공보국장으로 임명됐다. 미모의 20대 여성으로 더 주목받는 힉스는 트럼프의 장녀 이방카의 패션 사업 홍보 담당으로 일하다 대선 캠프에 합류한 인물로, 백악관 내에서 이방카의 메신저 역할을 할 가능성이 크다.

인수위 소셜미디어 국장으로 있던 댄 스카비노Dan Scavino는 백악관 소셜미디어 국장으로 자리를 옮겼다. 16세 때 골프 캐디로 일하면서 트럼프와 처음 인연을 맺었다고 한다.

백악관 정책수석은 스티븐 밀러Stephen Miller가 차지했다. 트럼프의 취임식 연설문을 작성한 그는 31세로 백악관 인사 중 젊은 축에 속한다. 트럼프 대선 캠프 좌장이었던 제프 세션스 상원의원의 보좌관 출신으로 오바마 정부의 각종 정책을 비판하는 연설문 작성으로도 유명하다. 2016년 7월 트럼프의 전당대회 연설문과 최근 당선사례 연설문도 밀러가 쓴 것으로 전해졌다.

스트롱맨의 시대

1판 1쇄 인쇄 2017년 2월 1일
1판 1쇄 발행 2017년 2월 6일

지은이 매일경제 국제부
펴낸이 고영수

경영기획 이사 고병욱
기획편집1실장 김성수 | 책임편집 윤현주, 김성수 | 기획편집 장지연, 이은혜
마케팅 이일권, 이석원, 김재욱, 곽태영, 김은지 | 디자인 공희, 진미나, 김경리 | 외서기획 엄정빈
제작 김기창 | 관리 주동은, 조재언, 신현민 | 총무 문준기, 노재경, 송민진

교정 이정원

펴낸곳 청림출판(주)
등록 제1989-000026호

본사 06048 서울시 강남구 도산대로 38길 11 청림출판(주) (논현동 63)
제2사옥 10881 경기도 파주시 회동길 173 청림아트스페이스 (문발동 518-6)
전화 02-546-4341 팩스 02-546-8053
홈페이지 www.chungrim.com
이메일 cr1@chungrim.com
블로그 blog.naver.com/chungrimpub / 페이스북 www.facebook.com/chungrimpub

ISBN   978-89-352-1148-7 (03320)